岩波文庫

38-121-1

転回期の政治

宮沢俊義著

凡　例

一、本書は、一九三六年一二月に刊行された『転回期の政治』（中央公論社）を文庫としたものである。
二、構成、収録論考、収録順は、原本どおりとし、文庫化に際し章・節番号を整えた。
三、すでに小見出しの付されている「民主政より独裁政へ」「政府と政党の関係」「国民革命とドイツ憲法」以外の論考で、見出し番号のみ付されていたものには、高見勝利氏の助言のもと、新たに見出しを補った。
四、読みやすさを考慮し、以下の処理を行った。
旧字体は新字体に、旧仮名遣いは新仮名遣いに改めた。
適宜振り仮名を加え、最小限の送り仮名を補った。（例、新に→新たに）
代名詞、副詞、接続詞などの漢字表記を、平仮名に改めたものがある。（例、其→それ、頗る→すこぶる）

人名や熟語などの表記のうち、現在通用のものに改めたものがある。(例、ムソリニー→ムッソリーニ、媾和→講和)

五、通読の便のため、最小限の注記を〔　〕で補った。また明らかな誤りは改めた。

(岩波文庫編集部)

はしがき

政治はいまひとつの歴史的な転回期に立っているといわれる。そういういわば危機的な時代の政治——少くともその一側面——の科学的な分析を試みようというのがこの書の目的である。従って、Ⅲの一部分をのぞいては、政治改革の実際的な方策はここでは取扱われていない。Je n'impose rien, je ne propose rien, j'expose〔わたしは、何も押し付けず、何も提案しない。わたしは、ただ、解き明かす〕. これがこの書の指導精神である。

かような態度はあるいはあまりに非実践的だと考えられるかも知れない。しかし、すべての実践が科学的な知識に立脚すべきものである以上、また自然を征服するためにまず自然現象を科学的に説明することが必要であると同じように、社会の改革を考究するためにはまず社会現象を科学的に理解することが必要である以上、こうした態度も必ずしもこの際無用ではないとおもう。

この書の各部分はいずれもすでに諸雑誌に公にされたものである。各項のおわりに記されてある年月ははじめて公にされた時期を示す。

昭和一一年一二月

著者

目次

プロローグ――「望み」と「現実」――

一体人間社会の事象をあるがままに知る・認識するということは予想外に困難なものである。それはなぜかというと、何より次のような事情にもとづく。

自然の現象は意志をもたず、望みをもたず、また言葉をもたない。それは全く唖《おし》である。もっとも昔の人は泉には泉の神が、木には木の神がいて、それぞれ水を踊らせたり、花を咲かせたりしたと考えたものだが、そういう考え方はいまでは単なる形容としてしか通用しない。我々現代人の目には水も木も終始点々として一定の自然法則に従って、あるいは泉を踊らせ、あるいは花を咲かせるだけである。こういうわけだから、自然の現象を認識することは比較的やさしい。

ところが社会現象になるとそうは行かぬ。ことは人間に関する。そして人間は「意志」をもち、従ってこうありたい、ああありたいという「望み」をもっている。昔この世の最初の女であったパンドラが――(これはギリシアの神話であるが)――その嫁入りの時にジュピターからもらった箱を開けたことがある。その箱の中にはいろいろな災厄が閉じ込められてあったともいうし、また数々の宝物がはいっていたともいう。どっちでもいいが、ここでは話の都合上、宝物がはいっていたことにしておこう。とにかくこの好奇心の強い女が箱を開けるとたんに、その宝物が皆外へとび出してしまったのだ。びっくりしたパンドラがあわてて箱のふたをおさえたときに、たったひとつこの有名な「パンドラの箱」の中に残ったものがあった。何かというと、それがすなわち「望み」である。だから、人間はこの時以来「望み」だけはしっかりと逃さずに終始身につけているのである。

人間はなおその上にその「望み」を表白する言葉をもっている。彼は「自然」のように唖ではない。どころか、ときにしばしば非常に饒舌《じょうぜつ》ですらある。だから、彼はああありたい、こうありたいと二六時中語るのがつねである。

ところが「望み」は必ずしも「現実」と一致しない。こうありたいということと、こうあるということとは同じではない。かくあるべしということと、かくあるということとはしばしば食いちがう。「昔、昔、大昔、望みが必ずかなえられた時代に」とグリムのお伽噺は語っている。しかし、残念ながら、そういう有難い時代はもう現実にはない。「望み」は必ずしもかなえられない。ここから人間生活の数々の悲劇が生れる。

「望み」が必ずしもかなえられぬとすれば、「望み」を表白した言葉を見てこれを「現実」と速断することがいかに不当であるかは改めていうまでもない。「金持になりたい」と口癖のようにいう男のふところに必ずしも本当に金がたまるわけでないことなどいうまでもないことだ。ところが人間は弱いもので、こうありたいと思いつめているうちに知らず知らずこうあると思いこんでしまうことがよくある。そしてこれを「こうありたい」という言葉で表白せずに「こうある」という言葉で表白する。若い女は毎日鏡を見ているうちに「自分は美人である」と思いこんでしまうことがよくあるらしい。しかし、かりにパンドラの後裔《こうえい》の一人が「自分は美人である」といったからといって、その言葉が決して「現実」を表現するときまったものではなく、それはただ「美人でありたい」という至極もっともな彼女の「望み」の表現にすぎないことは何人にとっても明らかなことである。これは本人が知らず知らずに——法律語でいうと「善意」で——その「望み」を「現実」と勘違いする場合だが、そのほかに本人が「現実」と異ることを承知の上で——法律語でいうと「悪意」で——他人にその「望み」を「現実」と思いこませるために、その他人が「こうありたい」と望むことを「こうある」と断言することがよくある。お客の女のすべてに「美人である」との折紙をつける美容院の主人なぞはその代表的な例である。この場合、その言葉がお客の「望み」の表白であるにすぎず、決して「現実」を表現するものでないことはあまりに明瞭であろう。

こういう風に人間は――あるいは善意で、あるいは悪意で――「望み」を「現実」であるかの如き言葉で表白することが多いから、社会現象を観察するに際しては、人間の言葉が多くの場合全く主観的な「望み」の作品であって、なんら客観的な「現実」を表現するものでないことを十分に認識し、あらゆる「望み」から離れて赤裸々な「現実」に直面することが肝要である。

Ⅰ　転回期の政治形態

第一章　民主政より独裁政へ

1　民主政の凋落と独裁政の興隆

国家・政治形式は今やヨーロッパの至るところで非常な推移・変革——民主政より独裁政へのそれ——の過程の中にある。

民主政か、独裁政か。国家・政治形式に関してなされる争いは、それが泰西〔西洋〕的政治形態に関するものであるかぎり、それがどのような名の下に争われていても、主としては「民主政か、独裁政か」の争いに帰着する。もちろん、この社会における矛盾・闘争はいろいろな異る社会的・経済的形態をとってあらわれるだろう。だが、これを純粋に国家・政治形式の問題として観察すると、そこで「民主政か、独裁政か」が大きな争点を形づくっている。現在泰西諸国の直面する国家・政治形式についての争いにおいてもこれと異らぬ。そして民主政と独裁政との間に不断の往来をつづける歴史の振子は今やそこで民主政から独裁政へと急速に動きつつあるらしくみえる。

一九世紀におけるヨーロッパの国家・政治形式の理想は民主政であった。そこで人たちは民主政のために、そしてそのひとつの現実形態としての議会政のために、はなはだ勝味の多い戦いを戦った。カヴール〔Camillo Cavour, 1810-61. イタリア統一を成した政治家〕の「最悪の議院といえども最良の次の間(antichambre)にまされり」というあまりにも有名な言葉は、その当時の民主政・議会政に対する燃えるような信念の代表的な表現にほかならぬ。二〇世紀はこの前世紀の理想を実現すべく運命づけられているようにみえた。至るところで独裁的勢力は衰え、民主的な勢力が台頭した。とりわけ〔第一次〕世界大戦は民主政・議会政のためにする独裁政征伐の十字軍であるかの如き観を呈した。そして大戦後に成立したヨーロッパ諸国の新憲法は申しあわせたように民主政・議会政の原理をその基礎としてとり入れた。国民主権主義・議院内閣主義はそこで政治的な公理と考えられ、選挙法においても完全な普通選挙制(女子の参政権を伴う)および比例代表制(あるいは少数代表制)が憲法の中で宣言せられた。その代表的なものとして一九一九年のドイツのヴァイマル憲法をみるがいい。一九世紀の人たちが理想としていた国家・政治形式の諸原理はほとんどすべてそこに実現せられている。

この一挙にして地上に現出したようにみえた民主政の天国は、しかし、その後諸国の政治の現実の中において十分自己を維持しえただろうか。近年の世界の現実の政治情勢は我々がこの問いを否定すべくなんらの躊躇をも許さぬもののようである。イタリアやロシアはいうまでもない。その他の国々でも色とりどりの招牌《しょうはい》〔看板〕をかかげた独裁政が支配的となりつつある。民主政・議会政に対してはいろいろな方面でいろいろな程度の制限が加えられつつある。一九世紀的民主思想の典型的成文化であるヴァイマル憲法の薄倖な運命こそ、なによりこうした推移・変革を如実にもの語るものといわなくてはならぬ。この憲法は実施後数年ならずして戦後のドイツの非常時的情勢に適合しない存在と考えられはじめ、近年は大統領の緊急命令権による大統領・政府の独裁的施設が――ヴァイマルの立法者たちの意図した指導精神には反しつつ――原則となっていたが、ついに本年(一九三三年)はじめのナチスによる「国民革命」は――向う四ヶ年を限ってではあるが――完全なライヒ政府〔Reich＝共和国。邦(Land)の上に立つ〕による独裁政を樹立し、ヴァイマル憲法をしてほとんど紙上の存在にすぎないものたらしめてしまった。

現在ヨーロッパで見られるかような現象――民主政より独裁政への推移・変革――は精神史的には何を意味するだろうか。私はそのもつ意味を政治におけるタブーの再生と呼びうるとおもう。いかなる意味においてかくいうか。それを明らかにするために、次に国家・政治形式としての民主政および独裁政のもつ精神的内容・実際的機能を考察し、その間の相違を検討するであろう。この点の究明は民主政より独裁政への推移・変革がいかなる意味において政治におけるタブーの再生であるかを人に示すことによって、それが現実に人に何を与えるか？　または人から何を奪うか？　について教えるところが少くあるまい。

2　政治観とタブー

ここに扱う独裁政と民主政はいずれも近代ヨーロッパおよびアメリカに特有な政治形態で、そのほかでは見出されえぬものであるが、それらのそれぞれの精神的内容を理解するには、その両者の基礎となっている政治観（政治的世界観）を吟味しなくてはならぬ。独裁政を基礎づける政治観は絶対的な権威者をみとめるそれであり、民主政を基礎づけるものは絶対的な権威者をみとめぬそれである。

ここにいう政治における「権威者」とは、それならば、何であるか。いま政治的な価値をここでひろい意味で「正義」と呼ぼう。そうすると、国家・政治形式の奉仕するもの、一般にいって政治の目的がつねにこの意味の正義の実現にあることは明らかである。しかし、政治の目的は正義だ、といっただけでは実はまだ何事も明らかにせられてはいないのだ。その正義の具体的な内容は何であるかが確定せられぬかぎりは「正義による政治」だとか、「天崩るるとも正義あれ」だとかいう文句はなんらの意味をもたぬタウトロギー〔同語反復〕にとどまるであろう。こうした文句がおよそ意味をもちうるためには、その「正義」になんらかの方法で具体的内容が与えられなくてはならぬ。抽象的な正義や、純粋形式としての正義や、ないしは「内容の変る自然法」のようなものではいけない。与えられた時と所において右すべきか、左すべきか、の岐路に面した場合に、右すべし、あるいは左すべしとの具体的な政策がそこから生れるような具体的・内容的な正義が見出されなくてはならぬ。

　しかし、かくの如き具体的・内容的な正義なるものははたして十分の明瞭さをもって人間に現前するものであろうか。決してそうではない。正義はそのままに具体的内容をもってそこにあるものではない。正義の具体的内容はつねに具体的な人間の意欲によってのみ与えられうるのだ。具体的・内容的な正義は具体的な人間の口によって語られることによってのみ成立しうるのだ。人はしばしば人間の意欲のほかに、その前に具体的・内容的な正義が存在しているかの如くに説く。しかし、それは正しくない。その場合人間の意欲のほかに、その前にすでに存在する正義とせられるものは、少くともその具体的・内容的な形相においては、必ずやある血と肉をもった人間の意欲から生れるものなのだ。いかなる場合にも人間の意欲を通じないで正義が具体的内容を与えられることはない。諸々の時代における、そして諸々の国における「神」を考えてみるがいい。人はそこに必ず神の意志を具体化することの独占権をもつ人間――神の子、使徒あるいはその後継者など――がいて、神の意志はそうした人間の意欲によってのみ具体化せられ、神の具体的・内容的な意志は現実にはその人間の意欲にほかならぬことを見るであろう。

正義の具体的内容を宣明する――というのはつまりそれを創造する――資格をもった人間、それがすなわちここにいう「権威者」である。「権威者」をみとめる政治観とは特定の人間に他の人間に対する政治的優越性をみとめ、これに正義を形成・確認する独占権をみとめる政治観をいうにほかならぬ。ここで「権威者」は正義の真の把握者と考えられる。彼こそは具体的・内容的な正義を語る生きた口である。ここで、しかし、彼が何が故にそうした正義の把握者であるか？と問うことは許されぬ。そのことはただ信じられなくてはならぬ。そうでないと、彼がはたして正義の把握者であるかどうかがさらに何人かによって認定せられなくてはならず、しかもその場合その何人かがはたしてそうした認定を正当に行う権利があるかどうかがさらに問われなくてはならぬことになるからだ。であるから、ここではむしろこう考えなくてはならぬ。「権威者」は彼がまさしく正義を語るから「権威者」とせられるのではなくて、反対に彼が「権威者」とせられるからその語るところが正義だとせられるのだ、と。彼が正義を語る「権威者」であることはここではすべての問い以前のものとせられる。それはむしろすべての問いがこれによってはじめてその基礎を与えられているという風な一番根柢的な前提である。だからそのことはなんらの批判・疑いの対象となることはできぬ。それはひとえに信仰の対象である。「権威者」はかくて信仰の基礎の上に、そしてその上にのみ立つ。彼はNoli me tangere（我に触るるなかれ）である。あるいは、政治的タブーである。「権威者」をみとめる政治観は、従って、タブー的政治観である。

かくの如き「権威者」をみとめずタブーを信じない人間は、こうした政治観をもつことはできない。彼の政治観は「権威者」の否認、タブーの否定のそれでなくてはならぬ。「権威者」をみとめず、タブーを信じない人間は他の何人に対しても自己より優越な政治的価値をみとめぬ。それは同時に自己に対しても他人より優越な政治的価値をみとめぬことを意味する。これはすなわち平等の原理である。平等の原理は、しかし、「権威者」の否認を意味する。そしてもし「権威者」が一般に否認せられるとすれば、その結果として正義なるものも——少くとも具体的内容をもったものとしては——全く否認せられざるをえなくなり、さらにそれはあらゆる国家・政治形式の否認——政治的懐疑主義・アナルシスム〔無政府主義〕――とまで行かざるをえぬことになろう。この結果を避けようとすれば、人は単に平等の原理をみとめて「権威者」を否認するにとどまらず、さらに積極的に自律の原理をみとめてすべての人間に対して等しく「権威者」たる資格をみとめなくてはならぬ。だが、すべての人間の意欲の内容が決して等しくないことはいうをまたぬ。そこで無数の正義の生きた口によって語られる多種多様な意欲の中からどれかひとつの具体的内容が選択せられ、それによって正義の具体的内容が確立せられることが必要となる。それには意見・反対意見の混沌の中から統一的な具体的・内容的な正義をいわば構成すべきひとつの確実な方法が見出されなくてはならぬ。こういう方法が見出されぬ限り、平等の原理と同時に自律の原理をみとめ、すべての人間を「権威者」とみとめるということは実は無意味なのである。

であるから、「権威者」をみとめず、タブーを信じない政治観――ここにいう反タブー的政治観――は、いやしくもアナルシスムに陥ることなく、ひとつの国家・政治形式を基礎づけうるがためには、「権威者」一般をみとめぬ政治観たるにとどまることをやめて、個々の場合につき「権威者」を構成する方法をみとめる政治観とならなくてはならぬ。

要するにタブー的政治観は正義を独占する「権威者」を信ずる。が、反タブー的政治観はかくの如きものを信じない。ただ「権威者」を構成する方法の確実さのみを信ずる。あるいはタブー的政治観が絶対的・不変的な権威者をみとめるのに対して、反タブー的政治観は相対的・可変的な「権威者」をみとめるといってもいいかもしれない。

絶対的・不変的な「権威者」をみとめるか、否か？　この問いにいかに答えるかによって政治観はタブー的政治観と反タブー的政治観の二つに大別される。

3　独裁政と民主政

ヨーロッパ的独裁政を基礎づけるものはかようなタブー的政治観である。

ここで正義を語る生きた口——「権威者」——はすでにそこにある。このことはあらゆる疑いの彼岸にある。具体的な事件について何が具体的・内容的に正義であるか？　それはいつでもこの口によって明確に・一義的に語られる。その口の語るところはひとつの神託である。批判は許されぬ。あるいはそれは最高裁判所の判決である。上訴の途はない。

従って、独裁者がすべての政治的権力をその手に独占し、その他の人間はすべてこれに絶対的に服従すべく定められている独裁政の基礎がこのタブー的政治観にあることは明らかであろう。そこで独裁者は正義を語る生きた口である。その語るところはすなわち正義にほかならぬ。それに反対の意見・考え方もあろう。が、それらはみな確実に誤謬である。

ここでは独裁者の意欲と異るということ自体がその誤謬であることの何よりの確実な証明なのだ。国家の具体的な政策は、従って、ここでは独裁者によってのみ決定せられる。そして独裁者によって決定せられるということ自体がそこに決定せられた政策の正当性を十分に担保する。だから、「権威者」の決定する政策に対する批判・反対なるものの存しうる余地はここには少しもない。言葉の固有の意味における「反対党」なるものは独裁政では考えられえぬ。英国人のいわゆる「陛下の反対党」の如きものはここでは思いもよらぬことでなくてはならぬ。

国家の具体的な政策がかように完全な正当性の担保の下にいつでも独裁者によって語られうるとすれば、残る問題はただこの政策を執行することだけだ。独裁政において「執行」ということが最前景に出ているのはきわめて当然のことといわなくてはならぬ。「権威者」はただ信ぜらるべきであり、その語るところはただ執行せらるべきである。

ヨーロッパ的民主政を基礎づけるものは、これに反して、反タブー的政治観である。反タブー的政治観は、さきにのべたように、絶対的・不変的な「権威者」の先験的存在を否認し、「権威者」を構成する方法をみとめようとする政治観であるが、民主政こそまさに絶対的・不変的な独裁権力者をみとめず、同じ権利をもって争う無数の意見・反対意見の中から統一的な具体的・内容的な正義を構成すべきひとつの方法であろうとする国家・政治形式である。民主政は「権威者」をみとめぬ。しかもそれはあくまでひとつの国家・政治形式であろうとするから、必然的に無数の相異る意見・反対意見の中から具体的・内容的な正義を構成する方法をもたなくてはならぬ。その方法は何であるか。多数決はすなわちこれである。この方法をもつことによってのみ、民主政はアナルシイに堕することなく、ひとつの国家・政治形式となりうるのだ。

　多数決の方法は、だから独裁政を否認する国家・政治形式の欠くことのできない方法である。それは「権威者」の否認、従って具体的・内容的な正義がすでにそこにあることの否認を前提とする。そうした具体的・内容的な正義がすでにそこに与えられていないからこそ、多数決の方法でこれを構成しようというのである。もし「権威者」がみとめられ、従って具体的・内容的な正義がその口によって語られてすでにそこにあるとすれば、政策を多数決で決するというが如きはおよそノンセンスでなくてはならぬ。いまかりに増税すべきや否やが実際に問題になったとしよう。もし独裁政における如く特定した「権威者」が厳然とそこにあれば問題はきわめて簡単だ。万事はその「権威者」

の一言によって終局的に決定せられる。が、もしそこに「権威者」がない場合、またはすべての人間が「権威者」である場合はどうであるか。その場合はこの問題についての具体的解答は当然には我々に与えられていない。ここではじめてそうした解答を構成すべき方法が必要とせられる。多数決の方法はここではじめてその存在理由をもつのである。

要するにここに取扱われるような独裁政では「権威者」の神聖不可侵への信仰が支配するが、民主政ではあらゆる信仰は否定せられ、ただ多数決の方法のみが、確実性をみとめられている。独裁政の原理は中世的な credo（我信ず）である。これに対して民主政のそれはデカルト的な le doute méthodique（方法的懐疑）であるともいえようか。

4　言論の自由

近代ヨーロッパに特有な独裁政と民主政との精神的内容を論じ、その間の本質的差違を明らかにした我々は、すすんで両者の間に存する精神的・本質的差違がどのような実際的・機能的な差違を生むかを考えてみたいとおもう。まず言論の自由の問題をみよう。

言論の自由なるものは元来この種の独裁政においては存在の権利を全然もたぬ。かような独裁政ではタブー性をもつ「権威者」が存し、正義はその口を通じて語られる。だから、「権威者」のいうところに反する言論は確実に誤った言論であるはずである。そうした確実に誤った言論の自由をみとめるという如きは矛盾でなくてはならぬ。であるから「権威者」の言葉に違背する言論はここでは一般に許されぬ。そして「権威者」の権威を宣揚するための言論か、そうでなくともせいぜい「権威者」の権威を害しない範囲の言論だけが自由とせられる。しかし、こうした限定せられた言論の自由はもとより固有の意味の言論の自由ではない。言論の自由は本来批判の自由でなくてはならぬ。しかるにタブーは本来批判の禁止を意味する。タブー的政治観を基礎とするかような独裁政が言論の自由と本質的に相容れないことは当然であろう。

民主政では、これに反して、言論の自由は存在の権利をもつ。いや、言論の自由こそむしろここに取扱うヨーロッパ的民主政の不可欠の前提要件であり、それがなくてはそもそもそれは存立しえないのである。何となれば各人を「権威者」とみとめ、そこから正義を構成しようとする民主政にあっては、その各人が完全な言論の自由——そこにははじめから「公認」または「官許」の言論なるものはなく、従って「異端」的な言論なるものもあるはずはないから、その自由はあらゆる種類の言論に及ばなくてはならぬ——をもつことがその当然の前提であり、その前提があることによってのみそこでの多数決の方法が意味をもちうるからである。完全な言論の自由がないとすれば、たとえそこにどのような民主政的な外観が存するとしても、その国家・政治形式は実はもはや民主政ではありえぬ。

この点についてはしばしば次のようにいわれる。言論の自由といってもそれは決して無制限なものではありえぬ。たとえば暴力革命を煽動する言論などはいかなる場合にも自由ではありえぬ。従って言論の自由というもそれは決して「完全」であることはできず、つねになんらか制限に服するのであり、言論の自由・不自由というも単なる程度の差にすぎず、その間になんらの質的な相違はない、……と。しかし、民主政の理論によれば、言論の自由とその不自由との差は単なる程度の差ではない。いかにも言論の自由が暴力革命を煽動する言論の自由などを含むわけでないことはいうまでもないことであるが、そういう言論の禁止は実は言論の自由の制限を意味するのではない。何となれば、暴力革命を煽動する言論は実は言論の自由自体を否定しようとする言論にほかならぬからである。言論の自由自体を否定する言論の自由とは明らかな矛盾である。そうした自由が言論の自由のうちに含まれえぬことは明白であろう。かくの如き言論の自由を否定する言論・言論の自由の自殺を意味する言論は、そういう民主政では、まさに言論の自由の名において排斥せられる。かくすることは決して真の言論の自由に対する制限ではなく、真の言論の自由はかくすることによってのみ完全に成立しうる。そこではこう考えられる。

ここにもヨーロッパ的民主政がアナルシイと異る点があらわれている。前者を基礎づける政治観は一種の政治的相対主義であるが、それは懐疑主義ではない。政治価値の相対性の主義自体に対しても相対的な妥当性しかみとめぬという風な不可知論的懐疑主義ではない。政治価値の相対性の主張自体はそこで絶対的に確実とせられるのである。それと同じように、言論の自由はそこでは必ずしも言論のアナルシイではないとせられる。言論的暴行は言論の自由の名において排斥せられる。

5　科学の自由

次に科学の自由について考えてみよう。

言論の自由と容れないヨーロッパ的独裁政が本質的に科学に敵意をもつことはいうまでもない。そこではさきにのべたように「権威者」への信仰が基礎とせられ、これに対する疑い・批判は厳に禁じられる。ところが、科学はまさに疑い・批判することをその本質的機能とする。疑いと批判のないところに科学は成立しえない。この科学が独裁政における「権威者」——それは英雄であり、超人であり、誤ることのない(infaillible)ものだ——においてその限界を見出さざるをえぬことは明らかであろう。科学、少くとも政治に関する科学は、かような独裁政では全く自由であることはできぬ。だが、自由でない科学とは矛盾である。科学はひとつの方法だ。絶対不変の内容がそこに与えられているわけではない。内容はここで無限の変化・発展の可能性をもっていなくてはならぬ。科学が自由でなくてはならぬというのはこの意味においてである。この自由が否定せられ、科学の内容に一定の限界が与えられているとすれば、それはもはや一般に科学ではない。だから、この種の独裁政においては真の科学は成立する余地がない。

この結果として、かような独裁政において科学と称せられるものは、少くとも政治に関係する限りは、つねになんらかの程度において「御用」学たることを免れえぬ。その学校では官許学説・公定理論だけが教えられ、それに反するものは異端邪説として説くことが禁じられる。本も異端邪説を説くものは禁書目録に載せられて、そこで読むことを禁じられる。そして国定教科書ないしは政府検定済の本だけが使用を許されるであろう。異端邪説を説く者は逐われ、禁書は焼かれるであろう。

人はここで最近のドイツを想起することができよう。そこではナチスによって右にのべられたようなことが端的に実行せられている。そこでは政府の命令の下にその御用を勤める学者だけが存在を許され、そうした学者の著書だけが公刊を許されている。人種的差別にもとづいてユダヤ人学者が排斥せられるだけではない。ユダヤ人でない者でも政府の提灯《ちょうちん》を持つことをあえてしない学者はすべてユダヤ人と同じに取扱われる。学会も政府によって改組される。そして政府の行動を科学的に弁明することがその任務とせられる。つまり科学的真理であるかないかはひとえに「権威者」たるヒットラーによって決せられ、そうして決せられた結論に論理的な・あるいは歴史的な理由づけを行うことが学者なり学会なりの任務だとせられるのである。

ドイツでかような現象が見られることは、そこで独裁政が行われていることの当然の結果である。他のヨーロッパ諸国でもかような独裁政が行われれば、そこでもやはりこれと同じ現象が見られるにちがいない。現にイタリアやロシアでも、それに類する現象が見られるようにおもう。そういう独裁的な諸国ではそもそも科学の自由というものが存在の根拠をもたないのであるから、政府御用の学者以外の学者の存在が許されず、政府御用の学会以外の学会の存在が許されないことはあまりに当然である。学問の独立などという言葉はそこでは痴人のたわごとと考えられる。

これに反して、一九世紀のヨーロッパを支配した民主政ではひろい範囲の科学の自由がみとめられる。ここには科学に奉仕を強制する「権威者」は存在しないとせられるから、官許学説・公定理論というものもないと考えられる。反対に疑い・批判がここでの根本基調を形づくっている。そして科学に対して固有の価値がみとめられ、科学は必ずしも政治の侍女となることを強制せられない。かような民主政は、さきにいったように、言論の自由をその生命原理とする。ここに客観的な科学の成立可能性が与えられている。科学はここではその方法によっていかなる内容をももちうるとせられる。すなわち、それは完全に自由であることを許されている。

6　宗教の自由

次に宗教の自由を考えてみよう。これについては、科学におけるとは反対に、独裁政の方が民主政よりも宗教に対してより多く好意的である。宗教は科学を特色づける疑い・批判とは本質的に異るものであり、信仰をその基礎とするから、それは疑い・批判の精神の支配する民主政よりも信仰の精神の支配する独裁政により親しむことは当然である。しかし、独裁政が宗教に好意的であるということは、決してそれがすべての宗教に好意的であることを意味しない。独裁政はそれを基礎づける宗教のみを唯一の正しい宗教とみとめるから、その他の宗教――それはそこで「異端」である――に対しては好意的であるどころか、反対に極度に敵意的である。異教の迫害――歴史的意味におけるイントレランス〔不寛容〕――が独裁政を特色づけるだろう。そしてすべての人はそこで国教を信じ、その神を礼拝すべく命ぜられるであろう。もしここで他教を信ずるの故をもって国教の神に礼拝するを拒否する者があるとすればその者は国法を紊《みだ》るものとして制裁を加えられるにちがいない。

民主政は本来宗教に好意的ではない。それを指導する批判的精神は宗教的精神とは相容れがたいものだ。しかし、それはトレランス〔寛容〕を生命原理となし、国教制・異教迫害を厳に排斥することにより、すべての宗教に対して平等に存在の権利をみとめる。だから、いわゆる宗教の自由は宗教に対して無色・中立である民主政においていちばん完全にみとめられるであろう。ここでは何人も自らの神をその好む態様によって崇めることが許されるであろう。もし彼がそれを欲するならばなんらの神を崇めぬことも許されるであろう。そしてかくの如き宗教の自由は、言論の自由と共に、民主政の生命原理に属するものとせられ、そこであくまでも擁護せられるであろう。

7　タブーの再生

近代のヨーロッパに特有な独裁政と民主政との精神的内容および実際的機能の相違が右にのべたようなものであるとすれば、現在そこでみられる民主政より独裁政への推移・変革が精神史的に何を意味するかは明らかである。それは一方において批判的・科学的・合理的精神の凋落を意味し、他方において独断的・形而上学的・神秘的精神の隆興を意味する。私がヨーロッパ政治におけるタブーの再生と呼ぶのは実にこのことにほかならぬ。政治におけるタブーの再生はそこでさらに実際的には言論・科学の自由の死滅を意味し、宗教におけるイントレランスの再生を意味する。(もちろんここで取扱ったような民主政や独裁政の純粋な形態は現実には今まであったことはないし、将来もあらわれることはなかろう。またここにいう民主政より独裁政への推移・変革も決して純粋な民主政より純粋な独裁政への推移・変革ではない。だから、その推移・変革についてここでのべられていることも、現実には、種々な他の条件に依存せしめられていることはいうまでもない。)

かような意味における政治におけるタブーの再生は喜ぶべきことか、悲しむべきことか？　言論・科学の自由の死滅や宗教的イントレランスの再生は祝うべきことか、嘆くべきことか？　それを何人も断定することはできない。ただ次のように言うことだけはできよう。

信ずる者は幸いなるかな！

同時にしかし、――

信ぜざる者、または異端を信ずる者は不幸なるかな！

(昭和八年九月『中央公論』一九三三年九月号)

第二章　独裁的政治形態の本質

1　政治とは

現代ヨーロッパに見られる独裁政はひとつの政治形態である。独裁的な政治形態について多少でも論ずるにあたっては、だから、まず「政治」の概念からきめてかかる必要がある。「政治」とは一体何であろうか。一言でいえば人間を支配することである。人間を支配するというのは、それならば、何か。人間に強制を加え、または加えようとすることによって人間に一定の行為を為し、または為さしめざることである。あるいはこれを統治する・または簡単に政治するといってもいいであろう。この意味において政治する者はつねに具体的な人間であるから、政治とは、つまり、政治する人間（あるいは政治者）と政治せられる人間（あるいは被政治者）との間の関係だということになる。

政治する者がつねに具体的な人間だということには異論があるかも知れない。人間でないものが政治する場合もあるように考えられるかも知れない。たとえば、近世の「法治国」は「人間」が政治することをやめて「法」が政治するような政治形態をその理想としていた。カントも「法治国」では「人間」ではなくて「法」(Gesetz)のみが支配すべきであるといっているし、一七八〇年のマサチュセッツ(北米合衆国の)の憲法も「人間の政治」ではなくて「法の政治」(a government of *laws* and not of *men*)を実現するために権力分立の原則をみとめなくてはならぬといっている。

だが、一体具体的な「人間」の意欲をはなれて「法」がありうるものであろうか。人はしばしば人間の意欲から独立に客観的に存在し・妥当する法があるように考える。そして「天の道」であるとか、「正義」であるとか、「一般の福祉」であるとかがそれだという。しかし、そういった漠然とした・抽象的な・いわば「自然法的」な原理から当然に具体的な内容を引き出すことがはたしてできるだろうか。できない。「自然法」の具体的な内容は必ず特定の具体的な人間の意欲によって与えられなくてはならぬ。例をあげよう。どこの国でも「公の秩序または善良の風俗」に反する契約は無効だとせられている。(わが国では民法第九〇条がそれを定めている)。この規定はしばしば自然法的な価値とみとめられるものであるが、もしそれが自然法であるとして、それならば、具体的にどんな契約が「公の秩序または善良の風俗」に反するのであるか。娼妓に身を売る契約はどうか。女房を質に置く契約はどうか。一生結婚しないという契約はどうか。これらの場合において具体的な人間の意欲をはなれては一義的な・明確な判断をうることはできない。そこで具体的に契約の有効・無効を決するのは具体的な人間――この場合でいえば裁判官――以外の何ものでもない。

ホッブスが「真理ではなくて権威が法を作る」(auctoritas, non veritas facit legem)というのはこの意味できわめて正当である。一応は「人間」以外のものが政治するように見える場合でも、結局は政治する者は、かように、必ずや具体的な人間である。政治は、つまり人間の人間に対する支配である。

こうした政治は何のために行われるのであろうか。それを一義的に・客観的に決定することはできない。政治は「一般の福祉」のために行われるとか、階級的搾取のために行われるとか、さらにあるいは「天の道」を実現し、「神の国」を建設するために行われるとか説かれる。が、何のために行われようと、政治はつねに人間の人間に対する支配である。たとえ「神の国」の建設のための政治であろうとも、それが人間の人間に対する支配であることに少しの変りもない。

2　政治は必然か

この意味の政治は人間の社会に必然的に伴うものであるかどうか。これは問題である。

が、少くとも経験的な社会についていえば、政治は社会に必ず伴うということができよう。極端な個人主義者・自由主義者の理想であるアナルシイ〔無政府主義〕や、無為にして化するような社会は今まで実際にあったこともないし、将来現われて来そうにもない。これはなぜであろうか。恐らく人間の欲望が無限であるのに、それを満足させうる財貨が十分でないからであろう。もっとも、いくら人間の社会に与えられた財貨がかぎられているとしても、もし人間というものが――ある人たちの説くように――誰も彼も一身を捨てて他人のためにつくすような心がけをもち、それにもとづいて行動するならば、必ずしも人間社会がつねに政治を必要とするわけでもあるまい。ところが――まことに不幸なことではあるが――現実の人間は決してそういう心がけにもとづいて行動しはしない。人の「性」は必ずしも「善」ではない。それは昔人間の祖先が「パンドラの箱」を開けたり、「禁断の実」を食べたりしたせいかも知れないが、とにかく現実の人間は大体において「人間は彼が食うところのものである」という言葉によって説明せられるような情けない存在である。

政治は、だから、現実の社会から決して消滅することはできないであろう。

3　独裁政と民主政

原始的な社会では政治者と被政治者との明確な分化が見られず、従ってそこで政治は「組織」をもたなかったようである。しかし、やがて社会の進化と共に社会分業の技術的必要にもとづいて政治者と被政治者の分化が生じ、政治することが組織せられた専門家の手に独占せられるようになった。政治「組織」がここに生れた。

組織づけられた政治の形態は、組織形式的な立場から見て、二つの相反する類型に分けられる。一は独裁政(または絶対政)であり、他は民主政である。両者を区別する標準は政治者と被政治者との間における自同性の有無にある。そうした自同性の否定を組織原理とする政治形態が独裁政であり、その肯定を組織原理とする政治形態が民主政である。もとより現実社会に存在する・または存在した政治形態においては政治者と被政治者との間の自同性が全然否定せられてしまうこともないし、また反対にそれが全然肯定せられることもない。それが全然否定せられることも、全然肯定せられることも、実際的には不可能である。現実の政治形態のあるものは比較的そうした自同性の否定に、すなわち独裁政に傾くであろうし、また他のものは比較的その肯定に、すなわち民主政に傾くであろう。しかも、その場合、前者にあっても民主的要因は少からず存するだろうし、また後者にあっても独裁的要因は決して失われてしまいはしないだろう。もし純粋な独裁政でも純粋な民主政でもない政治形態を――通常のいい方に従って――混合形態と呼ぶならば、現実の政治形態は例外なく混合形態だといわなくてはならぬ。ただここでは便宜のためにそれらの中で比較的独裁政に傾くものと比較的民主政に傾くものとを区別し、これをそれぞれ独裁政および民主政と呼ぶことにしよう。

独裁政の概念をかように定めると、「独」裁政という言葉がはなはだ不適当なものとなって来る。何となれば、政治者が「一人」であり、従ってその政治が「独」裁であることはここにいう独裁政にとって少しも必要なことではないからである。政治者が「一人」であろうと、「多数」であろうと、はたまた「政党」あるいは「階級」であろうと、それは問題ではない。そこで政治者と被政治者との間の自同性が否定せられるかぎり、それはすべて独裁政である。人はしばしばギリシアの「民主政」について語る。しかし、そこで政治者であった自由人と被政治者であった非自由人(奴隷)との関係を考える時、それはむしろここにいう独裁政だと考えなくてはならぬ。近世の「民主政」についてもそうである。ここでも政治者である本国と被政治者である植民地との間では自同性が否定せられているのが原則であるから、それはそのかぎりでは独裁政だというのが正当であろう。この意味でかような政治形態を指示する名称としては、後にのべるように、独裁政より「絶対政」の方がむしろ適当であるかも知れぬ。

4　独裁政における治者と被治者

この意味の独裁政を我々は歴史上数多くもっている。それらの歴史的・社会的な意味内容は種々様々であろう。だから、それをその歴史性から抽象して形式的にひとつの独裁政の範疇に入れることはかなり危険である。しかしながら、同時にまた、それらが歴史的・社会的な意味内容の大きな相違にもかかわらず組織形式的に同じ政治形態に属するものであり、その結果一定の共通な本質的な性格をもつものであることを認識することもきわめて重要である。歴史的な諸々の政治形態の内容的な相違に目を奪われて、その本質的性格を無視すると、ドイツのナチ主義がファシズムと本質的に違うもののように考えたりするような誤りに陥る恐れがある。我々は先に与えられた独裁政の概念が全く形式的なものであることを十分意識しつつ、その本質的な性格を吟味しなくてはならぬ。

先にいったように、独裁政の組織原理は政治者と被政治者との間の自同性の否定である。ここでは政治者と被政治者は互いに全く縁なき存在であり、その間に何らの連絡もない。このことは何を意味するか。政治者がそこで絶対的な権威をもつことを意味する。むろん政治者が多数の人間である場合は、それらの間でさらに具体的な政治者が選任せられ、またそれが更迭するであろう。しかし、被政治者の立場から見るかぎり、政治者の権威はあくまで絶対的である。(この意味でしばしば近代の絶対専制政を指すに用いられる絶対政《Absolutism》という言葉が、先にいったように、この種の政治形態の名称としてはより適当であろう)。被政治者はそこで政治の対象であるにとどまり、いかなる意味でもその主体ではない。彼らに対しては絶対無条件な服従——ただそれだけが許されている。

であるから、もし独裁政を基礎づけ、理由づけようとすれば、「信仰」によるよりほかはない。独裁政はその権威者をただ信ずることによってのみ正当とせられうる。それを信ずる者にとってはそれは疑いもなく良い政治形態である。その代りそれを信じない者にとってはそれは絶対的に悪い政治形態でなくてはならぬ。私がさきに独裁政においては「信ずる者は幸いなるかな。同時にしかし、信ぜざる者、または異端を信ずる者は不幸なるかな」ということができようといった(前述三四頁)のはまさにかような意味合いにおいてである。

5　独裁政の弁明

独裁政においてつねに何らかの種類の「神」が援用せられるのは、独裁政の右にのべたような性格に由来する。独裁政の基礎づけ・理由づけが「信仰」によってのみ可能である以上、それが「信仰」の対象である「神」を援用するを好むのはきわめて自然である。この意味である独裁政は原則として神主政《テオクラシィ》的な色彩をおびる。

しかし、独裁政がいかに神主政的に弁明されようとも、そこで「神」が現実に政治するものと考えてはならぬ。人はそこで「神の国」を地上にもたらそうと努力するであろうが、「神の国」はそのままに地上に実現せられうるものではない。「神の国」が地上の現実となるためには自ら「人間の国」とならなくてはならぬ。元来「神」は自ら人間を政治することはできない。つねにその代人(vicarius)を通じてのみ政治しうる。政治は「神」の名においてなされることもあろう。が、現実に政治する者はつねにその代人である。だから「神の国」がもし地上に実現せられるとすれば、それは必ずや具体的な人間である「神の代人」——カトリック教についていえばローマ法王——の国でなくてはならぬ。「神」を援用する独裁政の権威者はすべてこの意味で「神の代人」である。

独裁政で援用される「神」は宗教的な「神」であることもある。「神の恩寵によって」(gratia dei) 政治する専制国王の場合はこれである。しかし、それが「国民」あるいは「民族」であることもある。「民衆的国家」(stato popolare) だと自称するファシスト・イタリアや、「民族国家」(Volksstaat) だと自称するナチス・ドイツの場合はこれである。

近年の独裁政ではこの後の場合が原則のようである。この場合は「国民」とか「民族」とかいわれるものは別に宗教的な色彩を身につけていないが、それにもかかわらず、それらはそこで全く形而上学的な本体——すなわち「神」——の性質を与えられている。そして現代ヨーロッパの独裁政を弁明しようとする理論家はいずれもこうした「神」の存在を証明し、それによってその代人の権力を正当づけることをその何よりの任務としている。あたかも中世の神学者たちがキリスト教の「神」とその代人についてそうであったように。

このことは、たとえば現在のドイツの諸学者の説くところを見れば明らかである。彼らはいずれもアードルフ・ヒットラーが「民族」と呼ばれる「神」の代人——この頃は多く「代表者」(Repräsentant)と呼ばれる——であることを説明すべく苦心している。近年のドイツの公法政治理論の中のいちばん巧緻なもののひとつに数えられてもいいスメント〔Rudolf Smend, 1882-1975〕のインテグラチオーン(統合)の理論(Integrationslehre)——むろんこれはナチスが権力を握るずっと以前に発表されたものだが——をとって考えてみても、それが独裁政の「神」の論証を試みているという批判がそれに対して十分なされうる余地があろう。彼の理論は在来の有機的国家理論に対していっそう超個人主義的な基礎を与えたものであるが、彼はたとえば国家が「毎日くり返されるプレビシット」によってその根柢を与えられていると説く。しかし、そこにいうプレビシット（人民投票）はいつ・誰によって行われるのか・または行われないのか。それを誰も知らぬし、また知ることもできない。その誰も知らず・また知ることのできぬプレビシットがインテグラチオーンだというのである。つまり「インテグラチオーン」という言葉はそこで「神」――その存在は決して客観的には証明せられえず、それをただ信ずる人にとってのみそれは存在する――を祈り出すために「政治的神学者」スメントによって用いられるひとつの呪文であると考えられていいであろう。であるからこそ、その理論は反独裁政論者たちによって「科学の仮面をつけた独裁政弁明論」（ケルゼン）であると難ぜられるのである。ナチスによってハイデルベルク大学から逐われた法律哲学者ラートブルッフ〔Gustav Radbruch, 1878–1949〕はこれを評して次のようにいっている。「インテグラチオーンの理論の政治的機能は、すなわち、非民主的な憲法形態を国民の意志――しかも国民多数の意志ではなくて、国民性（Volkheit）、すなわち、数字的に数えられず、従って勝手にどうとも作りうるところの国民共同体（Volksgemeinschaft）のインテグリーレンする意志――の上に基礎づけうることにある。」

6　独裁政の本質に由来するもの

ここから現代ヨーロッパに見られる独裁政の本質的な属性が生ずる。言論・科学の自由の否定・異教の不寛容。これらはあらゆる独裁政に必然的に伴う。学問も芸術も、すべての文化がそこではある特定の「神」――決してそれ以外の「神」ではない――に仕える侍女とせられる。人間の思惟の根本形式を研究する哲学、ことに認識論すらその例外をなすものではない。

あるいはそこで合理主義が標榜せられ、理論的な理性の権威がみとめられるような外観を呈することもあろう。しかし、独裁政において存在を許される合理主義は単なる表見的合理主義にすぎない。そこでは「理性《ラチオ》」も「神学の侍女」であるから、その合理主義も結局ある特定の信仰の基礎の上に立ち、それに奉仕するものにほかならぬ。「知るために信ずる」(Credo ut intelligam)。聖アンセルムスのこの有名な言葉はそうした合理主義を表現するものとしてきわめて興味がある。独裁政における合理主義は、あたかもスコラ哲学がそうであったように、あくまで合理主義の仮面をつけた神学にほかならぬ。

このことは独裁政の「本質」から由来するところである。その歴史的・社会的な意味内容の如何には関係がない。だから、ブルジョワ的独裁政であろうと、プロレタリア的独裁政であろうと、それがいやしくも独裁政であるかぎり、そこには必然的に右にのべられたような現象が見られるはずである。独裁政論者はともするとと、自らの主張する独裁政だけは「真の」国民の意志にもとづくものであり、そこでは学問・芸術が「真の」自由を与えられると自分で思い込んだり、人に思い込ませたりするが、それは多くの場合意識的な「嘘」であるか、または無意識的な「勘違い」である。それらの論者の説くような「神」を信ずる自由だの、「神」の存在を証明する自由だのは――それが同時に「神」を信じない自由や、「神」の不存在を証明する自由やを含まないかぎりは――決して「自由」と呼ばるべきものではない。

7　委任的独裁と主権的独裁

かくの如き独裁政、もしくは独裁的な政治形態を我々は人間の歴史においてしばしばもったのであるが、それらは一体どのようなものであるか。いいかえれば、歴史のうちにあらわれたかような意味の独裁政の現実形態はどのような意味内容をもったものであるか。これがさらに問題とせられなくてはならぬ。

独裁政(Diktatur)の名で呼ばれた最初の政治形態はローマのそれであろう。はじめての独裁官(dictator)はヴァレリウス(紀元前五〇五年)だともいうし、ラルキウス(紀元前五〇一年)だともいうが、とにかくこの dictator の政治が dictatura と呼ばれたのである。それがどのような性質をもったものであるかは明らかでないが、国家的非常時に応ずるため――戦争を遂行するため、または内乱を鎮定するためなど――にコンスル(統領)の一人を dictator に任じてこれに広汎な権力を賦与したものらしい。しかし、そこで dictator は全く臨時・暫定的におかれたのであって、その任期は六ヶ月にかぎられていた。かような点を考えると、この政治形態は当然に我々がここにいう独裁政には該当しないといわなくてはならぬ。なぜであるか。このローマの dictatura は全く国法に遵拠して行われるものであり、決してそれを破るものではない。だから、それは当時のローマの正常な政治形態自体と少しも異るものではない。後者が独裁的であればそれも独裁的であろうが、もし後者が民主的であればそれもまた民主的であろう。その dictatura それ自体においては決して独裁的ではなかった。

カール・シュミット〔Carl Schmitt, 1888-1985. ドイツの法政治学者〕は独裁政を委任的独裁政(die kommisarische Diktatur)と主権的独裁政(die souveräne Diktatur)とに分け、右にのべたようなローマの dictatura を委任的独裁政に数えている。委任的独裁政とは何かというと、「憲法を擁護するために、それを廃止することなしに、一時それを停止すること」である。それは現行憲法に違反するものではなく、その上に基礎づけられている。従ってそれが独裁的であるかどうかは——右にローマの dictatura についてのべられたように——ひとえにその憲法自体が独裁的であるかどうかによって定まる。決してそれ自体において当然に我々がここでいう意味で独裁的であるのではない。

これに反して主権的独裁政はまさに我々のここにいう独裁政に該当する。主権的独裁政は現行憲法にもとづくのではない。反対にそれの廃止がそこで目的とせられる。「だから、それは現行の憲法ではなくて、もち来たさるべき憲法に立脚する」。それは絶対的な権威をもって自らを主張するものであるからまさしく独裁政と呼ばれるに値いする。ローマの dictatura も後にスラ(紀元前八二年)や、シーザー(紀元前四六年)が dictator となるにおよんで、委任的独裁政の性質を失って主権的な独裁政に転化してしまったといわれている。

8　プロレタリアート独裁とファシズム的独裁

近代において独裁政が最も問題とせられたのはいうまでもなく「プロレタリアートの独裁」についてであろう。そしてボルシェヴィキ革命(一九一七年)後のロシアはこの原理にもとづく独裁政の実例を我々に提供している。このソヴィエト的政治形態がここに我々のいう独裁政の典型的なものであることは明瞭であろう。そこで政治者は共産党である。党外の被政治者は政治者から全く隔離されている。

この独裁政の特色は人がそこでその政治形態がプロレタリアート階級の独裁であり、しかもそれがひとつの過渡的な形態であることを主張することにある。そこでは唯物論が基礎とせられるから、人は「神」を援用することによって自らを弁明しようとはしない。その弁明の根拠とせられるものはつねに唯物史観の鉄則である。

これと対蹠的な立場に立つものにファシズムがある。ここでも同じように我々は独裁政について語ることができる。いやむしろ今日人が独裁政について語る時はほとんどつねにファシズムが意味せられているといってもいいくらいである。ファシズムはいうまでもなくイタリアの産物である。そして「ファシズムは輸出品ではない」。ムッソリーニはそういっている。しかもファシズムが決して単なる個人の気紛れの所産ではなく、一定の社会状態の所産である以上、それがイタリアだけにかぎられていないことはあまりに当然である。ファシズムと同じ性質の政治形態は他の諸国にも数多く見られる。その代表的なものはナチスのドイツである。むろんナチスの論者たちはそう考えてはいない。彼らはドイツがイタリアの亜流であると考えることを欲しない。しかし、彼らがそれを欲しようと欲しまいと、ナチスの下におけるドイツの政治形態は決してイタリアのそれと本質的に異るものではない。両方で申し合せたようにシャツを着たり、手を挙げて敬礼したりするのは、決して単に外面的な・偶然的な符号ではない。イタリアのDuce〔ドゥーチェ＝指導者〕の権威も、ドイツのFührer〔フューラー＝指導者〕の権威も同じように絶対的である。被政治者に対しては何らの発言権が与えられていない。イタリアでは「ムッソリーニの欲するところのものを欲する人間だけが自由である」といわれるが、ドイツでも「ヒットラーの欲するところのものを欲する自由」だけがすべての人間に与えられているにすぎぬ。それ以外の「自由」は一般にそこでその存在を許されていない。

ファシズム的独裁政は唯物論の否定をその特色とするから、そこではつねにその弁明のために「神」が援用せられる。そして政治者の「権威」について語られる。ロシア的独裁政は単なる「力」の国家であり、いわば「権威」のない国家であるが、ファシズムの国家は「権威」をもつ国家である。そう人は説明する。しかし、「権威」も結局具体的な人間の「権威」であり、「力」と性質を異にするものではない。ロシアでもファシズムの国家でも人間が人間を政治していることに何の変りもない。そこで「神」が援用されようとも、「権威」について語られようとも、ファシズムの国家が独裁政であることはソヴィエト・ロシアと少しも違うところはない。後者がもし「力」の国家であるならば、ファシズムの国家もそれと同じように「力」の国家であるといわなくてはならぬ。

9　自由主義の否定

ファシスト的国家はあるいは「権威国家」(autoritärer Staat)であるとか、「全体国家」(totaler Staat)であるとかいって説明される。

これらの言葉には人によって異る意味が与えられるが、それらがいずれも多少の程度における民主政の否定を意味することは疑いがない。その意味で権威国家も全体国家も絶対的な権威者をみとめる政治形態だということができよう。それならば、権威国家と全体国家とはどう違うか。あるいは両者の間に性質的な区別をみとめる人もある。あるいは両者の区別はある程度において前世紀からの自由主義的遺産——たとえば司法権の独立といった風な——を認容するか否かの程度の差に帰すると考える人もある。諸家のいうところはいろいろであるが、結局両者はそこでその権威者のもつ権威の絶対性の強弱の程度によって区別されるにすぎぬと考えるのが正当のようである。つまり、全体国家では個人の自由なぞというものは全然みとめられず、エルンスト・ユンガー〔Ernst Jünger, 1895-1998. ドイツの作家〕のいわゆる「全体的動員」(totale Mobilmachung)の原則が支配するに反して、権威国家では一応——むろんほんの一応であるが——司法権の独立とか個人の自由とかいうものが保障せられるというわけである。ケルロイター〔Otto Koellreutter, 1883-1972. ドイツの法学者〕などがこの種の権威国家を「国民的法治国」(der nationale Rechtsstaat)と呼んでいるのは、そこにかような自由主義的遺産の多少の保障があるからである。しかし、そうした保障がほんの一応のものにすぎず、従ってそうした「法治国」が伝統的意味の「法治国」と性質を異にするものであることはいうまでもなかろう。

要するに、権威国家も全体国家も独裁政に数えらるべきものであろう。なお「指導者国家」(Führerstaat)という言葉も聞かれるが、これも大体において独裁政のシノニム〔同義語〕と考えられていい。

10　英仏米における執行権の強化

現代諸国の政治形態の中でソヴィエト・ロシア的なそれとファシズム的なそれは何人によっても独裁政の中に数えられている。ところで、そのほかになお独裁政、または独裁的な政治形態が現在あるだろうか。この点について人はしばしば通例民主的と考えられている国々の政治形態がこの頃独裁的傾向を示すことを指摘する。が、はたしてそうであろうか。

人がそれらの国々における独裁的傾向と呼ぶところのものは、執行権の強化的傾向である。その例としてはマクドナルドの国民政府〔イギリス〕や、ドメルグの挙国一致内閣〔フランス〕や、ローズヴェルトのＮＲＡ政策〔アメリカ〕などがあげられる。いかにもこれらの国々においては近時執行権に対していちじるしく広汎な権限が賦与せられている。しかし、そこで執行権は決して絶対的な権威をもってはいない。それはあるいは議会の信任にもとづいてのみその地位にあり、あるいは一定の期間のみその地位を保つことが許されている。そのもつ権限がいかに強くとも、そこにはDuceやFührerにおいて見られるような絶対性がない。DuceやFührerは自らが最終・最高の権威である。何らの基礎づけを必要としない。が、マクドナルドやドメルグやローズヴェルトは最終・最高の権威ではない。それは現行憲法の基礎の上にのみその権威を与えられている。だから、その政治は独裁政ではない。それはせいぜい委任的独裁と呼ばれることはできるかも知れぬ。しかし、それはいかなる意味においても主権的独裁政ではない。そこにファシズムにおけると同じような意味においての独裁的傾向を見ることは決して正当ではない。

11　独裁政と絶対専制政

独裁政(Diktatur)という言葉は一時的・暫定的な政治形態をいうものと従来考えられてきた。従って、一時的・暫定的な政治形態だけがこれまでそう呼ばれてきた。しかし、政治形態を純粋に組織形式的な立場から分類する時は、一時的・暫定的な政治形態であるかどうかによって区別することは必ずしも大した意味をもたぬ。だから、ここで我々は一時的・暫定的であるという表徴をはなれて我々の独裁政の概念をきめたのである。またこれが今日の泰西諸国の政治形態を観察するには、おそらく適当であろう。

この立場から見る時、我々は通常独裁政(Diktatur)と呼ばれていない政治形態のうちに我々がここで独裁政というものに該当するものを数多く見出す。その最たるものは一七、八世紀的な絶対専制政である。絶対政では政治者は絶対的な権威をもつとせられ(princeps legibus solutus est)、被政治者には何らの政治参与権が与えられていなかった。いわば政治者がすなわち国家であった(L'Etat, c'est moi)。後にいわゆる「啓蒙された国王」が出るにおよんでは、政治は民のために行わるべきものと考えられ、そうした国王の典型的な代表者である「老フリッツ」(フリードリヒ二世)は「君主はその臣民の第一の僕である」といったが、しかもそこで「すべては民のために」(Alles für das Volk)なされたが、「何ごとも民によっては」(Nichts durch das Volk)なされなかった。アメリカ革命およびフランス革命が起るにおよんで、はじめてこの種の絶対政は近代の議会主義的な民主政の前に退かなくてはならなくなったのである。

この絶対政はここにいう意味の独裁政の典型的なものである。現代ヨーロッパの諸独裁政がもし一時的・暫定的な形態ではなく、永久的・常設的な形態となるとすれば、それらをローマ的独裁政に比するよりは、むしろ右のような絶対政に比する方があるいはより適当であるかも知れない。

（昭和九年一一月〔『中央公論』一九三四年一一月号〕）

第三章　独裁政理論の民主的扮装

1　政治闘争における「扮装」

将来の国家・政治形式は何であるべきか。五・一五事件や、血盟団事件や、さらにあるいは〇〇事件(sic!)やによって暗示ないしは明示される「非常時」や「危機」は、人をしてかくの如き問いを発せしめる。そしてすでに多くの人たちがこれに対して明確な・あるいは不明確な解答を与えている。ここで問われているのは、将来どのような国家・政治形式があらわれるかではなくて、将来どのような国家・政治形式をもたらすべきか？　である。換言すれば将来の国家・政治形式として何を是とするか？　である。そこでこれに対する解答は必然的に一方においてある国家・政治形式の賞讃・価値づけを意味し、他方においてこれに反する他の国家・政治形式の批難・否定を意味する。ここでことはひとつの政治的闘争に関する。とすれば、それらの解答がいろいろな・戦略的なあるいは戦術的な理由にもとづいてさまざまな扮装を身につけるであろうことはもとより怪しむに足りない。この点、貪欲な商人が「社会奉仕」の扮装をつけ、投票の買収を行っている議員候補者が「清廉潔白」の扮装をつけたりすると少しも違わない。

しかし、どのような扮装でも扮装は扮装である。ほんものではない。扮装の目的はたとえば男を女に見せ、悪人を善人に見せるにある。つまり真実を蔽うにある。人目をくらますにある。そこで真実は扮装の背後にある。だから、真実を求める者はそうした扮装をとりのけて、その素顔に直面しなくてはならぬ。もし、さきにのべたように、政治闘争において用いられる諸々の「概念」や「理論」がつねにこうした扮装の下にあらわれるとすれば、政治的現実を見出すためには何よりそうした諸「概念」ないし「理論」の実践的・闘争的性格を十分に理解し、その扮装が扮装であることの完全な認識をえて、その扮装の背後にある現実をそのままに把握することが必要である。それをしないで狐の化けた美女に恋する者はやがて馬糞を与えられて幻滅を感じるに違いない。

2　民主政・議会政の否定

現代のヨーロッパで凋落しつつある民主政・議会政を否定して新しい国家・政治形式をもってこれに代らせようとする人たちのいうところも、こうした闘争的性格をもつ。そしてその結果として、その主張がいろいろな扮装の下にあらわれることが多い。

かような民主政・議会政の否定は何を意味するのか。それよりもまず民主政とは何であるか。それは法規範の定立者とその法規範によって義務づけられる人間との間に自同性(Identität)が存する国家・政治形式である。換言すれば、治者と被治者との自同を原理とする国家・政治形式である。それならばこうした自同性の否定を原理とする国家・政治形式は何であるか、それは独裁政である。独裁政は治者と被治者との間の自同性を全く否定する原理にもとづく。この意味で民主政と独裁政は互いに反対する概念である。両者の別が治者と被治者との間の自同性の有無にある以上、非民主政は独裁政であるはずであり、非独裁政は民主政でなくてはならぬ。もっとも原理的に純粋な民主政あるいは独裁政は現実には存しない。現実の国家・政治形式は民主政・独裁政の両原理の支配の下にある。ただそこでいずれの原理がより多く支配的であるか、によってこれを主として民主的な形態、あるいは主として独裁的な形態と区別しうるにすぎない。だから、民主的と呼ばれる形態にも独裁的な要因があるし(一九世紀的な議会政においてもその植民地に対する関係は例外なくきわめて独裁的であった)、独裁的と呼ばれる形態にも民主的な要因が少くない(専制国においても私的自治はかなりみとめられていたし、また訴権も比較的ひろく与えられていた)。

それはともかく、ヨーロッパにおける民主政の否定論はすなわち独裁政の提唱にほかならぬ。そして議会政はいうまでもなく民主政の最も通常な現実形態であるから、議会政の否定は当然に民主政の否定であり、それはまた当然に独裁政の提唱である。むろん民主政・議会政否定の下に人の考える内容にはいろいろあろう。たとえばファシズムであるとか、あるいはボルシェヴィズムであるとか。しかし、国家・政治形式の問題としてはそれらが独裁政以外の何ものでもないことは明らかであり、そして独裁政であることの結果として独裁政――その内容が何であろうとも――に必然的に伴う政治的特性――信仰の優越・理性の没落・言論の不自由というような――は当然にそれらの共通にもつところでなくてはならぬ。従って、そのかぎりにおいて、そしておそらくはそのかぎりにおいてのみ――それらを――それらの間における内容の非常な相違にもかかわらず――独裁政の名の下に一括して取扱うことは十分理由をもつことである。

この民主政・議会政否定論、すなわち独裁政論は、それならば、どのような扮装をつけるか。

3　扮装としての「民主政」

現代ヨーロッパにおける諸々の独裁政論のつける共通な扮装のひとつに、その否定しているはずの民主政を見出すことははなはだ興味ある。さきにのべられたところによると、独裁政は民主政の反対・否定であるはずだ。その独裁政が民主政の扮装の下にあらわれるというのは、まさしく男が女に扮するのと同じではないか。では、どんな工合に独裁政論がそういう扮装をつけるか。それをのぞいてみよう。

もっとも独裁政論といっても数かぎりなくある。そしてそれらは相互の間で必ずしも全く同じことをいってはいない。そこで便宜上今日独裁政というとすぐ連想するドイツの独裁政論を例にとって考えてみよう。そしてドイツでもとりわけナチスの代弁者たる役目を演じているオットー・ケルロイター(Otto Koellreutter)の所論[1]をここにとりあげてみることにしよう。このミュンヒェンの大学教授の説くところは、今のドイツでの半官的な見解であるとも考えられるからである。

ケルロイターによると、すべての国家学はまず Volk――(ここでかりに「民族」と訳しておこう。あんまり適当な訳語ではないが)――から出発しなくてはならぬ。民族こそは全価値的な・全く未来力ある実在であり、今の国家に指針を与うべき唯一の政治的大いさである。近代国家学の任務は、民族の本質から民族と国家との政治的結合を示すことにある。

この民族はそれ自身としては政治的に形成的に・構成的に活動することはできない。従って、民族の意志なるものは完結的な政治的表現をうるためには必ず代表せられなくてはならぬ。代表とは何であるか。その決定的な標徴は民族と一体と感じ、その故に自己の意志に代表的作用を賦与しうるところの代表者による民族意志の現在化・具体化に存する。ところで、かくの如き代表は国家権威(Staatsautorität)と必然的な関連に立ち、そうした国家権威の保持者として代表者があらわれるのである。

今日ドイツで従来の自由主義的・市民的法治国を解消せしめつつあるものはこうした権威国家(autoritärer Staat)である。ケルロイターはそれを「民族的法治国」(der nationale Rechtsstaat)と呼んでいるが、そこでは国家権威が本質原理をなしている。第一次的なものは民族である。それが政治的に全体としての国家において自己をあらわす。この民族と全体としての国家との心的《ゼーリシュ》な結合が国家権威の本質を構成する。そして近代国家の本質を構成する。だから、真の代表は国家権威の存在をその前提とする。

権威的国家の本質は統治的決定者および指導者の・民族の信任を荷《にな》うところの独立と自己責任にある。権威の存在は民族の権威の保持者への結合に依存する。その時々の権力保持者に依存するのではない。だから、国家権威は権力の変更に影響せられぬ。真の権威は民族と国家の全体の基礎の上に立つのである。国家権力の作用としての「力」と「法」も国家権威によってはじめてその基礎をうる。「法」そのものは「力」の範囲に対して独立な・自主的な領域をもつ。法価値と政治価値とは互いに触れる。が、同じものではない。両者を一致せしめうるのは国家権威である。「そこで「力」は国家権威の剣であり、「法」はその良心である」。「力」の可能性なくしては「法」と「権威」は単なる形式的大いさにまで硬化してしまうし、「法」の客観性への拘束がなくては「権威」と「力」は恣意に堕する。国家権威は、従って、現代国家の基本原理でなくてはならぬ。

4　民族共同体としての国家

現代のドイツの政治状態に対して——とケルロイターはさらにいう——ヴァイマル的・自由主義的・市民的法治国の諸概念をもって臨むのは正しくない。「憲法改革」——たとえば一九三二年夏のパーペン・ガイル政府の「憲法改革案」の如し——や、選挙法の改正もいいが、それよりいちばん重要なことはドイツの国家指導を可能ならしめ、それに——誰がそれを代表しようと——政治的労作の可能性を与えるにある。しかも、従来の議会政の法技術的な改正によって権威的国家と権威的国家指導をもたらすことはできない。権威の根ははるかに深く、単なる法技術的形成の彼岸にある。それはただ民族と国家の密接な精神的共同体の可能性にのみ存する。

今や諸政党は分立して、そのおのおのがそれぞれ「全体的要求」をもつ。だから、多数は政府を倒す時にのみえられるが、積極的な多数はえられぬ。各政党が他と共通な地盤をもたぬ以上、これは当然のことである。ここにおいて、もはやドイツの民族の意志は政党を通じては形成されず、政党の外に——むしろ反して——形成される。今日民族意志の政治的実体を形成する政治理念はもはや大戦前の市民的法治国のそれではない。新しいドイツの民族の概念はむしろ意識的に社会的に作られた国民《ナチオン》の理念の上に形成せらるべきものであろう。ドイツの民族共同体の政治的刻印は、だから、リベラルなものではなく、国民的・社会的(Nationalsozial)なものであり、今日の状態ではただそうありうるのみである。今では個人を意識的にVolkstum〔民族性〕の框《ひつぎ》の中に入れ込むことに高い価値が与えられなくてはならぬ。

市民的個人主義は社会的前提が根本的に変革してしまった今日においては、もはや深く民族の中に根ざした政治的理念ではない。すべての政治的闘争も、それが真に民族の中に生きている理念によって支持されぬかぎり、なんらの効果をもちえぬ。ドイツの民族形成の唯一の政治的支柱は国民的《ナチヨナル》理念と社会的《ゾチアル》理念との総合である。

要するに、ドイツの将来の国家は真の権威的国家でなくてはならぬ。すなわち、その国家指導が国民的・社会的形態の民族のうちに生きている政治理念によって貫かれている国家でなくてはならぬ。

5　「民族意志」と代表

ケルロイターはまずこんな工合に論ずるのである。つまり彼は国家において「力」の契機が「法」のそれに優勝することを原則としてみとめつつ、一定の範囲で「法」の固有価値を維持しようというので、その点「国民革命」で独裁権を掌握したヒットラーが司法権の独立維持の必要を唱えているのと同じであるが、彼がその提唱する国家を「民族的法治国」と呼び、それがその独裁的・権威的色彩にもかかわらず、なお民族あるいは人民の中に基礎づけられているもののように論じている点が注目に値いする。そこでは第一次的なものは民族なので、独裁者、すなわち指導者《フューラー》はその代表者だから、結局それは決して反民主的なものでないことになるのである。ケルロイター自身も、「真に権威的な民主政」という言葉を用いて、それが自由主義的・市民的法治国と本質的に異るものであることを強調している。

それならば、そこでVolkとかNationとかいうのは一体何であるか。それが問題である。

ケルロイターによれば、元来この「民族」なるものはそれ自身積極的に、そして具体的に活動しえぬものである。だから「民族精神」だとか、「民族意志」だとかいっても、その具体的な内容は明確ではない。それであるから、民族意志なるものが完結的な政治的表現をうるためにはつねに代表せられなくてはならぬ。そして代表者によって民族意志に具体的内容が与えられなくてはならないわけである。……

こういう考えは昔からある。たとえば、一七九一年九月三日のフランスの憲法は「すべての権力の源泉たる国民《ナシヨン》はこれを委任によってのみ行いうる。フランス憲法は代表的である。代表者はすなわち立法府と国王である」(第三篇第二条)と定めている。これ以来、こういった国民主権説が、今までフランスの政治思想のうちに根を張っていることは人の知るところであろう。

この頃のドイツでもこういった議論がなかなか多いらしい。たとえば、ベルリン大学のエリヒ・カウフマンはいっている[2]。民族は政治的大いさとしてひとつの政治的意志をもっている。この政治的意志はまず生命意志であり、妥当意志であり、つまり民族たることへの意志であり、民族の政治的意志統一としての独立な国家への意志である。それはさらに形成意志である。ロマンチックな、あるいは古典的な自己形成への意志ではなくて、国内において社会的諸勢力の形成と秩序への意志である。一言でいえば、永遠な国家的任務の履行への意志である。民族意志はかように実在的《レアール》なものであるが、しかしそれはその本質上形づけられていず(unformiert)、形づけを必要とする。そして個々の人間により、個々の人間のうちにおいてのみ民族意志は現実化され、そのうちにある多様の可能性は具体化せられ、そして民族意志が作用する意志(Wirkender Wille)となりうる。民族意志は人的構成者・保持者を必要とし、その本質上、代表を必要とする。ルソーの「意志は代表せられえぬ」との言葉は、だから、この上なく誤ったものである。代表の概念はすべての精神的・価値容認の決定的な根本範疇である。……

6　選挙と喝采

なるほど民族は具体的な内容をもった意志を発表しえないから本質的に代表を必要とする。それはいい。だが、一体いかにしてその代表者を定めるか。もしくは、ある人間がどのような資格を有する時、これを民族の代表者だと断定するのか。民族の意志の具体的内容が分らない——というのはつまりただないというのと同じことだが——のに何にもとづいてある人間の意志内容をもって民族の意志内容だというのか。これが何より肝心な点であるが、この点になるとこれらの論者のいうところはすこぶる曖昧模糊《あいまいもこ》としているのが例である。

その際選挙にもとづく人間を選挙せられたというだけの理由で代表者だといっているのでないことは明らかである。さきにあげたフランス革命時代の憲法は世襲的な国王をもって国民の代表者としている。古くはローマ時代においても、皇帝は人民の代表者と考えられていたようである。また一般に議会は至るところで国民の代表者といわれているが、それも必ずしも選挙のみにもとづいてそういわれるのではないようである。議会、もしくはその一部分は通常選挙——その選挙の「普通性」にもさまざまな程度の差があるが——によって選任せられる。だが、議会は選挙区あるいは選挙人の代表者であるのではなく全国民の代表者だとせられている。そしてその結果として選挙にもとづかぬ議員——多くの上院議員——も選挙にもとづく議員と同じ程度において国民の代表者たる資格をもつとせられている。多くの法律学者は法律的にも議会は国民——選挙人だけではなく全体としての国民を意味する。ただし、植民地人はその中に包含されない(!)——を代表すると説いている。

同じようにこの頃のドイツの諸学者は国王や、大統領や、官吏や、軍隊(!)にまで代議士と同じような、いやむしろそれ以上の国民代表的性質をみとめている。

それならば、なぜ世襲国王が国民の代表者であるか。なぜ官吏が、あるいは軍隊が国民または民族の代表者であるか。なぜ、それらの意志がそれぞれ国王の・官吏の・あるいは軍隊の意志でなくて国民の意志であるのか。それは全く証明されていないことで、また証明せられえぬことである。それらのいわゆる「代表者」と一般国民との間にはなんらの特殊な関係はない。たとえば、史上多くの独裁者が国民または人民の代表者とせられた場合を考えてみよう。彼は何によって独裁者となったか。多くその実力によってである。一般国民はなぜ彼に従うか。彼らは弱いからである。この独裁者がもし国民の「代表者」であるとするならば、彼より強い実力をもった者があらわれてこれを倒して代って独裁者になれば、その独裁者もまた当然に国民の「代表者」であるはずである。そうでないとすると、同じように実力で独裁権を獲得した者の間でなぜ第一の者だけが国民の「代表者」であって第二の者はそうでないのかが証明せられえぬし、またそうであるとすれば、国民の「代表者」という言葉は全く無意味なものとなり、それは単に強い者というだけの意味となってしまう。ケルロイターは「代表者」とは「民族と一体と感じ、その故に自己の意志に代表的作用を賦与しうる」者だなぞといっているが、それは「俺は代表者だ」という者が代表者だということと同じになり、結局無意味な言葉に帰着せざるを得ぬ。

もっとも論者は国民がたとえば「喝采《アクラマシヨン》」というような方法によって意志を表示しうることを説き、そうした方法によって国民の真の意志が――投票などによるよりも――はるかによくあらわれるなどという。そうして、ともかくも一般投票《プレビシット》を実行した両ナポレオンなどはいうに及ばず、ムッソリーニや、ヒットラーが「喝采」によって、その国民代表の資格を取得しているという。しかし、通常の正規の選挙で多数をえて当選した大統領や、代議士よりも、楽隊や、行進や、演説などの中で Viva! や Heil! の声によって喝采される「指導者」がなぜ国民意志――もしそういうものがあるとすれば――をよりよく代表するのか。それはそれをただ信ずる者のみが理解しうることである。それを信ぜざる者にとっては、そうした国民の「代表者」とはなんらの意味をもたぬ形容としか考えられぬであろう。信ぜざる者にとっては、独裁者の・官吏の・あるいは軍隊の意志は――どのような「喝采」があろうとなかろうと――あくまでそのまま独裁者の・官吏の・あるいは軍隊の意志であるにとどまる。決して国民の・または民族の意志ではない。

7 民主政と議会政の峻別

一体それならばかように独裁者の・官吏の・あるいは軍隊の意志をそれぞれの意志といわずに国民または民族の意志だということにどのような意味があるのであろうか。答えは簡単である。それはひとえに扮装のためである。民主的な扮装のためである。それはそうした独裁政が決して反民主的でないこと、あるいはむしろそれこそが真に民主的であることを示すためである。

これらの論者にいわせれば、彼らの反対し、否定するのは議会政である。しかし、決して民主政ではないのだ。それならばその反対し、否定するのは何であるか、それは自由主義である。そうしてその表現としての議会政である。彼らによれば、自由主義・議会政は民主政と根本的・原理的に異る。むしろ両者は正反対ですらある。だから自由主義・議会政に対する反対は必ずしも民主政に対する反対ではなくて、むしろ真の民主政のためにするものですらある。たとえばスメント〔四四頁参照〕は、「自由主義・議会政というものは国家形式ではない」といい、民主政をもってその反対者と呼んでいるし[3]、またライプホルツ〔Gerhard Leibholz, 1901–82. ドイツの法学者〕はその点を詳しく次のようにいっている[4]。

従来民主政は自由主義と結合したが、この結合は決して本質的なものではない。両者は単に歴史的事由にもとづいてそれらの共通の敵たる絶対専制政に対抗するためにのみ結合したにすぎない。議会政・権力分立制・法治国。これらは原則として自由主義の児である。そして自由主義はその本質において個人主義的であって社会的でなく、それ自身なんらの国家・政治形式ではない。従ってそれは民主政と妥協し、結合することによってひとつの国家・政治形式となったが、やがてそれはその民主政自体に対して破壊的に作用する。自由主義は、その極度の相対主義的世界観をもって民主政の政治的・形而上学的基礎を破壊しはじめる。ここに自由主義的民主政の「危機」が生れる。将来の国家は自由主義の否定であろう。だが、民主政は否定せられぬ。反対に、たとえば権威的国家でも十分民主政と結合しうる。それだけではない。将来の国家はやはり原則としては民主的なものであろう。現在のファシズムもボルシェヴィズムも将来に対してはいちじるしく民主政に傾いている……。

8 自由主義と切断された「真の民主政」とは

こういう工合に民主主義と自由主義を区別し、ヨーロッパ議会政の欠陥を自由主義のせいにするのがこの頃のドイツ学者の好んで用いる手である。議会政は行きづまった。それはつまり自由主義が行きづまったのだ。それは否定せられなくてはならぬ。しかし、民主政は別に否定せられるには及ばぬ。いや、むしろ民主政はこれまで自由主義と結合し、これによってゆがめられていたのであるから、自由主義から絶縁することこそ真の民主政をもたらす所以である。比例代表制という風な機械的な制度によって民主主義を実現しうると考えたのは誤りだ。比例代表制なぞというものはそもそも全く自由主義的なものであって決して民主的なものではないのである。民主主義はしばしば選挙によって実現せられるが、何も必ず選挙によらなくてはならぬというわけではない。投票数の機械的計算なぞにもとづかぬ真の民意の代表者によって真の民主政が実現される。……こういう風な議論が多い。

しかし、自由主義と民主主義を完全に絶縁することができるだろうか。いかにも自由主義はそれ自体においては反国家的・反秩序的な原理で、それはアナルシイの原理たるにとどまり、積極的に国家・政治形式を基礎づけうるものではない。その意味でスメントが自由主義は国家形式ではない、というのは正しい。しかし、民主主義が自由主義と全く異るというのはどうであろうか。民主主義は元来それ自身において反国家的・反秩序的な原理である自由主義が積極的に国家・政治形式を基礎づける原理に転化したものにほかならぬ。従ってそれは根本的にリベラルな性格をもつ。民主主義を原理とする国家・政治形式、すなわち民主政では通常リベラルなものとせられている言論の自由・科学の自由・信仰の自由などはその欠くことのできぬ生命原理なのである（参照前述二六頁以下）。これらのものを欠く民主政は、すなわちリベラルでない民主政はもはや一般に民主政ではない。むしろ民主政の否定である。それはすなわち、多かれ少かれ独裁的性格をおびる。

かように民主政は構造本質的にリベラルなものであり、リベラルでない民主政とは端的に民主政の否定以外の何ものでもないのであるが、人は実は独裁政を主張しながらこれを民主的だと主張するのである。むろん、いかなる国家・政治形式も実際においてはなんらかの程度による一般大衆による承認、または少くとも容認――それが為政者側による欺瞞にもとづくにせよ、また大衆側よりするあきらめにもとづくにせよ、その他いかなる原因にもとづくにせよ――がなくては継続的に維持せられえぬことは疑いない。これは当然のことだ。もしこれをもって民意にもとづく国家・政治形式であり、民主的なものだというならば、すべての国家・政治形式は、いやしくもそれが現実に存立しうるかぎりは、つねに民主的ならざるをえないであろう。この種の「民主性」は、しかし、それだけで独裁政と対立せしめられる特殊な国家・政治形式としての民主政を基礎づけるわけには行かない。独裁政から区別せられた民主政は本質必然的にリベラルでなくてはならぬ。リベラルでない民主政とは端的に独裁政である。民主政と独裁政の結合を可能なりとするが如きはひとつの詭弁である。この種の論法は民主政の名の下に独裁政を主張しようとするもので、民主政はそこで独裁政理論のつけるひとつの扮装にほかならぬ。

スメントが議会制を自由主義的として批難しつつ、民主政のために戦うような扮装をつけることに対して、ケルゼン〔Hans Kelsen, 1881–1973. オーストリア出身の法学者〕は次のようにいっている。(5)「議会制に対する戦いは実は民主政に対する戦いである。この戦いを明らさまに、すなわち、民主政に対する戦いとして戦うべきことは誠実の要求するところにほかならぬ。」

9　「大向う」としての大衆

それならば、なぜこのように現代ヨーロッパの独裁政理論が民主政の扮装をつけるのであるか。いうまでもなくそれがそこの政治的「大向う」にうけると考えられるからである。なぜ「大向う」にうけると考えられるか。人格の理念・自由の価値はヨーロッパの政治大衆のうちでまだ全くは失われていないからである。歴史の過程においてわずかずつ獲得されてきた人格の理念・自由の価値は、政治的反動の嵐の下に吹きとばされてしまうべくあまりに深くそこの大衆の中に根をおろしてしまっているからである。盲目的に権威に服従するばかりでなく、自らを律する人であろうとする衝動がそこで失われぬかぎり、そうした政治的「大向う」にうけるためにはすべての政治理論がそこでは多かれ少かれ民主的な扮装をつけることを余儀なくされるのであろう。現代の独裁政の典型のようにいわれるファシスト国家がしきりに「大衆の基礎の上に立つ」と号し、自ら"democrazia accentrata, organizzata, autoritaria"（集権的な・組織された・権威的な民主政）、あるいは"Stato popolare e Stato democratico popolare per eccellenza"（民衆的国家特にすぐれて民衆的民主的な国家）と称しているなどはまさにこれがためだとおもわれる。

だが、ヨーロッパ諸国における政治的「大向う」ははたしてかくの如き扮装だけで満足するであろうか。「大向う」は祖母の扮装を身につけた狼を祖母と誤信した少女のように、また「ケペニックの大尉」の命令に従ってギャングの役を演じた兵士たちのように〔一九〇六年、陸軍大尉に扮したドイツの靴職人がおこした詐欺事件にちなむ〕、あまいものであろうか。この問いに対して即座に「否」と答えることはなかなかむずかしいのではないかとおもわれる。

（1）ここでは主として彼の Volk und Staat in der Verfassungskrise, Jahrbuch für Politische Forschung, Bd. 1, S. 7 f. による。なおその Der Nationale Rechtsstaat にもその考えが比較的まとめてのべられてある。

（2）E. Kaufmann, Zur Problematik des Volkswillens, S. 9 f.

（3）Smend, Verfassung und Verfassungsrecht, S. 112.

（4）Leibholz, Die Auflösung der liberalen Demokratie in Deutschland und das autoritäre Staatsbild, S. 21 f.

（5）Kelsen, Der Staat als Integration, S. 82.

（昭和九年二月〔『中央公論』一九三四年二月号〕）

第四章　議会制のたそがれ

昔イタリアのある代議士がカヴール（初代イタリア王国首相）に向ってこういったことがある。

「貴下の事業は絶対政治の下においてはこれをなすことははるかに容易なりしなるべし。」

するとこの偉大な政治家は次のように答えた。

「否とよ。絶対政治の下においては余は大臣たらんと欲せざりしなるべく、また大臣たるを得ざりしなるべし。余の今日あるは余が立憲的大臣たるの機をもちしが故なり。議会制は他の諸制度と同じくその欠点をもつ。然《しか》れどもそは最良の制度なり。絶対政治の大臣は命令す。然れども、立憲的大臣は服従せしむるがためには説得せざるべからず。然して、余は理の余にあることを説得せんことを欲する者なり。余はいわん。最悪の議院といえども最良の次の間(antichambre)にまされり。」

議会制はこの時代においては欧米諸国憲法の公理であった。何人もその価値を疑う者はなかった。そして大戦争〔第一次大戦〕はこの公理を一挙に諸国で実現させたようにおもわれた。ヨーロッパの新しい諸憲法は争って議会制の諸原理を実定法化した。その代表的なものとして人はヴァイマル憲法をあげるであろう。

*

議会制がこうして現実に全欧米諸国の支配権を獲得したようにおもわれた瞬間は、しかしながら、同時にそれがその支配権を失いはじめる瞬間であった。議会制に対する反対の声はもちろん大戦争以前から少くない。が、大戦争が人類の歴史を加速度的テンポをもって先へ先へと進展させ、大戦争のあとをうけて諸国が未曽有の政治的・経済的危機に見舞われるや、議会制のポピュラリティは急速に失われてしまった。

ロシアはいうまでもない。イタリアで、スペインで、ポーランドで、ギリシアで、ユーゴスラヴィアで、リトアニアで……。至るところでいろいろな独裁制が実現された。いちばん徹底した議会制の憲法であるヴァイマル憲法下のドイツでも、議会の集会はきわめてまれであり、大統領・首相の独裁的執政が近年[1]では通常の状態になっている。

ムッソリーニは「ファシズムは輸出品ではない」といった。しかし、これを他国に輸入しようとの企図も必ずしも少くないようである。(2) もちろん諸国のファシストたちがイタリアのファシストの親類であることを自らみとめることは非常に少い。皆しきりに彼此大いに異る所以を弁ずるのがつねである。けれども事物の本質について見るとき、そこにレッテルの相違以上の相違を見出すことは多くの場合においてむずかしい。あってもせいぜい難波の芦と伊勢の浜荻の相違くらいなものであると考えて大して誤りはないようである。

かくの如き情勢の下において、何人がなお「最悪の議院といえども最良の次の間にまされり」と主張するをあえてしよう。旭日昇天の勢であった議会制はいまやひたすらにたそがれつつあるようにおもわれる。

＊

近代ヨーロッパにおける議会制は元来ひとつの政治形式であり、方法である。それは議会における自由な議員たちの間で行われる自由な討論によって正しい政治内容がもたらされることを期待する。何がいったい正しい政治内容であるか。それは始めからは我々に与えられていない。議会の自由な討論による対審的・弁証法的手続のうちからある政治内容が生ずる。それが求める正しい政治内容である。「恩寵の光明」によって・

または「自然の光明」によって我らに与えられた具体的な政治内容が政治の形式を決定するのではなくて、政治の形式が政治内容をいわば構成するのである。そこではこう考えられる。

かような議会制は絶対的な政治的真理の認識可能の否定から出発する。絶対的な真理の認識が否定せられる以上は、すべての政治的意見に対して平等な価値が認められなくてはならぬ。そしてそれらの諸々の意見の間に自由な競争が行われなくてはならぬ。ここから議会における議事公開の原則、議員の言論の自由・身体の自由、さらに少数の保護、比例代表制などの原理が生ずる。

要するに一九世紀以来のヨーロッパで支配的であった議会制のイデオロギーは絶対的な政治的真理の認識可能を主張することを形而上学的な独断主義として排斥する。だから、それはいかなる内容をもち来そうかということを考えずに、いかにして何らかの内容をもち来そうかということを考える。いわば認識の対象を問題とせずに、認識の方法を問題とする。それは議会の対審的・弁証法的手続のうちから正しい政治内容が生ずることを信ずるが、しかし、そうした手続から生じた何らかの政治内容といえども決して絶対性をもつものではなく、結局議会制なるひとつの方法によって構成せられたものにすぎず、何時たりともこれによって変更せられることを免れることはできぬとせられる。

すなわち、そこでは政治内容は無限のあなたに追いやられてしまい、ただ政治の形式のみが確実に人に残されている。

ここに人はこの種の議会制の精神的根柢として相対主義的世界観を見ることができる。

＊

しかしながら、何らの絶対的な政治内容を知らぬ単なる政治の形式なるものは、政治内容を無限のあなたに押しやることによって結局盲目な懐疑主義に陥るものではないか。議会制のイデオロギーは政治内容を構成すると説くが、そうではなく反対に政治内容が政治の形式を決定するのではないか。何らの政治内容の真理性をも予定せずに、そうした内容を産む方法・形式のみを考えることはひとつのSolipsismus(独我主義)に堕することになるのではないか。

かくて議会制のイデオロギーに危機が来た。人はまず何より重要なことは、ひとつの政治の形式をもつことではなくて、ひとつの政治内容をもつことだと考えはじめた。絶対的に正しい政治内容がまず見出されなくてはならぬ。政治の形式はそれに応じて決定せられ、その価値・無価値はそれが先に見出されてある政治内容の実現に役立つかどうかによって判断せられる。

ここにおいて形而上学的・絶対主義的な政治イデオロギーが前景にあらわれてきた。

＊

議会制のたそがれはこうしたイデオロギーの制度的表現である。もとより議会の名をもつ一種の合議機関は依然としてその存在を許されている。しかし、その制度のもつ「意味」はいまや根本的な変更をうけつつあるといわなくてはならぬ。

近代ヨーロッパの議会制のイデオロギーは啓蒙時代に由来する合理主義・相対主義である。それはいわば現代のソフィスム（詭弁）である。それがかくの如き推移を経験しつつあるのはいかにしてであるか。おそらくこのことは少からぬ程度において諸国の資本主義機構の変遷と関連しているであろう。自由競争の時代から帝国主義の時代への発展の過程は自由な討論を基本原理とする議会制のイデオロギーが形而上学的絶対主義を基調とする独裁政のイデオロギーによって代られる過程と表裏するものと考えられるであろう。

ある哲学者は近時の「生の哲学」の流行を批判するに際して、「人間の悟性も着物や髪と同じように数多くの流行をもつ」という古人の言葉を引いている。諸国における議会制のたそがれはいろいろな形態の独裁政的イデオロギーを「流行」せしめている。それはたしかにひとつの「流行」である。しかし、それは着物や髪の流行よりはいっそう社会必然的な「流行」であるようにおもわれる。はたしてしかりとすれば、この議会制のたそがれに応ずる現実的方策もまずかくの如き「流行」のよってくるところを正確に把握することによってのみ見出されうるものといわなくてはなるまい。

（1）　これは一九三三年の国民革命に先立つ数年間を指す。

（2）　ファシズムは人の知るように後にドイツに輸入せられた。

（昭和八年一月『帝国大学新聞』一九三三年一月一日）

第五章　議会制の凋落

1　政治と決定

政治においては具体的な場合に際してその具体的な方向を決定することがいちばん重要な問題であり、かついちばん困難な問題である。

政治において抽象的な方向を決定することもむろん重要ではある。しかし、その場合の決定は実はさまで困難なことではない。たとえば、政治における方向決定はすべからく「正義」または「国利民福」の要請するところに従って行われなくてはならぬという命題をかかげるとすれば、おそらく何人もこれに反対しないであろう。これは「正義」とか「国利民福」とかいう標語が抽象的で、その具体的な内容が明確でないからである。むかし原敬《はらたかし》〔一九一八—二一年首相〕が「政治は力である」といったことがある。これに対して当時加藤高明〔貴族院議員、のち首相〕はしきりに「政治は正義である」といって対抗した。しかし「政治は力である」という命題と「政治は正義である」という命題は必ずしもたがいに矛盾すると考えなくてはならぬものではない。原敬といえども、「政治は正義である」という命題にはなんら異議をさしはさまなかったに相違ない。

しかし、政治の方向を具体的に決定するということになると、ことはそう簡単にはいかない。方向決定の標準が「正義」であるにしろ、「国利民福」であるにしろ、具体的な場合に何が「正義」であり「国利民福」であるかは、何人にとっても自明的に明白であるというわけにはいかないからである。

「正義」の具体的な内容は、たとえば、何であるか。人たちは数千年来それを発見することに努力してきた。しかもその結果えられたものは何かといえば、「正義」とは「各人に彼のものを」与えることだという類の見解がこれである。だが、――ここに引いた例についていうと――そこで「各人」に与えらるべき「彼のもの」とは何か。あるものがある人間「のもの」であることを具体的にはどのような標識で決するのか。これらの点はそこで必ずしも明瞭にせられていない。しかもこれらの点がそこでいちばん肝要なので、それらが明らかでないとすれば「各人に彼のものを」という言葉も無意味な言葉となってしまうおそれがある。そこで人たちは「正義」の内容をいっそう具体的に定めようとしてたとえば「盗むなかれ」とか「殺すなかれ」とかいう原理をかかげた。なるほどただ「正義」というよりはこの方がよほど具体的な原理ではある。しかし、

「正義」の内容が具体的になればなるほど、それはすべての人の賛成をうることがむずかしくなる。「盗むなかれ」や「殺すなかれ」は多くの人によって「自然法」に由来する千古不変の大原理のように漠然と考えられているが、それらがいかなる場合にも、またいかなる人によっても無条件に承認されているものでないことは、戦争で殺したり掠奪したりすることが多くの人によって是認されているという事実からも明らかである。

要するに政治において右すべきか左すべきかという具体的な方向決定をなすべき場合に、何人にとっても自明的な結論というものはそこに当然に与えられてあるものではない。そこには必ず多くの異る意見の対立が見られる。「正義」または「国利民福」の要請に従えという点では異論がないとしても、何がある具体的な場合において「正義」または「国利民福」の要請に適合するかという点については、必ずや甲論乙論等々があらわれる。このことは疑うべからざる社会学的事実である。

であるから、具体的な政治方向を決定するためには、これらの対立する多くの意見のうちからひとつの統一された意見が作られなくてはならない。言葉を換えていえば、そこにある諸意見の対立は解消せられなくてはならない。いわば国論が統一せられなくてはならない。いかにして、それならばその対立が解消せられるか。いかにして国論の統一がもたらされるか。諸意見の対立の解消または国論の統一とは結局それらの意見のいずれかひとつがその具体的な場合における「正義」なり「国利民福」なりの内容を形成するものだと決せられることにほかならない。ところでそれはどのようにして行われるであろうか。

2　権威による解決

諸意見の対立の解消または国論の統一の方法については二つの制度が考えられる。ひとつはある特定の人間によって表示せられる意見をそれがその人間によって表示せられるということだけにもとづいて、「正義」の具体的な内容だとする制度である。ここではその特定の人間の語るところがつねに「正義」の具体的な内容であると考えられる。かように正義の具体的内容を決定する権利を独占的にもつ人を権威者と呼び、権威者をみとめる政治制度を権威制と呼ぼう。権威者の権威は、しばしば権威者以外の権威上に基礎づけられていることがあろう。権威者はあるいは「神」の名において語り、あるいは「民」の名において語る。しかし何の名において語られようとも、そこで語られるものはつねに権威者その人の意見である。たとえば「神」の意志というものがたとえ抽象的に考えられうるとしても、その具体的な内容は決して明らかでない。だから、どのような「神」も具体的な意見を表示するためには必ず具体的な「代人」(vicarius)を必要とする。キリスト教徒の「神」の意志が具体的に何であるかはキリストの言葉によらなくては分らないし、キリストの言葉自体がなお抽象的である場合はその具体的な意味はさらに教皇なり、大司教なりの意見によらなくては判明しないであろう。大本《おおもと》教の「神」の意志も、またその「お筆先《ふでさき》」の意味も、具体的には出口《でぐち》某その人の意見にほかならないに相違ない。「民」の名において語られる場合とてこれと異るところはない。「民の声は神の声」(Vox populi vox dei)などという言葉は「民の声」が「神の声」よりもいっそう具体的な内容をもつような感じを人に与えるが、決してそうではない。国民各個人(またはその集団である社会層とか種族とかいうもの)の声のほかに「民」そのものの声が——少くとも具体的な内容を具えたものとして——あるはずのものではない。「民」の声は具体的には必ず国民各個人の声でなくてはならない。しかも各個人の声は、さきにのべられたように、その具体的な内容においてたがいに異る。そこに統一的な内容をもつ声をいきなり見出すことはできない。だから、ここでも「民」の声が具体的な、しかも統一的な内容をもつためにはそれは「民」の「代人」の声でなくてはならない。そして「神」の、あるいは「民」の「代人」たる地位をもつ者はつまりここにいう権威者なのである。権威者こそは「正義」を語る口であり、まさしく「国家は我なり」(L'Etat, c'est moi)という権利をもつものといわなくてはならない。権威制にあっては、だから、ある意見そのものがどのような内容をもつかということよりも、むしろそれが誰によって表示せられた意見かということに重きがおかれる。この意味において権威制は「人的」であり、また「主観的」である。

権威制を支持するイデオロギーは権威者の権威に対する信仰である。そこで権威者の権威が「神」の上に基礎づけられる場合は、その信仰は神主政的な、また王権神授説的な色彩をもつであろうし、それが「民」の上に基礎づけられる場合は、その信仰は民主的な色彩をもつであろう。そこでは権威者の意見に対して絶対的な価値がみとめられ、その他の個人の意見に対してはこれと同じ価値がみとめられていない。すなわち、「平等」の原理はそこでみとめられていない。ヨーロッパの王政では国王は多くの場合ここにいう権威者たる地位をもち、権威制的色彩が濃い。従ってそうした王政のイデオロギーは国王の権威に対する信仰であり、その信仰はあるいは王権神授説的な色彩をもち（スチュアート朝の英国王の如し）、あるいは民主的な色彩をもつ（いわゆる啓蒙君主の如し）。近年ヨーロッパ諸国に見られる多くの独裁政でもそこでの「指導者《フューラー》」は多くここにいう権威者たる地位をもち、従って権威制的色彩が強い。そこでのイデオロギーは、従って「指導者」の権威に対する信仰であるが、その信仰は多くの場合においてははなはだしく民主的な色彩を身につけている。

3　多数決による解決

諸意見の対立の解消または国論の統一方法について考えられるもうひとつの制度はかような意味の権威者をみとめない制度である。これを非権威制と呼ぼう。

権威者がみとめられぬとすれば、ある意見を表示した個人の資格にもとづいて「正義」の具体的な内容を決することはできない。それを表示した個人が誰であろうと、それには関係なく、意見そのものの客観的内容にもとづいてこれを決しなくてはならない。しかるに、異る諸意見のうちでその客観的内容にもとづいてひとつを選択し、これをもって、「正義」の具体的な内容と決することは不可能である。さきにいったように、「正義」の具体的内容がそこに現前するものではない以上、そうした選択を可能ならしむべき客観的な「非人的」な標準は見出されえないはずだからである。そこで権威者をみとめずに、しかも諸意見の対立を解消し、国論の統一をもたらそうとすれば、なんらかの方法でそれらの諸意見の間に「妥協」を成立せしめるよりほかはない。そして「妥協」によって「対立」を解消せしめ、「国論の統一」をもたらすよりほかはない。

かような「妥協」の方法としてはいろいろ考えられる。しかし、多数決制がそこでいちばん合理的な方法と考えられることは当然である。権威者がみとめられず、また諸意見の客観的内容そのものにもとづいてそれらの間に価値の差等をつけることができないとすれば、諸々の意見はその価値または不価値において平等であると考えられなくてはならない。平等な価値をもつ多くの意見のうちで、どれを「正義」の具体的内容と定めようかという場合に、多数人の賛成をえた意見をそれと定めることは最も合理的である。というのは、それによってある政治的決定に対する異論がその賛成論に比してつねに数的に劣勢だということになるからである。しかし、かような意味の多数者の意見というものはつねにはじめからそこに与えられてあるものではない。ある具体的な政治方向の決定については意見が無数に岐《わか》れ、そこに多数人によって支持せられる統一的な意見というものはないのがむしろ通常の場合であろう。だから、多数決制を採用するとすれば、多数者の意見を作り上げることが必要である。その作り上げを可能ならしめるものが「討議」である。多数決制は「討議」を前提としてのみその意味をもちうるのである。しかも「討議」は言論の自由のみとめられている場合にのみ可能である。従って、多数決制はまた必ず言論の自由を前提とするものといわなくてはならない。

非権威制を支持するイデオロギーは一方において権威者の権威の否認である。すべての意見はそこで平等な価値をみとめられる。しかし、非権威制も他方において、アナルシイとはちがって、ひとつの政治制度であろうとするから、そこでの原理である「平等」も単に消極的に権威者の権威を否認するにとどまることはできない。そこにとどまるかぎり、それはアナルシイのイデオロギーにはなるが、政治制度のイデオロギーにはなりえない。だから、「平等」の基礎の上に積極的な政治方向の決定がなさるべきことが承認されなくてはならない。すなわち、非権威制のイデオロギーは対立する諸意見の間における「妥協」への志向である。ルソーその他の契約論者が国家を創設する契約の締結について必要だといっている「全員一致」とは、つまりかような「妥協」への志向を意味するものとおもわれる。非権威制のイデオロギーは、そこに「妥協」の方法として多数決制がみとめられる場合は、なお各個人に平等な人格価値をみとめる個人主義的人格主義である。

4　議会制の非権威的性格

議会制は、ところで、どのような性格をもつ政治制度であろうか。それは右にのべたような意味における権威制的色彩をもつものであるか、それとも非権威制的色彩をもつものであるか。

ひろい意味で「議会制」とは「議会」をもつ政治制度をいう。「議会」というのは、多少の程度における公選にもとづく議員をその不可欠的な構成分子とする合議体で、しかも国家作用の重要な部分に決定的に参与する権能をもつものを意味する。官選議員だけから成る委員会の類や、単に諮問に応じて意見を提出しうるにとどまるものは、ここにいう「議会」ではない。かような「議会」をもつ政治制度がひろい意味で議会制と呼ばれるところのものであるが、ひとしく「議会」をもつ政治制度のうちにも多くの異る形態が考えられうるし、また現にいろいろな形態が歴史的にも実在する。それらを包括して取扱うことはいろいろな点で不便であるから、ここでは主として一九世紀以来ヨーロッパで行われた議会制を問題としようとおもう。

一九世紀的・ヨーロッパ的議会制が極端な権威制とその本質上馴染《なじ》まないものであることは明らかである。権威制では権威者が「正義」を具体的に語る口としてそこに与えられているのであるから、政治方向の具体的な決定について議会で討議を行い、多数決で決するという必要は全くない。権威制ではせいぜい諮問に応ずる合議体の存在が許されるにとどまる。この意味において議会制は非権威制的な性格をもつということができる。歴史的に見ても議会制はまず専制国王の権威に対する制約たる機能を営んだのであった。

しかしながら、議会制が極端に非権威制的な性格をもつと考えるのは正しくない。それは一方においてははなはだしく権威制的な色彩を身につけているのである。

議会制は国民の「代表者」だといわれる。しかし、議会を組織する議員の一部分が数年に一度国民のうちの一部によって選挙せられるということのほかには、議会と「国民」の間には制度的な関係はない。いわゆる「強制的委任」(Mandat impératif)は禁止されているし、議員がその意見の決定にあって議会外のいかなる勢力の影響をもうけることがないように、いろいろな保障が設けられている。議員はここでその意見を決定するにあたってすべての「国民」的勢力から自由である。だから、議会が国民の「代表者」だということは、つまり議会がさきにのべられたような意味で「民」の「代人」だということである。ここでは議会の声がすなわち「民の声」なので、議会の声のほかに「民の声」があるわけではない。だから、ここでは議会はつねに「民」の名において語るひとつの権威者であると考えなくてはならない。この意味において議会制は多分に権威制的性格をもつということができる。

一九世紀に全ヨーロッパを風靡した議会制はこういう性格をもつものであった。それは一方において絶対王政に比して多分に非権威制的な色彩を身につけていたが、他方において議会そのものをより多く一般大衆に従属せしめようとする大衆民主政に比しては議会の至上権威をみとめる点において少からず権威制的な色彩を身につけていた。議会制がかような性格をもったのは、それが当時の政治において支配的であった新興市民層の利益にいちばんよく適合したからである。

要するに、議会制のイデオロギーは元来次のようなものであった。まずはじめに国民主権主義が唱えられた。一七八九年のフランスの人権宣言は「主権は本質的に国民に在る」と宣言した。ところで主権者たる国民の意志はどうして見出されうるか。ルソーは全国民の投票によってこれを見出すべきだと教えた。しかし、国民投票制は現実の問題として、大国では不便である。議会はどうしても必要である。が、議会が主権者でない以上、議会をなんらかの方法で一般大衆に従属せしめることが必要と考えられる。しかるに、さきにのべられたように、「強制的委任」は否認せられ、議会はその権能において「国民」から全く独立なものとせられた。むろんそこでも国民主権主義は依然承認せられ、主権の「行使」は議会に与えられてもその「本体」は国民にあると考えられ、議員は各個人を代表するものではないが「国民全体」を代表するものだと考えられた。しかし、その場合主権の「本体」が何であるか、「国民全体」の意志が何であるかは具体的にはすべて議会が独立に定めるところにほかならないから、そこにいう「国民」主権主義は実は「議会」主権主義であったのである。

議会制のイデオロギーの代表者たるギゾー〔François Pierre Guillaume Guizot, 1787–1874. フランスの政治家〕は——一九世紀の中葉において——議会制の特色として、（イ）諸々の権力が討議によって共に真理を求めること、(ロ)そうした真理の探求が公開せられ、市民の目の前で行われること、および(ハ)言論の自由がみとめられ、それによって市民自身が真理を求めてこれを権力者に告げることが許されていることなどをあげた。これは一九世紀的・ヨーロッパ的議会制のイデオロギーの典型的表現と考えられうるが、ここに言論の自由があげられていることはあるいは議会制の権威的色彩をいちじるしく弱めるもののように考えられるかも知れない。言論の自由はある意味で一般大衆に対して討議に参加する機会を与えるものと考えられる。だから、議会制は言論の自由を必ず伴うことによって非権威的色彩を身につけるはずなのである。しかし、現実の問題としては――少くとも議会制の初期においては――言論の自由も大衆が実際に享有するところとはならなかった。いろいろな社会的原因にもとづいて言論の自由も現実的には市民層のみの言論の自由であった。言論の自由が議会制の権威制的性格に加えている制約も実はその外観が示すほど大きなものではない。

5　議会制への攻撃

一九世紀ヨーロッパの議会制はかような意味で「市民的」な政治制度であった。もっともそれが市民的である程度は時と所とにより必ずしも同じくはなかった。いわゆる

「立憲主義」――「議会主義」に対する意味においていう――の支配したところでは、権威者としては議会の外になお君主があり、ことにドイツ諸邦においては議会の権能は憲法その他で明示的に与えられたものにかぎられ、権限の推定は君主のために語るというわゆる「君主主義」(das monarchische Prinzip)の原則が行われたため、議会制の市民的な色彩は必ずしも強くなかったが、「立憲主義」は次第に「議会主義」に移行する形勢を示し、二〇世紀に至ってはヨーロッパの議会制はすべて「議会主義」にもとづくものとなり、その市民的性格はますます濃厚となってきた。

議会制のかような市民的性格に対しては、非市民層ことに無産層からはつねに反対が叫ばれていた。無産層の陣営においても改良主義者たちは議会制そのものにいろいろな改革を加えることによってその市民的性格を消滅せしめ、その所期する社会改革をもたらすことができると考えて議会制を是認したが、マルクシストやサンジカリストたちは議会制がその本質上市民的性格を具えるものとして議会制そのものに反対した。かような攻撃にも一理はある。ことに議会制の初期にあっては制限選挙制が原則であり、その上に間接選挙制や等級選挙制が行われ、投票の秘密も確保せられなかった。やがて普通選挙制が採用せられ、直接選挙制や平等選挙制が実現せられ、投票の秘密が十分保障せられると共に、議会制の市民的性格は次第に変遷を余儀なくせられたが、それでも議会制の根幹である「選挙」は依然として市民的勢力から十分解放せられることはできなかった。「選挙」を支配するいちばん強い力はつねに「金」である。さらにまた議員という地位が多くの場合通常人の考えからいうと全く間尺に合わないものであることも考える必要があろう。わが国の例を引くのは必ずしも妥当でないかも知れないが、たとえば、現在衆議院の選挙でも実際において少くとも二、三万円はかかるといわれる。（選挙費用の制限が少くとも今までのところ空文にすぎなかったことは一般に承認されている）。それだけの金を使って議員になって三千円の歳費を長くて四年間もらったのでは採算がとれるはずがない。だから、無産層にとっては選挙運動をすることも、議員となり、または議員を支持することも、比較的にきわめて困難なわけである。従って選挙権の拡張や選挙手続の改良にもかかわらず、無産陣営の一部において議会制から無産層の解放を期待することはできないと考えてこれを攻撃するのも一応は無理のないところでもある。これはいわば議会制に対する左からの攻撃である。この攻撃が現実の勢力となってあらわれる時、議会制の「危機」が生ずる。

議会制に対する攻撃はこれと反対の方向からもなされた。これは主として議会がその歴史的進化の過程において経験したところの構造変化に原因する。この点でまず重要なことは選挙権の拡張である。無産層の勢力の増大は諸国において漸次普通選挙制を確立せしめた。普通選挙制の確立は一般無産者に選挙権を与えることを意味し、市民層にとっては相当重大な譲歩であった。むろんさきにのべられたように、普通選挙制の実施が議会制の市民的色彩を抹殺してしまったように考えるのは正当ではない。しかし、それが議会制の市民的性格に多少の修正をもたらすことに役立ったことは疑いない。諸国において普通選挙制があのような熾烈な闘争の結果実施せられたことを考えてもこのことは容易に想像できる。また普通選挙制の下における諸国での無産政党の議会への進出ぶりもこのことを雄弁に物語っているということができよう。

議会制の市民的性格に重大な修正をもたらすことに貢献したものとしてはなお言論の自由がある。言論の自由も、さきにのべられたように、容易に市民的勢力の支配から解放せられなかったが、それにもかかわらず、交通機関の発達や、教育の普及や、一般の生活程度の向上などの現象に扶《たす》けられて、次第に無産層のために作用するようになってきた。一般大衆の間に政治への関心が強く植えつけられてきた。政治において大衆の声がだんだん大きく聞こえはじめた。政治は次第に「市民」の独占から解放せられた。これと共に大衆から独立であった議会に対してもようやく大衆の勢力がおよぶようになった。議員が議会で自由かつ独立にその意見を決定するということが許されなくなった。議員は純然たる政党の代表者となった。「強制委任」の禁止とか、議員の伝統的な特典

——議員の院内の発言が法律上無責任とせられることや、会期中議員の身体の自由が特に強く保障せられることなど——の規定とかはいずれも全くの空文と化し、カール・シュミットの言葉によれば、「近代的な中央煖房装置に赤い焰を描いた」ようなものになってしまった。しかも、そこで議員の行動を支配する政党として無産政党が次第に有力となってきた。

ここにおいて一九世紀的な市民的・自由主義的民主政は大衆民主政（Massendemokratie）に転化した。これと共に議会制は本来その身につけていた市民的・権威的色彩を失いはじめた。そこで自由主義的であり、寛容であった「市民」が帝国主義的となり、不寛容となると共に、議会制に対して大きな不満を示すようになったのである。これはいわば議会制に対する右からの攻撃である。近年いわれる議会制の「危機」は多くの場合この種の右からの攻撃によってかもされた「危機」である。

議会制の時代はすでに去ってしまった。それはもはや今日の時代に適合しない。人々は口をそろえてこういう。時代に適合しないとは何を意味するのであろうか。それは一方において議会制が無産層の社会的解放にとって無力であることを意味する。議会制に対する左からの攻撃論の説くところはこれである。それはまた他方において議会制が今やその従来仕えてきた主人に対して以前ほどの忠誠を示さなくなってきたことを意味する。議会制に対する右からの攻撃論の説くところはこれである。後の場合には、議会制がもはや「国家」の利益に適合しなくなったとか、「国民」の意志に適合しなくなったとか説かれる。議会制では人は政党政派的な立場から論ずるからいけない。すべからく「国家」的見地に立って論じなくてはいけない。こういう風に主張される。しかし、その場合の「国家」とか「国民」とかが現実には特定の社会層にほかならないことは明らかであり、そこにいう「国家」的見地が実はひとつの社会層的見地であることは疑いない。左からの議会制攻撃論にあっては無産階級の利益が正面から主張せられるのに反して、右からの議会制攻撃論にあってはつねに特定の社会層の利益ではなくて、「国家」とか「国民」とかいう超社会層的なものの利益が表面に唱えられるのはきわめて意味深い現象であるといわなくてはならない。

6　議会制の凋落

議会制の凋落は今日至るところで見られる現象であるが、それらの多くは右からの攻撃にもとづくものである。それは主として大衆民主政における議会制が今まで身につけていた市民的・権威的色彩を失ってしまったことに起因する。だから、議会制の凋落は多くの場合、そこでの権威的色彩の強化の反面にほかならない。

こういう議会制の凋落は決して市民層勢力の凋落を意味するものではなく、むしろ無産層勢力の凋落を意味するものである。そこで議会制において攻撃せられているものはむしろ反市民的勢力である。右からの議会制攻撃論は同時に資本主義攻撃論であると主張せられているが、実は必ずしもそうでない。このことは右からの議会制攻撃論が成果を結んだと考えられている諸々の現代独裁政においてそこの支配権力がいかに現実において――その表面の宣言とはちがって――市民的勢力と密接な関係をもっているかということを見れば明らかである。そこで議会制が崩壊することはつまり市民的勢力の勝利――それが永続するかどうかは別として――を意味するにほかならない。

議会制は多くの国においてはすでに崩壊してしまっている。その他の多くの国においてもその凋落的傾向は顕著である。それらの国々の議会制は将来どのような運命をもつのであろうか。それらは一途に凋落へ、ついで崩壊への途を辿るであろうか。それとも立ち直っていっそう大衆民主政の方向に発展をつづけるであろうか。それを科学的に予測することはおそらく不可能であろう。それは結局のところ国々における市民的勢力の強さ如何に、従ってまた反市民的勢力の強さ如何によって定まることである。市民的勢力が議会制の反市民的方向への構造変化に対してなんの反発力も抵抗力ももたないとすれば、議会制はますます大衆民主政への途をすすむであろう。これに反して市民的勢力が大衆民主政的傾向に対して強く反発し、抵抗する力をもつとすれば、議会制は次第に修正せられるであろう。議会の組織は非民主的となり、その権能はいっそう狭くなるだろう。場合によっては議会そのものが廃止されてしまうであろう。前の場合は政治制度はますます非権威制的な性格をもつようになろう。それに応じて市民的議会制の下において獲得された諸々の「自由」の遺産はさらにひろく無産層にまで与えられることになろう。後の場合には権威制的色彩がいっそう強くなるだろう。それに応じて言論の自由は制限せられ、宗教的・神秘的な傾向が支配的となろう。人はそこで支配者の命ずるところを語る自由と、それを信ずる自由とだけをもつようになるだろう。

このいずれがヨーロッパ諸国における議会制の将来の姿であろうか。それはむろん国によって異るであろう。が、少くとも近い将来については、大体の傾向として後の場合、すなわち「凋落」が議会制のもつべき運命だと推測するのが妥当なようである。トクヴィル〔Alexis de Tocqueville, 1805–59. フランスの政治思想家〕はちょうど今から一世紀以前にこう書いた。「デモクラシーを阻止しようとすることは神自体に反抗するようなものであろう。諸国民は天の命ずる社会状態に適応してゆくよりほか仕方がない」。その「デモクラシー」を「独裁政」と改めさえすれば、この言葉はそのまま一〇〇年後の今日にも通用するかも知れない。

政治制度は何でもいい。ただ良い政治が行われさえすれば。しばしば人はこう考える。そしてポープ〔Alexander Pope, 1688-1744. イギリスの詩人〕の次のような言葉に共鳴する。

For forms of government let fools contest;
Whate'er is best administered is best.
（政治形態については莫迦者《ばかもの》たちに議論させるがいい。何でもいちばん良く治められるものがいちばん良いのだ。）

この言葉はたしかに一面の真理をもつ。しかし、政治制度はその形態が異るに従ってそのもたらす政治効果に相違のあるのが原則である。人が通常あのように熱心に政治制度の改革を主張するのは、多少は政治制度の改革の効果に関する誤解にもとづくことではあろうが、主としては異る政治制度が現実に異る政治効果をもたらすことは明白な事実だからである。議会制に修正が加えられたり、あるいはそれが廃止されたりすれば、そこに必ず正常な議会制の下におけるとはちがった政治効果があらわれるに相違ない。だから、政治制度は何でもいいと考えて、その変遷に無関心であることは許されない。議会制の凋落という現象を目の前にもつ現代人はそれが実際においてどのような政治効果をもたらすかということを冷静に観察しなくてはならないであろう。

（昭和一一年二月〔『中央公論』一九三六年二月号〕）

Ⅱ　転回期の政治因子

第一章　官僚の台頭

1　「非常時」と官僚

満洲事件にはじまるこの「非常時」のおかげでいちばん損をしたのが政党だとすると、いちばん得をしたのは官僚だといわれる。そして、官僚の復活だの、官僚政治の再生だのという文句があちこちでさかんに使われる。

だが、そこで使われる「官僚」とは一体何を意味するかというと、実のところそれはあまり明瞭ではない。だからこそ、たとえば、官吏の身分が保障されるようになったことが官僚政治勃興の徴候であるという風に漠然といわれるのである。これは厳格にいうと正しくないのだが、とにかく官僚が官吏上がりの人たちと事実において密接な関係をもつことは明らかなところであるから、「官僚」と「官吏」がいかに区別せらるべきかということは、後にのべるとして、まず官吏または官吏上がりの人たち、つまり一般に官僚と呼ばれている人たちが、現実において「非常時」のおかげで一体どれだけ得をしたか。それをまず考えてみよう。そして、そのために明治以来この国の官僚の政治的地位にどのような変遷があったかを一瞥しよう。

2　明治時代の官吏

明治時代はまことに官僚華やかなりし時代であった。

優秀な青年はその頃競って官吏になった。官吏は月給もよかったし、いろいろな役得も相当にあったから、かなり裕福な生活ができた。「なまず」と渾名《あだな》をつけられた当時の「官員」はその渾名にふさわしい鯰髭《なまずひげ》を生やし、権妻《ごんさい》を蓄え、そしてお抱え俥で通ったものであった。その昇進の見込みも十分であった。政府の高官の地位はすべて官吏の到達しうるところであった。官吏を相当やって勅任官《ちょくにんかん》〔一、二等の高等官〕になり、恩給にでもなったら、やめて民間の会社銀行に天降るという手もあった。とにかく人間官吏になっておけば決して損はなかった。

しかし、官吏の地位自体はなかなか lucratif〔もうかるもの〕であったとはいうものの、その地位は政府の権力に対して何ら保障されているものではなかった。政府は官吏に対しては完全な生殺与奪の権をもっていたから、ひとたびその政府が反官吏的に動くとすれば、官吏はこれに対して全く無力な存在にすぎなかった。後に政府が政党に占領せられるに至って、官吏がすみやかに、かつ徹底的に政党化してしまったのはこれがためであるといえる。

3　政党の勃興と官吏の身分保障

やがて政党が勃興してきた。政府のあらゆる部門に政党の手が伸びてきた。そして明治三一〔一八九八〕年には、人の知るように、わが国ではじめての政党内閣であるところの憲政党内閣（大隈・板垣内閣）が成立するに至った。この内閣は、進歩・自由両党の間の醜い勢力争いの結果、成立後数ヶ月を出でずして悲惨な最期をとげてしまったが、政党の政府に対する勢力は以来よかれあしかれ無視せられえぬものとなってしまった。

憲政党内閣につづいた山県内閣はいちじるしく反政党的に色づけられていたが、やがて次第に増大して行くであろうところの政党の勢力に対して官吏を保護し、それによって技術の政治からの中立性を保障するために、明治三二〔一八九九〕年文官任用令の改正を行った。一般文官はすでに明治二〇年以来一定の試験に合格した者のみがこれに任ぜられうるものとせられていた。（それ以前は官吏の任用資格には何らの制限がなく、すべてが自由任用であった）。しかし、この制限は判任官《はんにんかん》〔高等官の下に位置する官吏〕と奏任《そうにん》官《かん》〔三等以下の高等官〕についてのみであって、勅任官は依然自由任用であった。その結果として、政党の勢力が政府におよぶようになるにつれて、勅任官の地位が政党の Spoils（獲物）とせられるようになった。山県内閣はこの点を改めて、勅任官も原則として奏任官からのみ任用せらるべきものとして、政府の手から――というのはその政府を支配するであろう政党の手から――官吏の地位を保障しようとしたのである。

むろん、これは実は大した保障ではなかった。任用資格は制限されても、官吏の地位自体の保障はきわめて少く、政府は依然いつでも自由にこれを罷免することができたのである。文官分限令は官吏に休職を命じうべき場合を特定の場合に限っている。しかし、そうした場合のうちには「官庁事務ノ都合ニ依リ必要ナルトキ」も含まれている。そしてはたしてそうした「必要」があるかどうかを認定するのは誰かというと、休職を命ずる政府自体である。つまり政府は、その気の向き次第いつでも官吏に休職を命じうることになる。だから、官吏の地位は政府に対してそう大して保障されていたわけではない。従ってまたそれは政府を支配するであろうところの政党に対して十分に保障されていたということはできない。

ただ山県内閣の改正も、改正以前に比べれば、官吏の地位の保障に一歩を進めたものということはできよう。そしてその意味でそれは重要な改正たるを失わぬ。

この改正と同時にもうひとつの注目すべき改正がなされた。それは同じ山県内閣の時に枢密院の諮詢《しじゅん》事項として新たに左のようなものが付加せられたことである。

（1）文官官等列階に関する勅令

（2）文官分限に関する勅令

（3）文官任用に関する勅令

これらは枢密院官制の改正によって付加せられたものではなく、従って明白にはこれを知ることができぬものであるが、山県内閣の時に御沙汰書で新たに諮詢事項に加えられたものと伝えられており、また以後現実にもそれらは官制による諮詢事項と全く同じに取扱われているようである。

この改革はやがて有力になるのであろう政党が政府に立って官吏法を自由に改正して官吏の地位を脅かそうとする場合に、枢密院にそれを阻止する機会を与えることをその目的とすると一般に考えられていた。しかし、それを以てただちに官吏の地位の保障のみを目的とするものと考えるのは正当ではない。官吏法の変更を枢密院の諮詢事項とするということは、枢密院に対して政府を制約する権力を与えることにはなるが、必ずしも当然に官吏の地位を保障することにはならぬ。だから、この改革は何よりまず枢密院の権力の増大を目的として考えなくてはならぬ。そして枢密院が政府に反対して官吏に好意的である場合――政党内閣の下における反政党的な枢密院はそうであろう――においてのみ、それは同時に官吏のためにも有利なものであろう。これに反して、もし枢密院が政府と同じ見解を抱く――それは決して不可能なことではない――とすれば、官吏はこれに対して何らの保障をもちえぬであろう。

こういうわけで、当時の官吏の地位も結局さほどよく保障されたものではなかったが、その頃は政府はすべて官吏出身者によって占められ、政治的権力者は官吏と政治的に同じ階級ないしは党派に属するものであったから、官吏の地位は全体として決して悪くはなかった。たとえば貴族院の勅選議員でも官吏がこれに任命せられることがいちばん多かった。貴族院令は勅選議員の要件として「国家ニ勲労アリ又ハ学識アル者」たるを要すると定めている。が、そこにいう「国家ニ勲労アル」者とは現実においては官吏を意味していた。現在の勅選議員の顔触れを見ればいかに官吏が多くそれに任ぜられたかということが十分わかる。

4　官吏の「政党色化」

山県内閣のかくの如き手配にもかかわらず、政党の勢力は日に日に増大した。政党は政府のあらゆる部分に食い込んできた。Spoils System〔猟官制〕が行われるようになった。官吏は、さきにのべたように、政府の自由に罷免しうるところであったから、政府を支配する政党は官吏を完全にその支配下に置いた。「官庁事務ノ都合ニ依リ必要ナルトキ」は休職を命じうるとの規定は無限に活用された。ことに選挙その他に関して強い勢力をもつ地方長官は政変ごとに更迭《こうてつ》せしめられた。このことは地方長官はじめその他の官吏を全く政党化せしめた。官吏は――少くとも多少でも上級の官吏は――どれかの政党の色に染まることを余儀なくされた。

政党員は大手を振りわが家顔で諸官省に出入するようになった。諸官省は院外団の事務所のような観を呈することすら稀ではなかった。読者はここでかの田中義一内閣（政友会）の時代、昭和三（一九二八）年二月普選法の下における最初の総選挙当時に内務省警保局を中心に怪文書が乱れとび、その結果時の内務大臣が辞職したことや、暴力団がある官署の中に本拠を置いて反政府的なある新聞社を襲撃したという流言がひろく行われたことなどを想起することができよう。また、最も非政治的でなくてはならぬと考えられる内務省警保局長や警視総監が自由任用の官であり、ひろく政党人に対して開放せられてあり、そして事実においてこれら両者の活動がきわめて政治的であり、その結果両者共一般政務官と同じように政変ごとに内閣と進退を共にしたことなどを想起することができよう。

この時代に政務官の制度ができた。この制度が明治一四（一八八一）年の大隈重信の意見書の中で主張されていることは人の知る如くであるが、それは後大正三(一九一四)年その同じ大隈重信の内閣の下ではじめて実現された。それはその後でいったん廃止されたが加藤高明内閣の時(大正一三(一九二四)年)に復活、もって今日に至っている。この制度は元来政党内閣制と技術的活動をこととする官吏の地位の保障を調和することをその目的とするもので、事務官の地位はこれによってかえって保障されるはずであった。しかし、警保局長・警視総監はじめ地方長官——植民地の長官も——がすべて現実において政務官と異らなかったことは、さきにのべた如くである。

勅選議員にもまた政党に功労ある者だけが任命せられるようになった。むろん官吏も任命せられた。しかし、それはただの官吏としてではなく、政党的官吏としてである。さらに政党に対するいちばんの功労者として実業者が多く任命せられるようになった。読者はここである実業家が何十万円とかを出してある公職を買ったとか買わぬとかいう評判がその頃ひろく行われたことを想起することもできよう。

5　文官分限令の制定

「非常時」はこの状態に大きな変化を与えた。政党は年来のポピュラリティを失った。政党の攻撃をすることが流行にすらなった。政党内閣は古い政党人であった犬養〔毅〕首相と共に殺されてしまった〔五・一五事件〕。

かくの如き情勢の変化は政党政治に多大の理解をもっていると伝えられる元老〔西園《さいおん》寺公望《じきんもち》〕をして政党人を後継内閣の首班として奏請《そうせい》することを躊躇させた。そして斎藤〔実《まこと》〕内閣が成立して以て今日に至っている。〔斎藤内閣は昭和九〔一九三四〕年七月岡田〔啓介〕内閣によって代られ、後者はさらに昭和一一年三月広田〔広毅〕内閣によって代られた。〕

斎藤内閣も決して政党と無関係ではない。両大政党の代表者がその重要な地位を占めている。しかし、斎藤首相自身は政党人ではないし、閣僚の中にも多くの非政党人があるばかりでなく、この内閣成立にあっては貴族院方面の官僚出身者たちから多大の支持・応援が与えられたといわれている。

斎藤内閣のかような官僚的性格の結果でもあろう、この内閣の下において官吏の地位は政党全盛時代とは見違えるように良くなった。官僚の復興なぞという言葉が聞かれるようになったのは実は主としてこれがためである。

官吏の地位が良くなったことの制度的表現として何より第一に昭和七〔一九三二〕年秋の文官分限令の改正――俗にいわゆる官吏身分保障令の制定――をあげなくてはならぬ。さきにのべたように、元来この文官分限令なるものは一般文官の身分の保障を定めているものではあるが、その保障は全く有名無実なものであった。「官庁事務ノ都合ニ依リ必要ナルトキ」は休職を命じうるということはつまり政府の気の向くがままに休職を命じうるということで、そうした条件は無条件と何ら異るところがなかった。だから、世人は一般文官にはその地位の保障はないと考えていた。そしてそれが正しい見解であった。一般文官の地位が法律的に少しでも保障されていると考えたのは、分限令の文字を過重する公法学者の一部だけであった。

斎藤内閣はこの点に大改革を加えた。新たに文官分限委員会というものが設けられた。それには文官高等分限委員会と文官普通分限委員会の二種があり、前者は枢密顧問官一名・大審院長・会計検査院長・行政裁判所長官・勅任文官三名から成り、後者は各官庁におかれ、高等文官五名から成る。そして文官に対して「官庁事務ノ都合ニ依リ必要ナルトキ」という理由で休職を命ずるには、高等官ならば文官高等分限委員会、判任官ならば文官普通分限委員会の諮問を経なくてはならぬこととせられた。ここにおいて政府は従前のように勝手に官吏の首を切ることができなくなったわけである。

6　官吏に追い風

むろん、この委員会は単なる諮問機関である。その意見は政府を拘束する力はない。

しかし、実際には政府は少からぬ程度においてその意見に拘束されるを免れることはできぬ。このことは分限委員会制成立以来の実際を見ればすぐにわかる。文官高等分限委員会は昨年〔昭和八〔一九三三〕年〕春、滝川教授事件〔京都大学滝川幸辰《ゆきとき》教授の免官処分をめぐる思想弾圧事件〕の時にはじめて開かれたが、その後開かれたことはきわめて稀である。（もっともこの委員会なるものは多数の法律家をその委員としているが、これらの法律家が決して法律的にものを考えず、かなり政治的にものを考える傾向をもつことは、京大事件の折まざまざと我々に見せつけられたことであるが、それにもかかわらず——あるいはそれ故に——それは実際において政府にとってかなり障碍になりうるわけである）。そして一般文官の新陳代謝はこの時以来めっきり不活発になってきている。内務省あたりは従来毎年一〇〇人以上の入れ替りが行われたものだそうだが、分限令改正以来はそれが三〇人くらいになってしまったという。おかげで改正当時相当の地位にあった官吏は大喜びだが、下っぱの連中は昇進の望みが少くなって大不平だと伝えられる。まさにさもあるべきところである。

この春〔昭和九〔一九三四〕年〕の地方長官〔府県知事〕会議で長官連が近来になくメートルをあげた〔気炎を吐く〕ことなども見ようによるとこの分限令改正の結果といえぬこともない。政党時代の地方長官会議では政府に多少でも反対の発言なぞは全くなかった。当時の地方長官はある意味で政党の地方探題みたいなものであったから、長官会議はそれらの探題に対して総元締たる内務大臣その他が命令を与えるところにほかならなかった。ところが今年の地方長官会議ではなかなか元気のいい発言をした長官もあったそうである。もしそれが分限令改正で地位が保障された結果だとすれば、現金な・余りに現金な、という感じがするが、しかし、それはまた当然すぎるほど当然なことでもある。

なお内務省警保局長や警視総監が今まで自由任用の官であったのが、今年(昭和九年)になってから、一般文官と同じく試験による任用の官に改められた。これも一般の風が官吏に有利な方向に吹いていることの徴候と考えられていい。

さらにまた貴族院の勅選議員の銓衡《せんこう》(選考)ぶりに目を投ずると、最近の新勅選のうちでは官吏または官吏上がりがその大部分を占めているという事実を見出す。

まさに官吏万歳の時代である。

7　官僚政治の復活

こうした風向きがこの頃官僚の再興とか、官僚政治の復活とか呼ばれるものである。

しかし、ひろく「官僚」という言葉を使う場合でも、官僚政治または官僚内閣という時の「官僚」と、文官分限令の改正でひと息ついたという「官僚」との間には大きな意味の相違がある。

まず後者についていえば、分限令の改正で喜んでいるのは官吏である。ここで官吏というのは親任官《しんにんかん》・奏任官〔いずれも高等官〕という官吏をいうのではなく、一般に政府によって任免せられ、その命令・監督の下に階序制《イエラルシイ》を形成している官吏たちをいうのである。だから、この官吏たちの上に立つ「政府」を構成する者はこの意味の「官吏」には含まれぬ。（いうまでもなく、総理大臣以下諸大臣もすべて親任官としては「官吏」のうちに含まれる。）

これに反して、官僚政治とか官僚内閣とかいう時の「官僚」はこの意味の「官吏」とは違う。この場合の「官僚」は政府を構成ないし支配するひとつの政治勢力である。いうならば、「官吏」が本来「政治的」なものでなく、全く「技術的」なものであるのに反して、この意味の「官僚」は本来はなはだしく「政治的」な性格をもつ。

それならば、この意味の「官僚」もひとつの集団的な政治勢力というようなものになるが、それは一体「政党」とどう違うか。これが当然に問題とならなくてはならぬ。この点は詳細に論ずることは許されないが、ごく大体についていうと、「政党」とこの意味の「官僚」との間のいちばん大きな相違は、前者は少からぬ程度において衆議院議員をその勢力の根抵とし、従って選挙を通じて選挙民の支持をその背後にもっているが、後者はいかなる意味においても選挙民との関連をもっていないという点にある。「官僚」のうちには官吏上がりの人が多い。しかし、それは必ずしも必要なことではない。官吏上がりでない官僚人も十分ありうるし、また現にある。ちょうど官吏上がりの政党人がいくらもあるように。だから、ある人が「官僚」的であるか、「政党的」であるかは、まずこの標準にもとづいて決定しなくてはならぬ。その人が官吏または官吏上がりであるかないかは、そこで問題ではない。

こういうわけであるから、——少し逆説的ないい方ではあるが——「官吏」は常に必ずしも「官僚」ではない。「官吏」は本来政治的には無色なものである。その政治的色彩はひとえにその上に立つ「政府」によってのみ与えられる。政府が「官僚」的であれば、その命令の下にある「官吏」も「官僚」的になるし、また政府が「政党」的であれば、その命令の下にある「官吏」も当然に「政党」的になるというわけである。

8　官僚の興隆

こういう風に考えてみると、斎藤内閣の下でいわれる「官僚の再興」というものが実は何の再興であるかがやや明らかになる。

まず官吏の身分の保障——文官分限令の改正——についていえば、それは決してその本来の性質において右の意味での「官僚」的なものではない。その改正は技術家たる「官吏」の地位をすべての「政府」に対して——「政党」的な政府に対してのみならず、「官僚」的な政府に対しても——保障しようとするものであるから、官僚的政府の下にあってはそれは反官僚的な性質をすらもつことになる。地位を保障された地方長官たちは、たとえば政党内閣の下でも、官僚内閣の下でも、この間の会議におけると同じ程度のメートルをあげるであろう。

かように官吏の地位がよりよく保障されるようになったという意味で、人は十分「官吏」の隆興——官吏はこれほどの保障を今までに享有したことはないから、それは決して「再興」ではない——について語りうる。

それならば、かくの如き「官吏」の隆興は是とせらるべきものであろうか。私は官吏は本来技術的性質をもつべく、それ自体では非政治的であるべきだという立場から、これを是とするに躊躇しない。官吏の地位の保障は新陳代謝を少くし、事務の渋滞をもたらすという批難が時々なされるが、今までのように官吏の新陳代謝を極端にさかんにし、若くして恩給取りになる者を多くこしらえながら、他方これらの者を救済するために半官的な会社銀行への強制的天降りを行ったり、いろいろな公益的な諸団体——公共組合や、社会事業団体など——をして官吏上がりの役員のために多額の人件費を出させたりすることは決して望ましいことではない。従来の制度の下において多くの官吏が「太く短く」という気になることは必ずしも不自然ではない。いわゆる身分保障令はその点について結局はいい結果をもつものと私は考えている。

ただ経過時代にあっては、不当に得をするものと不当に損をするものができるから、そこを適当に調節すること——たとえば、改正当時の勅任官は勅任官としての在官五年ないし七年で退官とし、向う一〇年間に新任される勅任官は一〇年で退官とし、その後の者はすべて六〇歳で退官とする、といった風に——はきわめて望ましいであろう。

9　官僚の腐敗

「官吏」はかように隆興したが、「官僚」の方はどうであるか。人は「官僚」の再興について語りうるであろうか。

しかり。「官僚」は再興——この場合はたしかに「再興」である——せられた。むろん、今のべたような官吏の地位の向上が当然に「官僚」の勢力の増大であるというのではない。「官僚」の台頭はむしろ政党の没落の当然の結果である。政府をねらう政治的諸勢力はいかなる場合にも必ずある。いわゆる「政党」も「官僚」もそうした政治的諸勢力であることにおいて変りはない。前者の没落が後者の台頭を結果したことはあまりに当然である。

さきにのべた「官吏」の隆興も、実をいうと、少からぬ程度において、この「官僚」の再興の結果でもある。いうまでもなく「官僚」と「官吏」とは必ずしも同じものではない。だが、現在の事実について見ると、官僚人の大多数は官吏上がりである。そして現在の官吏の有力な部分と事実において密接な関係をもっている。つまり、現在においては「官僚」はすこぶる官吏に対して好意的である。ことに最近まで政党に圧迫せられ、今日といえどもまだ政党に対しては主として守勢に立つことを余儀なくされている官僚としては、将来における——すこぶる蓋然的な——政党の再進出に対して「官吏」の地位を防衛することは、自己の利益のために必要なことですらあろう。

それならば、かくの如き「官僚」の再興は歓迎せらるべきかどうか。これは大いに問題である。

「官僚」の台頭は「政党」の没落の反面である。そして「官僚」の勃興の賛成者は政党政治に対する非難によって「官僚」を弁護するであろう。しかし、「政党」と「官僚」との主たる相違は、さきにいったように、選挙民の支持にもとづくか、もとづかぬかにあるだけである——「官僚」はいわば選挙民の支持を欠く政党にほかならぬ——から、官僚政治が政党政治の欠陥を匡正《きょうせい》しうるもののように考えるのは決して正当な見解ではない。

人はあるいは政党人は国家的にでなく党派的に行動するといってこれを難ずる。だが、それは官僚人とて同じことである。元来具体的に何が国家的であるかについては、いろいろ見解が分れる。だからこそいろいろな政党政派が生れるのである。ある者が国家的と考えることは、反対者から見ると非国家的ですこぶる党派的と非難するであろう。その意味で官僚人の行動とて反対者は党派的と非難するであろう。政党は党派的に行動するが、官僚はより少く党派的に行動するなどという保障は、従って、どこにもない。明治時代の官僚政府がいかに党派的に行動すると難ぜられたか。そしてそのために閥族《ばつぞく》などという言葉がいかにひろく用いられたか。それはなお人の記憶に新たなところであるはずである。

また相次いで起る疑獄事件をもって政党政治の故に帰するのも正しい見解ではない。ああいった腐敗は官僚政治の下でも無数に生じうるし、また現に生じた。ただ官僚政治下ではそうした腐敗が容易に隠蔽されうるのに反して、政党政治下ではそれが暴露される機会が多いから、後者の下における腐敗がより多く目立つだけのことである。明治時代の官僚政治でどのような腐敗が行われたかは、当時の官僚政治家たちがいかにしてあの「金」――それを彼らはふんだんに費消した――を手に入れたかという最も卑近な問いを提出してみただけでも容易に想像ができる。彼らは大抵官吏上がりだが、彼らが俸給を貯めてああいう財産を作り、それをああいう風にばらまいたのだなどと本気で考える者はあるまい。我々にとって重要なことは、腐敗を蔽《おお》うことではなくて、それを絶滅させることでなくてはならぬ。暴露された腐敗におどろいてひたすらに官僚政治への復活を謳歌するは、ただ問題を回避するだけである。腐敗の暴露をできるだけ容易ならしめることによって、その根絶策を講ずることこそむしろ本当に問題を解決するものではなかろうか。

かくの如き意味合いで、我々は「官吏」の隆興はこれを是としながら、同時にこういいたい。「官吏」の隆興は決して当然に「官僚」の再興ではない。いや、それは決して昔ながらの「官僚」の再興であってはならぬ。

（昭和九年七月〔『改造』一九三四年七月号〕）

第二章　政党国家から政党独裁政へ
――政党の繁栄とその没落――

1　議会制と政党

近代の議会制はどこでもほとんど例外なく数多の政党の発生をもたらした。政党――というのは複数の政党の意味であるが――のない議会制というものは現実には存在しない。

議会制が必ず諸政党を伴うということは社会技術的にきわめて当然な話である。そこには国民の多数によって行われる選挙がある。さらに多数の議員によって組織せられた議会がある。前の場合には多数の有権者の間に、後の場合には多数の議員の間になんらかの「組織」が存することが社会技術的に見てぜひ必要である。そこになんらの「組織」がなく、従ってそこになんらの秩序がないとすれば、選挙や議会は到底政治的・実際的な機能を営むことができない。有権者や議員の間にそういう「組織」を与えるものが、すなわち、政党である。選挙や議会はかような「組織」を与えられてはじめて政治的・実際的な活動をなしうるので、その意味で政党は議会制を運転するに欠くことのできぬ油である。

議会制はしばしば輿論にもとづく政治であるといわれる。しかし、輿論は——少くとも具体的な内容をもったものとしては——はじめから何人の目の前にも現前しているものではない。それはなんらかの方法で構成せられなくてはならない。「構成する」というのが妥当でないとすれば、それはなんらかの方法で見出されなくてはならない。ところで政党は一般公民をある意味において組織づけることによって輿論を構成する。あるいは見出すひとつの方法たる役目を演ずる。この意味でも議会制における諸政党の発生は必然的である。

ブライス〔James Bryce, 1838–1922. イギリスの法学者〕は「政党は不可避である」(To begin with, parties are inevitable)といっている。たしかにそうである。ここにpartiesという言葉があらゆる種類の政治的な結合を含むとすれば、それがいかなる政治形態においても不可避的な現象であることはもちろんであるが、そうではなくていわゆる朋党(faction)などとは区別せられた公党だけを意味するとしてもそれは近代の議会制においては、いまのべられたように、不可避的な現象である。

すべての政党論はこの社会学的事実から出発するを要する。

2　議会制イデオロギーと政党

政党はかように議会制の現実においては社会学的必然性をもって事実上市民権を獲得したが、議会制のイデオロギーにおいてはどうであろうか。

議会制の伝統的なイデオロギーは政党を必ずしもみとめてはいないようである。議会制のイデオロギーは個人から出発する。しかし、その個人は具体的な個人ではない。抽象的に考えられた個人、いわば個性のない個人である。そうした人間のモナドによって表示される各種の意見・反対意見の対立のうちからひとつの公正な意見が総合構成せられると考えられる。そこで各種の意見・反対意見の対立の克服・総合を可能ならしめるものが討論である。議会制の本質はかような意味において「動的・弁証法的」(スメント)である。ラスキ〔Harold Laski, 1893–1950. イギリスの政治学者〕のいうように、「代議政治の根本的仮設はそれが討論による政治(government by discussion)だということにある。議会の議員は、バーク〔Edmund Burke, 1729–97. イギリスの政治思想家〕のすばらしい考えにおけるが如くに、政府の提出する法案についてその最良の判断を行い、その判断の命ずるところに従って投票するものと仮定せられていた」。そこでは公正な政治的決定は意見・反対意見の自由な交換、すなわち討論から生れると考えられる。それがためには議会を構成し、そうした討論に参加する議員はすべて独立かつ平等と前提されなくてはならない。議員がたがいに独立であり、また平等な価値をもつのでなければ、それらによる討論ということは意味をなさぬことになるからである。また自由な討論は当然そこで反対意見によって説得せられる可能性をその論理必然的な前提としてもつ。絶対に反対意見によって説得せられることがないとすれば、そこで討論を行うということは全く意味をなさぬことになってしまうからである。であるから、議員はその意志決定にあたっては完全に自由・独立でなくてはならない。単にその意志を決定する場合だけではない。すでに決定せられた意志を変更する場合にも完全に自由・独立でなくてはならない。かような点において議員の自由・独立を害するおそれのあるものは、だから、ここでは強く排斥せられる。

こういう議会制のイデオロギーがあまり政党と馴染むものでないことは明瞭である。政党は政党として完成するに従って必然的にその党員の意志決定に対して何らかの程度の制限を加えるようになる。そうした制限は到底議会制のイデオロギーから見て是認せられることはできぬであろう。どこの国の憲法でも「議員は議会における発言または表決について議会外で責任を負わしめられることはない」という趣旨の規定を設けて議員の意志決定の自由・独立を保障しようとしている。それだのにその議員の発言または表決が政党によって拘束せられるとすれば、憲法のみとめる保障は全く有名無実になってしまうではないか、と人は考える。わが治安警察法の第七条に「結社は法令を以て組織したる議会の議員に対しては其の発言表決に付議会外に於て責任を負わしむるの規定を設くることを得ず」とあるのは、これと同じ考えにもとづいて議員の議会における発言・表決を党議によって拘束することを禁止しようとするものである。どういうわけかこの規定は長い間人によってあまり注目せられなかったが、数年前に貴族院の研究会の拘束主義が問題とせられた時、それがこの規定に抵触するものであるかどうかが論議の対象となったことがある。法文の正面解釈からいっては、そういう拘束主義がこの規定に抵触することは到底否定できないとおもわれる。はたしてそうとすれば、研究会よりもいっそう強い程度の拘束主義をとる一般の政党はすべてこの規定に抵触するものといわなくてはならない。むろん政党が厳たる存在である今日、この規定は現実には一片の空文となってしまっているが、伝統的な議会制のイデオロギーが政党と反発する関係にあるものであることはこの規定によく表れている。

3　議員の発言・表決の自由と政党

議会制における現実とイデオロギーとのかような背馳《はいち》、すなわち、一方においてはそこで社会学的必然性をもって政党が成立・発展しているのに、他方においてそれが議会制の伝統的な・そしてまた正統的なイデオロギーによって是認されていないということは、何より諸国における政党と国法との関係においてあらわれている。

近代の諸議会制の国法はいずれも議会制のイデオロギーの所産である。ことに人間の意識的な作品である成文法はそうである。だから、議会制を採っている諸国の国法が本来反政党的な態度を身につけたことは少しも不思議ではない。しかし、政党が議会制の現実における不可避的な現象である以上、国法もやがてはその反政党的な態度を緩和ないしは揚棄しなくてはならなくなる。現に諸国法はほとんど例外なくはじめの反政党的な態度を後に至って緩和ないし揚棄している。

諸国における法制の政党に対する態度のかような変遷はトリーペル〔Heinrich Triepel, 1868–1946. ドイツの法学者〕の『憲法と政党』(この本は美濃部〔達吉〕博士の『憲法と政党』〔日本評論社、一九三四年〕のうちに訳載されている)という小冊子できわめて要領よく叙述されている。彼によるとこの点における諸国法は四つの段階を経て変遷してきた。第一の段階は敵視(Bekämpfung)のそれである。諸国法は議会制の採用と共に政治的結社の自由をみとめるに至った後も、はじめはできるだけ政党に対してはその活動を妨害する態度をとった。ドイツでは議会制を形式的に採用した後でもある程度において政治的結社を禁止したことすらあるそうであるが、もし一般の結社の自由が全く否定せられているとすれば、たとえそこに「議会」が形式的には存在していても、それは本当の議会制ということはできないから、それは近代の政党史上のひとつの段階ではなくて、前政党史に属するものというべきである。国法の政党敵視の態度はまずフランス革命に由来する「強制委任《マンダ・アンペラチフ》」の禁止の規定に見られるといわれる。人の知るように「議員は各選挙区の代表者ではなくて全国民の代表者である」とか、「議員は何人の委託にも拘束せられぬ」とかいう趣旨の規定は、一九世紀の諸国憲法にはほとんど例外なく見られる。この規定は議員が何より選挙人から独立にその意志を決定すべきであるとの原則を表明するものであるが、その結果としてそれは議員の自由な意志決定に対する政党による制限をも排斥するものと解せられている。同じように諸国の憲法にほとんど例外なく見られる議員の議会における発言・表決の自由を保障する規定もしばしば反政党的な意味をもつものといわれる。法律学者の多くはこうした保障は決して議員の発言・表決に対する政党による制約を排斥するものではないと解しているようであるが、議員が政党の鉄のような統制の下に単なる投票機械と化してしまうことが、議員の議会における発言・表決の自由を保障する規定の趣旨を滅却するものであることは、おそらく多くの疑いを容れないであろう。

このほかになお政党の発生を妨止し、その活動を阻止し、あるいは少くともそれを隠蔽するためにもいろいろな方策が講ぜられた。たとえば、議会における議員の議席は——その所属政党に関係なく——抽籤・年齢順または古参順で定められた。この点についてモール〔Robert von Mohl, 1799–1875. ドイツの法学者〕はいっている。「議席順の定め方は決して憲法に規定すべく小さすぎる問題ではない。それによって諸政党が形の上で分れることが妨げられるのである。政見を異にする者が入り交っていると、同じ政見の者が一団となっているよりも、激情が挑発せられることが少い。その方がまた個々の議員にとってその政党の決議と見解を異にする場合に自己の確信に従うことがはるかに容易である」。議席順という一見下らない技術的な問題がこういう反政党的イデオロギーの表現でありうることはこの言葉からわかる。各議員を抽籤で数部に分けるという制度も同じような目的に仕えるものであったといわれる。ある国では議会の会議であらかじめ起草せられた演説を朗読することを禁止したが、これも議員の意志決定は議会での自由な討論にもとづいてなさるべきで、決してあらかじめ確定せられてあるべきではないという趣旨にもとづくので、やはり反政党的なイデオロギーの表現と考えることができる。

4　敵視から無視・承認そして融合へ

国法のかような政党敵視態度にもかかわらず、政党は諸議会制において次第にその基礎を強固ならしめることに成功した。政党の勢力は選挙を支配し、議会を支配するようになった。議会外の政党と議会内のその分派との連絡はいよいよ強くなり、議会の決議はあらかじめ諸政党によって準備せられ、そこでの討論は全く空名と化するに至った。議員は国民の代表者ではなく、完全に政党の代理人となった。議員はその発言・表決においてその政党の指令に拘束せられ、その討論が無意味になると共に、その発言・表決の自由を憲法で保障することも無意味となってしまった。

諸国法はこの現実の前にその政党敵視の態度を廃棄すべく余儀なくされた。しかし、まだただちに政党に法的承認を与えることを欲せず、これを無視する態度をとった。これがいわば政党無視(Ignorierung)の段階で、敵視のそれの次に来るものである。

政党という言葉は成文法のどこにも見られなかった。議院規則すらその存在を知らなかった。が、この状態は永く続くことができなかった。議会制において政党を発生せしめたところの社会学的必然性がやがて諸国法をして政党の現実を承認することを余儀なくした。政党無視の段階はここにおいて、政党の承認と合法化(Anerkennung und Legalisierung)の段階に入ることになる。

カナダやオーストラリアでは法律で議会における反対党の首領の歳費を増額し、これに一種の俸給を与えることにした。ここではある政党の首領の地位が官職のように取扱われ、それによって政党が法的に承認せられているわけである。この点について特にいちじるしい特色を示しているのはアメリカ合衆国である。ここでは選挙によって就任する公職の候補者の選定に関して法律で詳細に規定するという制度が発達した。予選（Primary Elections）の制度がすなわちそれである。これは国法が政党を公認するだけでなく、すすんでその活動を規律する制度で、その意味で結社の自由を害するから憲法違反だという議論も少くなかったが、裁判所はこの制度を支持し、今日なおそれはひろく行われている。これは政党におけるボスの勢力を抑え、各政党員に党内における発言権を保障し、政党自身を民主化する目的をもつ制度として十分注目せられるに値いする。（将来もしわが国で「政党法」という風なものでも作る場合には、アメリカの制度は大いに参照せらるべきであろう）。ドイツでもヴュルテンベルク（ドイツ南西部の王国）が一九〇九年にその下院規則で各派の存在を明らかにみとめて以来、こうした傾向が見られたが、ことに比例代表制が採用せられるようになってから、政党はそこで――議院規則や、選挙法によって――国法的承認を得るようになった。

この傾向がさらに発展するとトリーペルのいう第四の段階である憲法的融合（verfassungsmässige Inkorporation）のそれに入るわけであるが、ヴァイマル憲法時代のドイツによって代表せられる「政党国家」(Parteienstaat)はおそらくこの段階に属するものと考えることができよう。

5　諸外国の現況

諸国法の政党に対する態度が右のような四つの段階を経て変遷してきたと説くことは大体において正当であるとおもわれる。しかし、それらの段階はまた現代における諸国法の政党に対する四つの異る側面と考えることもできる。

現在は諸国法は原則としては政党の存在を承認しているが、同時にある側面においてはこれに対して依然敵視的ないし無視的態度を示している。議員の議会における発言・表決の自由を保障する規定や議員に対する「強制委任《マンダ・アンペラチフ》」を禁止する規定は今日もなお諸国法に厳として存在している。議会において抽籤で部属を分ける制度も形式的には今なおみとめられている。またアメリカのような政党を国法的に承認することこのように強い国でも、議会ではまだ院内各派を公認していないといわれる。それればかりではない。典型的な「政党国家」を樹立したといわれるヴァイマル憲法すら政党についてはなんら規定するところがなかった。その憲法の規定のうちで政党(Partei)という言葉を含むものは第一三〇条ただひとつだけであるが、それは「官吏は全体の僕《しもべ》にして一政党の僕に非《あら》ず」という規定で、むしろ反政党的な色彩を身につけている。かように、現代の諸国法は原則として政党を承認しながら、時に真向からこれを言明することを避けるような観を呈するので、政党は今日なお諸国法における「恥部」(la partie honteuse)だといわれる。

しかし、他の側面においては、諸国法は少からぬ程度において政党を承認し、それを国法化している。

まず議院法であるが、議席順は今日ではほとんど例外なく政党別であるし、また院内各派が公認せられ、それらの代表者から成る各派交渉会が議事進行などについて決定的な役割を演じている。部属の制度はあってもそれは名だけで、委員の選任はすべて各派の数的勢力に比例して行われる。また議会の閉会中にそれに代ってその権能の一部を行使すべき委員会が〔第一次〕大戦後諸国において設けられているが、その委員も多く議会の各政党のうちからその数的勢力に比例して選任せられる。一九二〇年のオーストリア憲法の「中央委員会」や、一九三一年のスペイン憲法の「常設委員会」はすなわちそれである。わが国でかねて一部で主張せられている常置委員会は大体これらと性質を同じくする委員会であるが、それがもし実現するとすれば、その委員は――現在の他の委員会の委員と同じように――議院内の各派からそれぞれの数的勢力に比例して選任せられることであろう。

さらに比例代表制の採用は諸国法によるもっとも徹底的な政党の承認をその結果としてもった。もっともいちばん極端な厳格名簿式比例代表制を採用したドイツの諸選挙法のうちにも政党をその本名で呼ばずに「選挙人団」(Wählervereinigungen, Wählergruppen)などと呼んだものもあったが、多くはその付表で政党の正式の名をあげ、チュリンゲン〔ドイツ中部の邦〕の如きは憲法のうちにこれをあげたくらいであった。比例代表制の下では単に政党の存在が公に承認せられたばかりでなく、政党に対して公に勤むべき役割すら与えられた。選挙において候補者の名簿はすべて政党によって作られた。しかも厳格名簿制においては、選挙人はそうして作られた名簿に拘束せられ、それに対してどのような変更を加えることも許されなかった。ヴァイマル憲法のドイツや、一九三三年までのチェコスロヴァキアはこれであった。選挙の手続においても政党は重要な役割を与えられた。一九二〇年のオーストリア憲法は投票管理のために「選挙庁」(Wahlbehörden)を設けているが、そこの立会人は各政党からその数的勢力に按分《あんぶん》して採られることになっている。(この場合の数的勢力は前回の選挙の時の得票数で決せられる)。チェコスロヴァキアでも同じような規定を設けている。政党はまた選挙に関する争訟においても勤むべき役割を与えられている。すなわち、ある国では政党に対して訴訟当事者となる能力がみとめられた。たとえばチェコスロヴァキアはこれである。しかし、比例代表制はその後一時の人気を失い、諸国で次第に修正せられ、あるいは廃棄せられるに至ったから、政党公認の状態もその限度において今日では変ってきているわけである。

議院法や選挙法以外の方面でも政党が公認せられていることは少くない。政党を法的に承認することに特に熱心であったオーストリアでは、内閣員が議会から各政党の数的勢力に比例して選ばれるという制度がみとめられた。これは通常「比例政府」(Proporzregierung)と呼ばれるが、わが国では安部磯雄氏がそういう制度を主張しておられる。これは伝統的な議会制のイデオロギーからいうと少し妙な制度で、内閣員が一致して責に任ずるという従来の原則とは矛盾するようにおもわれる。さらにまた一九二〇年のオーストリアの憲法はその憲法裁判所の判事の半数は立法府によって選挙せらるべきものとしているが、慣習上それらの判事は各政党がその数的勢力に比例してこれを選任することとせられた。これらの制度は、しかし、オーストリアが独裁政的傾向をとるにつれてそれぞれ変更を余儀なくされたことはいうまでもない。

政党のその党員に対する監督権もしばしば法的に承認された。チェコスロヴァキアの選挙裁判所は「不名誉な理由」にもとづいてある党員であることをやめた代議士に対して代議士の資格を剝奪する権能を与えられている。そしてその判例によると、党規に反する投票を行ったためにその党から除名せられた代議士は「不名誉な理由」にもとづいて党籍を失ったものとせられている。議員が議会における討論にもとづいて自由にその意志を決定すべきであるという議会制の伝統的なイデオロギーはここで真正面から否定されているわけで、一種の「強制委任《マンダ・アンペラチフ》」が法的に承認せられているのと同じことになっている。

6　わが国の場合

ここでついでにわが国法の政党に対する態度に一瞥を投ずることにしよう。

わが憲法〔大日本帝国憲法〕も、諸国の憲法と同じように、議員の議会における発言・表決の自由を保障する規定を設けている。「強制委任」の禁止は憲法や選挙法には別に定められていないが、地方制には「議員は選挙人の指示又は委嘱を受くべからず」という明文がある。また治安警察法が議員に対してその議会における発言・表決について議会外で責任を負わせる規定を設けることを禁止していることはさきにのべた。こういう点では政党に対して敵視的態度がとられているともいえるが、しかし、その敵視的態度はきわめて微温的である。右に引いた治安警察法の規定などもなんの罰則を伴わず、それに違反しても法的な制裁を受けることはないというような有様である。

帝国議会ではその開設のはじめから政党はきわめて重要な因素であったが、しかも国法は必ずしもただちにこれを承認することをしなかった。むしろ政党敵視的な態度すら見られた。たとえば、議員の控室は抽籤による部属によって定められ、その議席は府県順に定められていた。しかし、政党の現実的勢力の発展は国法のかような態度を変えさせずにはおかなかった。衆議院では第一五回議会(明治三三・三四〔一九〇〇・〇一〕年)に至って党派別にもとづく議員控室が設けられた。そして第二一回議会(明治三七・三八〔一九〇四・〇五〕年)には議席が党派別に定められることになった。貴族院は政党・政派に対してはつねに強い敵視的態度を示しているので、その議席は今日なお爵位順で定められているが、第四三回議会(大正九〔一九二〇〕年)以来議員控室は会派別に設けられている。

このほか議会両院において議事の円満な進行の準備工作のために院内各派の代表者から成る会合が慣習法的に成立している。衆議院における各派協議会および貴族院における各派交渉会がこれである。この制度は議会における諸政党の存在をもっと明確に法的に承認したものということができる。各派協議会は第二一回議会(明治三七・三八年)にはじまり、各派交渉会は第四三回議会(大正九年)にはじまる。いずれも議会においてきわめて重要な委員会たる役目を演じている。そして議会の会期中ばかりでなく、閉会中もその活動をつづけている。

議会における委員の選任についても政党は非常に大きな役割を勤めている。議院法の規定では常任委員は各部で選挙せられ、特別委員は議院で選挙せらるべきことになっている。そしてそのために両院議員はいつも会期のはじめに抽籤で九つの部に分けられる。しかし、この部属の制度も今日は全く存在理由のないものになってしまった。部属の制度はさきにのべられたような政党敵視的意味をもちうるばかりでなく、もし政党というものがないとすれば多数の委員の選挙のためには技術的に必要とせられる制度なのである。しかるに政党が発生した結果、各部による選挙ということが無意味となり、衆議院では常任委員については第二七回議会(明治四三・四四〔一九一〇・一一〕年)以来あらかじめ院内各派にその所属議員数に按分して一定数の委員を割当て、各派はそれぞれその割当てられた数だけの委員候補者を申出し、それを各部で選挙する例になっている。だから、その場合の各部による選挙というのは全く形式で、実は委員は「選挙」されてはいないのである。特別委員についても衆議院では第一二回議会(明治三一年)以来、同じように、各派からその所属議員数に按分して割当てられただけの数の委員候補者を申出させることとし、その結果第二二回議会(明治三八・三九年)以来は議院で選挙を行わずにすべて議長の指名に一任することにしている。むろん議長の指名といっても議長が自由に委員を選任するわけではなく、各派からその割当数に応じて申出される委員をそのまま形式的に指名するにすぎない。貴族院におけるこれらの点に関する慣行は外部からは必ずしも明白に知ることができないが、ほぼ衆議院におけると同じような慣行が行われていると考えていいようである。

なおこまかいことではあるが、衆議院議員の選挙では秘密投票制が原則とせられているのに、議院内の表決では記名投票が多く行われている。このことも考えようによっては議員に対する政党的統制を助成しようとする国法の態度の表現と見られないこともない。

7　政党に対する規制

かように政党が諸国で法的な承認を与えられ法的な保護を受けるようになった結果はどうであったか。

諸国において政党の力が非常に強くなった。そしてその統制が厳格になった。「紀律」や「団体的統制」の特に好きな中欧のある国々においてことにこの種の発展が見られた。しかも一方、大戦後の特殊な政治情勢は諸国に多数の政党を発生せしめた。多くの国によって採用せられた比例代表制はこの傾向を助成するに大いに力があった。強固な結合をもった多数の政党がならび存するようになると、それらの間の妥協がすこぶる困難になる。おのおのの政党が仮借するところなく自己の主張に固執する。どのような微小な政党――ドイツでいわゆる「断片政党」(Splitterparteien)――でも、比例代表制によってその存立は十分に保障せられているから、安んじてその非妥協的態度を維持することができた。こういう状態はいろいろな見地から匡正せられなくてはならぬと考えられるようになった。ことにそれらの国が経済的危機におそわれるに至って堪えがたいとせられた。なんとなればそうした危機はしばしば一般に不人気な方策の実行を緊急に要請するが、右にのべられたような状態はそうした方策の急速な実行を困難ならしめるからである。

政党並立の状態に対する制限は、たとえば、ある国では分離主義《セパラチスム》を抑制する目的で企図せられた。大戦後の諸国は多くの異民族をそのうちに含んでいる。そしてそれらのあるものは「少数民族」として国際法上の保護を受けている。この制度が時にその国家の統一を害する恐れがあるのである。たとえば、一九二九年までの「セルブ・クロアート・スロヴェーヌ王国」などはその例である。そこで「クロアート農民党」は憲法制定会議に参加せず、その後も永年議会《スクプチナ》に参加することを欲しなかった。それが後ついに議会に参加するようになっても党争は容易に終らなかった。一九二八年六月二〇日に議場でクロアートの首領ラディチ〔Stjepan Radić, 1871-1928〕が撃たれ、そのために死んだ事件などもその党争がいかに激甚であったかを示すものといえよう。国内の政治的分裂はまた経済的・財政的危機をいよいよ深刻ならしめたので、国王アレクサンドルはついに一九二九年一月六日憲法を廃して、その一身に権力を集中して独裁政治を行うに至った。二年以上にわたる国王の独裁政治の後、アレクサンドル王は憲法を新たに制定して、一九三一年九月三日に公布した。ここで「セルブ・クロアート・スロヴェーヌ王国」は「ユーゴスラヴィア王国」と改称せられた。この名称の変更は国家的統一を確保しようとの意欲の表現と考えられる。この憲法ならびにそれにもとづく結社法(一九三一年九月一八日)は政党に対していろいろな制限を加え、ことに分離主義的色彩をもつ政党の成立・発展を阻止しようとした。すなわち、政党を設立するにはあらかじめ内務大臣の認可を得なくてはならぬとせられた。政党はまた地方的な、あるいは宗派的な性格をもってはならぬとせられた。そして政党の認可の申請には各選挙区につき六〇名の党員の署名がいるとせられた。このことは地方的な性格をもつ政党の成立を事実上不可能ならしめた。さらに内務大臣は事実において新しい政党の設立には容易に認可を与えなかったから、結局ある種の公認政党だけが特別に優遇せられ、それ以外の政党はすべて成立することが許されぬことになった。アレクサンドル王は人の知るように、後一九三四年フランス訪問の途次マルセーユで暗殺せられたが、この凶変もユーゴスラヴィアのかような険悪な政治情勢のひとつの表徴と考えられよう。

政党に対する制限はさらにある国では外国との併合によって国家の独立が侵害せられることを防止するために行われた。ナチ・ドイツの「併合」政策に脅かされるオーストリアおよびチェコスロヴァキアの場合がすなわちこれである。ナチ・ドイツは国境の外にあるドイツ人の居住する地域がドイツに帰属すべきことを強く主張している。しかもそうした主張は国際法上の少数民族保護制度によって少からず助成せられる。これに対してはオーストリアがいちばん果敢に戦った。まず一九三三年五月四日には政治的傾向を示す制服の着用を禁止した。つづいて五月一九日には「公の平安・秩序および安全を害する恐れがあるかぎり」旗類の使用を禁じた。六月一九日にはナチ党および「郷土防衛党」(Heimatschutz)を厳重な罰則によって禁止した。さらに八月一六日には禁止せられた政党の財産は没収しうるものと定めた。(これらの政党弾圧政策を実行したドルフス宰相が翌一九三四年七月、ナチス一味の者によって暗殺せられたことは、読者のなお記憶せられるところであろう)。チェコスロヴァキアも同じような事態に応ずべくその伝統的な自由主義に制限を加うべく余儀なくせられた。一九三三年一〇月二五日の法律は政府に対して「国家の独立・憲法的統一・完結性・共和民主政体・安全を脅威する」活動を為す政党を停止または解散しうる権能をみとめた。この規定にもとづいてナチ党は解散され、ドイツ国民党は停止された。解散または停止された政党の党員は特殊な自由の制限をうける。またそうした政党に属する議員はその議席を失うばかりでなく、その後三年の間被選挙権を剝奪される。さらに停止された政党の財産は清算に付され、解散された政党のそれは国家の利益にまで売却せられることになっている。

またある国では国内の政治的党争に応ずるために諸政党に対して弾圧が加えられた。オーストリアは一九三三年五月二六日共産党を禁止し、翌年一月には解散せられた政党のために活動した官吏または旧官吏に対して恩給権の取消または停止という風な懲戒罰を科する権能を政府にみとめた。つづいて二月には社会民主党を解散し、次第に政党独裁政の方向へ歩をすすめた。ナチスの国民革命以前のドイツでもこれと同じように共産党やナチス党に対しては各種の弾圧がなされた。

8　政党独裁政へ

政党に対する国法のかような反動化は一般的に見ると諸国における議会制の没落と独裁的権力の台頭のひとつの側面にほかならない。

元来議会制はその本質上行政的な仕事よりは立法的な仕事により多く適している。しかるに自由競争主義にもとづく私的資本主義機構が次第に国家資本主義機構によって代られるようになると、国家は従来のように主として立法する国家であることをやめて主として行政する国家となり、経済生活に強く干与するようになる。こうなると何より強力な、そして安定した政府が要請せられる。ところで多数の政党がならび存することはそうした強力な政府の成立を少からぬ程度において妨げる。ここにおいて多くの国において多数の政党がならび存するための前提条件に対していろいろな程度の制限が加えられることになった。そうした前提条件とは第一にいうまでもなく政治的結社の自由である。しかし、政治的結社の自由はそれだけでは完全な意味をもちうるものではない。それは必ず一般的な言論の自由と結合していなくてはならぬ。強力な政府の要請は、だから、必然にかような自由の制限と、それにもとづく政党の成立ならびに活動に対する制限をその結果としてもつ。

だが、言論の自由が制限せられ、結社の自由が制限せられ、それによって諸政党がならび存することが許されなくなると共に、議会制は議会制であることをやめて次第に独裁政治的性格を身につけるようになる。そしてそれと共に近代政治の舞台における花形であった「政党」は次第に姿を消すべく余儀なくされる。こういうとあるいは人はいうかも知れない。「政党」は姿を消すどころか、いっそう前景に進出して諸国に「政党独裁政」を成立せしめているのではないか、と。いかにも「政党独裁政」は現代の諸独裁政を風靡している政治形態である。共産党のロシアを筆頭として、ファッショのイタリア、ナチスのドイツ。いずれも特定の政党がそこで政党を独占している。しかし、注意せられなくてはならぬことは、そこにいう「政党」が従来の「政党」とは全くその意味と性質を異にするということである。それらの国ではそもそも言論の自由や政治的結社の自由というものがみとめられていないのであるから、さきにも一言せられたように、従来の意味における政党はそこに成立する余地がない。そこで政権を掌握している「政党」——いわゆる「国家政党」(Staatspartei)——は実はもはや本来の意味における「政党」ではない。それらは多く歴史的に議会制におけるある政党が発展したものであり、従って現在も政党の名を冠しているが、それは本来の意味の政党とはただ「名」を同じくするだけである。それは近代的な公党であるよりは、むしろ前議会制時代の朋党《ファクション》に類するものであるというべきであろう。

「政党国家」が衰えて「政党独裁政」が盛んになったことは、だから、決して「政党」の勝利を意味するのではなく、反対にその没落を意味するものである。

(昭和一一年七月『改造』一九三六年七月号)

第三章　政府と政党の関係
——わが憲政史の回顧——

第一節　序　説

1　本論の目的

わが憲法〔大日本帝国憲法〕は「政党」についてはなんら定めるところがない。治安警察法その他の法令は政党の存在を予想し、その取締りを規定している。しかし、政党が国家組織上どのような地位を占むべきか、とりわけ政党に対してどのような関係に立つか、または立ちうるかは一般にわが国法の知るところではない。すべては現実の政治慣行の問題である。

その現実の政治慣行において政党はどのような地位を与えられてきたか。とりわけ政府に対してそれはどのような関係に立ってきたか。この点をここで概観的に回顧して見ようとおもう。問題はもっぱら明治以来のわが憲政史の問題である。現行憲法の解釈に関する問題ではない。またむろん政党についてなんらかの価値批判を試みることが問題なのでもない。

2　政府と政党の「関係」

わが国において政府と政党との間の「関係」について語りうるのはむろん議会開設の後である。

政党は議会内の勢力としてのみ政府に対していろいろな交渉をもち、そこからのみ両者の間に「関係」を生じうる。政党が議会に進出しないかぎりは、それと政府との間には密接な関係を生ずる余地がない。というのは、議会に進出しない政党は政府に対してあまりに無力だからである。自己の存在になんら影響をおよぼす力のないものに対して、政府は別段の態度をとる必要をもたない。なんらの態度をとる必要がないとすれば、政府と政党との間に政治的な「関係」が生れるわけはない。ところが政党が政府に対してある程度のコントロールをおよぼしうる武器をもつようになると、政府はこれに対してなんらかの態度をとる必要に迫られる。ここから政党と政府の間に政治的な「関係」が生ずる。そうした武器の役目をつとめるものがまさに「議会」である。政党は議会に進出し、議会の動向を支配する力をもつことによって政府に対して強力な武器をもつようになる。それに応じて政府は議会における勢力としての政党に対してその態度を決すべく余儀なくされる。だから、議会が開かれる前は、政党と政府の間には特に語られうべき「関係」の生ずる余地がなかったのである。

しかし議会が開かれる前にあっても、議会がやがて開かれた場合における政府と政党との関係については論議があったことはいうまでもない。一方において政党が発生し、他方において国会開設が予想せられ、しかも政党の議会への進出が当然のことと考えられる場合に、議会を通じての政府と政党との関係が論議の対象となることになんの不思議もない。

3　大隈重信の政党内閣論

この点で注目に値いするのは英国流の議院内閣制ないし政党内閣制のわが国の思想界における影響である。英国の制度はすでに明治初年から次第にわが国に伝わっていたが、それは自由民権論・民選議院設立論の勃興と政党の誕生と共に多くの人の主張するところとなったようである。

そうした主張の代表的なものとしては、かの有名な明治一四（一八八一）年三月の大隈重信の上書に見える見解をあげなくてはなるまい。これは憲法制定に関する意見書を上るようにとの勅命に従い、参議であった大隈が録上した文書であるが、その中で国会開設後は議会の多数を占める政党に内閣を組織せしむべきであるという見解がのべられてある。そこでは憲法の大綱ともいうべきものが六項あげられているが、その第二項は「国人の要望を察して政府の顕官を任用せらるべきこと」と題せられ、そこで次のように政党内閣論が唱えられている。

「君主の人物を任用抜擢せらるるは、固《もと》より国人の輿望《よぼう》を察せらるべきことなれども、独裁の治体においては、国人の輿望を表示せしむるの地所なきが故に、あるいは功績に察し、あるいは履行に求め、その最も国人のために属望せらるべしと叡鑑《えいかん》あるの人物を延用して、政務の顧問に備えらるるも、これ已《や》むを得ざるに出るものなり。もし政体において国人の輿望を表示せしむるの地所あらんには、その輿望を察して以て人物を任用せらるべきは無論なり。かくの如くせば、すなわち撰抜明らかにその人を得て、皇室ますます尊かるべし」

「独裁の治体」では「国人の輿望を表示せしむるの地所」がないが、「立憲の政治」ではそれが明白に定まっている。

「立憲の政治において輿望を表示するの地所は何ぞ、国議院これなり。何をか輿望と謂《い》う、議員過半数の属望これなり。何人をか輿望の帰する人と謂う、過半数を形《かたちづく》る政党の首領これなり。そもそも国議院は国人の推撰するものにして、その思想を表示する所なるが故に、その推撰を被りたる議員の望はすなわち国民の望なり。国民過半数の保持崇敬する政党にしてその領袖と仰慕する人物は、これ豈《あに》輿望の帰する所にあらずや。しからばすなわち立憲の治体はこれ　聖主が恰当《こうとう》の人物を容易に叡鑑あらせたまうべき好地所を生ずるものにして、独り、鑑識抜撰の労を免れたまうのみならず、国家をして常に康寧の慶福を享有せしむるを得べきなり。何となればかくして撰用せられたる人物は、人民参政の地所なる国議院において過半数を占有するが故に、外にはすなわち立法部を左右するの権を握りまた　聖主の恩寵を得て政府に立ち、自党の人物を顕要の地に配布するが故に、内にはすなわち行政の実権を握るを得べし」

従って、内閣の組織は議会での多数党の首領に御委任あらせられるを適当とする。

「内閣を新たに組織するにあたりては　聖主の御親裁を以て議院中に多数を占めたりと鑑識せらるる政党の首領を召させられ、内閣を組立つべき旨を御委任あらせらるべし。しかるときはこの内勅を得たる首領はその政党中の領袖たる人物を顕要の諸官に配置する組立を為し、しかるのち公然奉勅して内閣に入るべし。内閣の組立を委任せらるるは、通例政党の首領を可とすれども、時としてその党中自余の人に命ぜらるるも可なり」

「斯《か》く最盛政党を鑑識せらるる時においては、政党に関係せざる宮方、あるいは三大臣に顧問あらせられんこそ可なるべし」

政府党がその勢力を失う時はどうか。この場合は政府は退職しなくてはならぬ。もし「内閣政党失勢の兆候」があらわれても政府が退かぬ時は議会で「得勢の反対党」は政府不信任決議を行うことができる。この決議が通過したならば、政府は君主により罷免せられなくてはならぬ。ただし、その場合解散によって民意を問うことも許される。

「執政政党、既に議院に失勢の兆を現わし、失信用の議決を受けんと欲するに臨むとも、もし広く国人の意想を察し、その実にわが政党に多数の属望あるを洞識し、現在の国議員は誤撰なりと認むるときは　聖主の允許《いんきょ》を蒙り　聖主に特有したまう議院解散の権を以て直ちにこれを解散し、その改撰議員においてわが政党の多数たらんことを望むべし。もし多数たらば内閣を永続せん、もし少数たらんにはすなわち退職せざるべからず。この解散権はすなわち各政党が最後の依頼と云うも可なり」

大隈はかように論じた後、その「総論」（結論の意味）においても「立憲の政は政党の政なり。政党の争は主義の争なり。故にその主義国民過半数の保持する所となればその政党政柄《せいへい》を得べく、これに反すれば政柄を失うべし。これすなわち立憲の真政にしてまた真利の在る所なり」といってその意のあるところを明らかにしている。

この上書は矢野文雄の起草したものだというが、そこにあらわれた思想はいうまでもなく純然たる英国流の政党内閣論である。その上書の中でもしばしば英国の例が引かれているのみならず、政党内閣を論じた項の終りには「以上政党更迭の順序は大抵英国の例によるものなり」と明白にいわれている。こういう見解が当時ことに民間では相当強く主張せられていたようである。大隈の上書はそうした急進論を政府の現実の政策として主張した点にその特色をもっていたが、まさにその特色の故に彼の主張は政府内の有力者からこぞって反対せられることになった。そして大隈ならびにその一党の政府からの放逐――それがいわゆる明治一四年の政変である――と共にそうした意見は政府から一掃せられてしまった。

4　岩倉具視の政党内閣反対論

大隈の見解に反対のそれの代表的なものとしては岩倉具視《ともみ》の見解をあげることができる。岩倉の見解は明治一四年の政変以後の政府の、従ってまたわが憲法起草事業の指導精神となったものであり、かつ実際政治においてもその後右の大隈的な見解とつねに対立してきたところのきわめて重要な思想である。

岩倉のこの点に関する見解は、彼が明治一四年七月宿痾《しゅくあ》のため摂津有馬《ありま》の温泉に出かけようとする時、「三条実美《さねとみ》、熾仁《たるひと》親王に託してこれを奏覧せんと請う」た文書に明らかである。そこで憲法起草に関する「大綱領」の一つとして彼は「天皇は大臣以下文武重官任免の権を有すること」をあげている。またその「大綱領」の趣旨を詳述した「綱領」では「聖上親《みずか》ら大臣以下文武の重官を採択しおよび進退せらるる事」といい、そこに「内閣宰臣たる者は議員の内外にかかわらざる事」および「内閣の組織は議院の左右する所に任ぜざるべし」と付言している。さらにこの「綱領」に副《そ》えられた「意見第一」では英国およびプロイセンにおける政府と政党との関係が次のように説明せられている。

英国では「内閣は多数政党の首領の組織する所」である。だから、「議院政党多数の変更あるごとに従て内閣宰相を変更を致」す有様は「輾転《てんてん》相代り一輪動きて二輪これに応ずるに異」るところはない。

「国王は一に議院多数のために制せられ、政党の贏輸《えいしゅ》〔勝ち負け〕に任じ、式により成説を宣下するに過ぎずして、一左一右あたかも風中の旗の如きのみ。故に名は行政権もっぱら国王に属すといえども、その実は行政長官必ず議院中政党の首領に取るを以て、行政の実権は実に議院の政党の把握中に在り。名は国王と議院と主権を分つと称すといえども、その実は主権はもっぱら議院に在りて国王はいたずらに虚器を擁するのみ。英国の語に国王は国民を統率すといえども自ら国政を理せずと云う、これなり。その実形あたかもわが国中古以来政治の実権は武門に帰したると異なること無し」

プロイセンではそうではない。ここでは国王の権力はより強大である。

「これに反し普魯西〔プロイセン〕の如きは国王は国民を統《す》ぶるのみならず、かつ実に国政を理し、立法の権は議院とこれを分つといえども、行政の権はもっぱら国王の手中に在りてあえて他に譲与せず、国王は議院政党の多少にかかわらずしてその宰相執政を撰任するものとす。ただし実際の事情に従い多くは議院輿望の人を採用すといえども、その権域を論ずるときは決して議院政党の左右に任ずること無し」

ところで、わが国で立憲政を採用するとすれば、英国およびプロイセンのいずれに範をとるべきであるか。

「今わが国において立憲の政を起し国会を設立せんと欲せば、事誠に新創に係る。これ宜《よろし》く一進して英国の政党政府に模倣し執政の進退すべて議院の多数に任ずべきか、または宜く漸進の主義にもとづき議院に付するに独り立法の権のみを以てし、行政長官の組織はもっぱら天子の採択に属し、以て普国の現況に比擬すべきや。この二様取捨の間は実に今日の廟謨《びょうぼ》〔朝廷の政策〕以て永遠の基本を立て百年の利害を延《ひ》くべきものにして最要至重の問題なり」

岩倉の結論はむろん英国に倣うことに反対である。いわく、

「更新以来王化《おうか》いまだ人心に浹洽《しょうこう》〔広くゆきわたること〕せず。廃藩の挙怨望の気まさに政府に集まる。今もしにわかに英国政府の法に倣い、民言の多数を以て政府を更替するの途轍を踏むときは、今日国会を起して明日内閣を一変せんとするは鏡に懸けて視るに均《ひと》し。議者内閣更替の速《すみやか》なるは国の平安を扶《たす》くる所以《ゆえん》なりと謂う。予は議者のあるいは英国の成績に心酔して我国の事情を反照せざるものなるを疑うことを免れず」

「立憲の大事方《まさ》に草創に属し、いまだ実際の徴験を経ず。その一時に急進して事後の悔を貽《のこ》し、あるいは与えて後に奪うの已《や》むを得ずあらしめんよりは、むしろ普国に倣い、歩々漸進し、以て後日の余地を為すにしかずと信ずるなり」

ここで岩倉が英国流の政党内閣に反対し、プロイセン流の官僚内閣を主張しながら、「その一時に急進して事後の悔を貽し、あるいは与えて後に奪うの已むを得ずあらしめんよりは、むしろ普国の例に倣い、歩々漸進し、以て後日の余地を為すにしかず」とい

い、あたかもプロイセン流の官僚内閣制度を採っても、やがて実際政治においては政党の勢力の増大と共にそれが政党内閣制度にまで転化する可能性があることを予測するような口吻を洩らしていることは、はなはだ興味がある。

5　三つの時期

憲法が制定せられ、議会が開かれるにおよんで、政党はここにはじめて議会における実際勢力となった。そしてそれによって政府に対してある程度のコントロールをおよぼしうる地位を与えられた。ここにおいて、政府と政党の「関係」が現実政治的に生ずることになった。

この時以来の政府と政党との関係はいろいろな変遷を経てきている。その変遷を大体三つの時期に分けることができよう。第一は政府と政党との対立の時代であり、第二は両者の提携の時代であり、第三は融合の時代である。もっとも五・一五事件〔一九三二年〕以来はこの最後の融合の時代が再び提携の時代に帰りつつあるように見えるが、最近のことはしばらく措《お》き、ここではもっぱら考察を昭和五〔一九三〇〕年以前にかぎることとし、以下この三つの時代について簡単に説明したいとおもう。

第二節　対立の時代

1　超然主義の宣言

政府と政党の関係の第一期、すなわち対立の時代は政府の政党に対する敵意ならびに政党の政府に対する敵意によって特色づけられている。

この時代の政府の政党に対する態度を最もよく示すものは憲法発布の時における黒田〔清隆〕総理大臣および伊藤〔博文〕枢密院議長の演説である。黒田のそれは憲法発布の翌日、すなわち明治二二〔一八八九〕年二月一二日に地方官集会の席上でなされたものである。次の如し。

「憲法はあえて臣民の一辞を容るる所に非ざるは勿論なり。ただ施政上の意見は人々その所説を異にしその合同する者相投じて団結をなし、いわゆる政党なる者の社会に存立するはまた情勢の免れざる所なり。しかれども政府は常に一定の方向を取り超然として政党の外に立ち至正の道に居らざるべからず。各員宜く意をここに留め不偏不党の心を以て人民に臨み撫馭《ぶぎょ》宜きを得以て国家隆盛の治を助けんことを勉むべきなり」

伊藤博文は二月一五日府県会議長および議員集会のところで帝国憲法の趣旨を説明して次のようにいった。

「天皇は全国を統治し宰相は天皇の天職を行うを輔弼《ほひつ》す。その輔弼の任に至《いたり》ては一定の分義なかるべからず。けだし君主は臣民の上に位し各政党の外に立つものなり。故に一党を利し他党を害《そこな》うの政を為すことなく常に不偏不党の地位を保たざるべからず。政府をして常に政党の左右する所たらしむるが如きは極めて危険たり」

「わが日本の政体において天皇は一切の国権を総攬《そうらん》してこの国を統治し給うを以て宰相の進退一に勅裁に出でざるべからず。素《もと》より衆望に協《かな》うと否《しか》らざるとまた能不能との如きも陛下親ら裁鑑し給う所なり。而《しこう》して宰相は一国の責任を帯び国家の安危を担うに堪うるの材能を挙用せらるべきはまた論を待たざるなり。今後議会を開き政事を公議輿論に問わんとするに当り遽《にわか》に議会政治すなわち政党を以て内閣を組織せんと望むが如きは最も危険の事たるを免れず」

こうした見解は一般に「超然主義」と呼ばれ、そこから政党と関係のない政府は「超然内閣」と呼ばれるようになった。明治二二(一八八九)年一二月には黒田内閣に代って山県〔有朋〕内閣が成立したが、この内閣も同月二五日地方官に対する訓示の中で同じような趣旨をのべた。

「要するに行政権は至尊の大権なり。その執行の任に当る者は宜しく各種政党の外に立ち引援付比の習を去りもっぱら公正の方向を取り以て職任の重に対《むか》うべきなり」

2 議会の開設と対立の発生

政府が「超然主義」をかざし、議会において政党が優勢であれば、政府と政党との間に「対立」の関係が生れるのは当然である。議会の開設はまさにこういう状態をもたらしたのであった。

第一回の衆議院の総選挙は明治二三(一八九〇)年七月に行われたが、そこで弥生倶楽部(自由党)および議員集会所(改進党)がそれぞれ一三〇名および四〇名の議員を獲得した。これら両者はいずれも政府には敵意をもった政党であり、「民党」と呼ばれていた。この「民党」が衆議院の過半数を支配することができたのであるから、政府との間の対立の状態はきわめて深刻なものがあろうと予想された。はたして第一回議会(明治二三・二四(一八九〇・九一)年)が開かれると、政府と「民党」との間の対立・抗争は、きわめて激烈なものとなった。その結果「民党」は政府の予算に対して一割以上の削減を加えようとし、ために議会は当初から解散の危機に瀕した。これは結局一部議員の軟化——

その裏には政府方面よりする黄白政策〔黄金と白銀。金銭〕が動いていたと伝えられる――によって緩和され、無事に第一回議会は終ったが、「民党」の同じような態度はその後も少しも変らなかった。

第二回議会では政府と「民党」との衝突の結果、衆議院は解散せられた。この時の総選挙〔明治二五（一八九二）年二月一五日〕は非常な選挙干渉によってわが憲政史上名高い。（その選挙では死者二五名、負傷者は三八八名におよんだ）。しかもその結果はといえば、第一回総選挙と同じように、「民党」の勝利であった。勝ちほこった「民党」は第三回議会の衆議院で選挙干渉に関して政府の「疏決《そけつ》」を促す決議案を通過せしめた〔明治二五年五月一四日〕。議会はこの翌日一週間の停会を命ぜられたが、政府は別になんら「疏決」するところはなかった。

しかし、憲法の下において議会というものが政府に対してもつ力、従ってまた、そこでその議会を通じて政党というものが政府に対してもつ力が次第に政府にも切実に感じられてきた。解散も停会もこの力を破るに足る武器でないことが次第に明らかになってきた。明治二五年八月松方〔正義〕内閣瓦解の後を承けて成立した第二次伊藤内閣は、山県・黒田・井上〔馨〕・大山〔巌〕等の元老政治家を含み、従って俗に「元勲内閣」と呼ばれたが、それは藩閥政治家総出で次第に有力となってきた「民党」に当ろうとしたのだといわれた。しかも「民党」は依然優勢で第四回議会でも衆議院は政府弾劾の上奏案を可決した。(もっとも政府はこれによって別になんらの処置をとらなかった)。

3　第五回議会

第五回議会に至っても政府と「民党」との対立関係は依然同じく、衆議院は農商務大臣後藤象二郎および同次官斎藤修一郎を弾劾する上奏案を可決した(明治二六年一二月四日)。衆議院はこれに対して政府がなんらなすところのないのを見て、さらに政府の処決を促す決議案を上程した(一二月一八日)。この時伊藤首相は自分がすでに上書し「責を引き宸断《しんだん》を待」ちつつある旨を次のように弁明した。

「日本の政府は、主権は天皇にある政府である以上は、諸君の注文に由りて進退すべきにあらず。その去就は、一に天皇の宸断に由らざるを得ぬのである。故に仰《あおぎ》て宸断を待て居るのである。而《しこう》して宸断の命を賜らぬのである。進止《しんし》〔進退〕固《もと》より命に従う積《つもり》である。余りに軽躁なる御催促ではないか。早く退けと仰《おっ》しゃるが、諸君の命令に従て退けと仰しゃるのですか。それはあなたの御議論は、この議院に大臣を進退する主権ありと御主張なさるのか。これに就《つき》て、すなわち我等はかくの如く臣子相当の分を尽して居ると云うことを諸君の前に一言述べて置きます」

しかし、その決議案はほとんど全会一致で可決された。衆議院の上奏および伊藤・後藤両大臣の奏文については枢密院へ御諮詢があり、一二月二三日枢密院は政府を支持する旨奉答し、翌二四日次のような勅語が閣臣に下った。

「朕は本月四日衆議院の提出したる奏疏《そうそ》を読み、またこれに対して、内閣総理大臣伯爵伊藤博文、および、農商務大臣伯爵後藤象二郎の陳奏を閲したり」

「農商務省の職司たる、その人民に接するにおいては、最も慎重を加うべきは論を俟《ま》たず。朕はその主務大臣が特に僚属の飭励《ちょくれい》〔つつしみ励むこと〕に努力せんことを欲す」

「国務大臣の進退に至りては、一に朕が心衷に存す。素より外間の容喙《ようかい》〔横から口を出すこと〕を許さず。顧うに宇内《うだい》〔天下〕の形勢は国家の進運を促すことすこぶる急なり。而して時局多事。朕が開国進取の国是沮格《そかく》〔妨げること〕を致すが如きは、朕の最も軫念《しんねん》〔心配〕に耐えざる所。卿等それ努力以て朕の事を終始せしめよ」

4　対立より提携へ

議会開設以来こういう風に政府と政党との間に対立・抗争の状態がつづいた。「民党」は弾劾上奏あるいは不信任決議をその武器として用いた。それらはまだ必ずしも明白な政治的効果――政府の退職というような――をもつことはできなかった。しかし、「民党」は予算議定権というような憲法上議院に与えられた権能を利用することによって、政府に対して強力なコントロールを行うことができた。しかも「民党」の衆議院における支配的地位は少しも動揺しなかった。停会も解散もこの地位を奪うことはできなかった。従って、議会という議会は政府と政党との対立・抗争の舞台であった。

第五回議会も二回つづいて停会せられ、その後に解散せられた。その総選挙(明治二七〔一八九四〕年三月一日)でも「民党」が断然優勢であった。第六回議会でも政府不信任の決議(明治二七年五月一七日)および政府弾劾の上奏(同三〇日)が衆議院を通過した。政府はこれに報いるにまた解散をもってした。二度つづけての解散である。しかし、その後の総選挙の結果も「民党」が依然優勢であった。

こういう状態において日清戦争が勃発した。戦争は政府と政党との対立・抗争を一時中止させることができた。「挙国一致」が実現された。しかし、やがて戦争が終ると、また従来のような対立の状態が復活することになった。ただこの時はすでにそうした対立から提携への動向が多少見られるようになっていた。議会が憲法上ある程度において政府をコントロールする権能をもつ以上、政府が議会――従ってそこで支配する政党――とある程度まで接近することを余儀なくされることは事物必然の理である。そうした事物必然の力に促されてちょうど日清戦争直後から政府と政党との間に接近への傾向が次第に見られるようになった。

第二期たる提携の時代の萌芽はすでにこの時にあらわれはじめたのである。

第三節　提携の時代

1　提携の発生（第二次伊藤内閣）

明治二八〔一八九五〕年四月一七日に日清講和条約が調印された。ところが超えて二三日には青天の霹靂のようにかの三国干渉がなされた。日清戦争中から政府の一部と政党との間に連絡があり、そこに両者の対立から提携への動向が見られていたが、遼東〔半島〕還付および戦後経営の問題に直面して自由党は政府と公然提携の関係に入ることになった。自由党はいうまでもなく生え抜きの民党であるが、その一部に政府と款《かん》を通ずるものが多く、三国干渉に際して対外硬派に賛成したものも少なくなかったが、次第に政府との提携を唱える説が有力となり、明治二八年七月二七日の大会では、「遼東の還付は誠に遺憾なりといえども、今日は実にこれ善後の策を施すに急なり。この事に関しみだりに争闘を生じ、以て国家の大事を誤るは、わが党の断じて取らざるところなり。故に今後わが党とその方針を同うし、相共に謀るべき者は、相共に内外の事に力を致し、誓て愛国の至誠を推し、私を去り公に徇《したが》い、以て将来の謀を為すべし」と宣言するに至った。同年一一月二二日第九回議会を前にして自由党はさらに伊藤内閣(第二次)との提携を次のように宣言した。

「わが党は夙《つと》に立憲政体を扶植し責任内閣の基を鞏《かた》くし以て皇室の威厳を保ちその国民の康福を進めんことを企図する、年既に久し。(中略)而して海外の形勢は日に迫り終《つい》にわが国は忽然《こつぜん》彼の朝鮮の変乱より延《ひい》て清国との交戦となり国力の足らず軍備の全からざるもなお能《よ》く凱旋の功を奏じ世界列国に対し強国の名を得ると共にますますその関繋の重きを加え外交の危変測るべからず。この際上下一致以て百年の大計を定め内外の庶政を理するはまさに務むべきの急たり。区々争閲《そうげき》のために前途を誤るが如きはわが党の深く憂慮に堪えざる所なり。これを以てわが党は本年七月方針を議定してこれを世に公にして今後わが党とその方針を同うし相共に謀るべき者は相共に内外の事に力を致し以て将来の謀を成さんことを宣言し、すなわち朝野を論ぜずその方針の相同じき者あれば相共に提携せんことを以てせり。(中略)当路者また深く時局の要を察しわが党の誠を諒し間々民議を容るるに吝《やぶさか》ならざらんとし、その立憲政体を完美にし国家の基礎を鞏固《きょうこ》にするの方針を取り内外の事を処するにおいてわが党は将来にその望あるを認めたり。ここにおいてわが党は向来《きょうらい》当路者とその針路を同くして進み、これと相提携してその国家の要務を処するに協翼し、以てわが国の進運を致さんとす。わが党は立憲政体を首唱せり。すなわちこれが完成を期するは宜《よろし》く自ら任すべき所なり。（中略）人に自主あり。党に主義あり。いやしくもその自主を害し、その主義に戻《もと》るに至《いたり》ては固《もと》よりこれをなさず。而して意気相投じ、偕《とも》に時運に察して当路者と進路を同くするに躊躇せざるもの、これわが党が大に国家将来に向て期する所あるを以てなり」

翌二九年一月一一日の伊藤首相の議会における施政方針の演説のうちにも「畢竟《ひっきょう》国家の発達は国民の力に依らざることを得ず、また国力の運用は政府議会の妥協の全きを得るにありと信じます」という言葉が見られた。

この提携についてはいろいろな批判がなされた。政府の機関紙と考えられていた『東京日日新聞』は、「吾曹は自由党が磊々落々《らいらいらくらく》進で事の負荷に任ぜんためには、区々たる爵禄名位を逐《お》わず、また牛恩李怨を思わざるの胸懐を欽ぶ。男児意気を重んず。利禄のためにいやしくも合うは真に合うに非《あら》ず。自由党が国家の急を察するにありて、閣僚と提挈《ていけつ》するの心事は天下に暴白して疑なし」といって自由党の行動を以て「正大明白の理由」をそなえたものと評したが、この時の提携が「利禄のために」合うものであったことはいうまでもない。政府も多年の超然主義を離れるに至ったのは、戦後経営の非常時に面して議会との、従って政党との協力を特に必要としたからであろう。いずれにせよ、政府と政党との間にこの種の提携の関係が生ずることが議会制度の下においては事物必然の理であることはさきにのべたとおりである。

第九回議会では衆議院において対外硬派の議員から政府弾劾の上奏案が提出されたが、否決されてしまった。提携の効果があらわれたわけである。議会が終った後、四月一四日自由党の総理板垣退助は内務大臣として入閣した。入閣にあたって彼は党籍を脱する手続をとったが、その入閣が提携の結果の一であることは疑いない。

2　第二次松方内閣

明治二九(一八九六)年八月伊藤内閣倒れ、翌月一八日第二次松方内閣(松隈内閣)が成立した。ここで改進党の後身である進歩党(これは第九回議会の末期に成立した)の事実上の首領であった大隈が、松方と提携し、内閣において副総理たる地位をあたえられたことも、政府の政党に対する態度がいちじるしく妥協的であることを示している。進歩党は、従って、当然に政府に応援的な態度をとることになった。しかし、三〇年一〇月政府と進歩党との提携は危機に瀕するに至った。一〇月三一日進歩党代議士会は「吾党は既往の事蹟に徴し、現内閣はその宣言を実行するの誠意なきものと認む。因《よ》て自今提携を絶つ」と決議し、翌月大隈もその職を辞することになった。

政府は進歩党との提携が消滅したので、これに代うるに自由党との提携をもってしようと試みた。自由党の内部にもこの政府の計画に応じようとするものが少くなかったが、結局自由党は政府と提携しないことになった。時まさに三〇年一二月、第一一回議会開会の直前である。ここにおいて政府はどの政党とも対立の関係に立つことになった。

政党との提携を失った政府は第一一回議会の劈頭《へきとう》において衆議院で不信任決議案の攻撃に際会し、その解散を奏請(一二月二五日)した後に、総辞職を決行した(一二月二八日)。その政府が衆議院の反対にもとづいて総辞職をしたのはわが国でこれが最初の例である。その意味においてこの事例は注目せらるべきである。ただこの時は同時に衆議院が解散せられているが、これはこの時はまだ衆議院の反対に対して政府は総辞職をするか、またはこれを解散するか、そのいずれかの途を択《えら》ぶべきであるとする慣行が成立していなかったことを意味する。いずれにせよ、政党との提携関係をもたぬ政府が現実においてその存立をつづけることがほとんど不可能に近いということがここで十分証明せられたわけである。

3　第三次伊藤内閣

明治三一〔一八九八〕年一月第三次伊藤内閣が成立した。伊藤は組閣にあたって政党との提携の必要を十分みとめ、進歩党の大隈重信および自由党の板垣退助にそれぞれ交渉するところがあったが、提携の条件において折合うに至らず、閣員はすべて政党外から採用せられた。しかし、自由党と新内閣との間には十分な提携関係の発生が見られた。総選挙前に伊藤首相が自由党員を官邸に招待した時に口をきわめて自由党を賞讃し、「憲政の完美を期せんと欲せば、野に在りては自由党の力に待ち、朝に在りては博文これに当らん」といったのはこの間の消息を示すものといいうる。しかし、政党との提携には必ずなんらかの反対給付が伴わなくてはならない。自由党は総選挙(明治三一年三月一五日)が終るや、政府に対して板垣の内務大臣としての入閣を要求した。そして政府がこれを拒絶するに決するや、自由党は三一年四月の代議士総会において「わが党は現内閣を以て政党を基礎とせる憲政の完美を期するの望なきものと認む。故にこれに反対す」と決議するに至った。

自由党との提携を失った政府が第一二回議会(明治三一年五・六月)において政党からの強力な攻撃の的になったことは当然の話である。政府と政党との衝突はここでは解散か総辞職によって解決せられるよりほか仕方がない。六月一〇日衆議院は解散せられた。しかも政党と関係をもたない政府は総選挙によって以前よりその基礎を強くするということができない。総選挙は依然政府反対党をもたらすにすぎない。このことはさきにのべられた「対立の時代」の歴史が明らかに示している。伊藤内閣も解散を奏請しておきながら、六月ついに瓦解のやむなきに至った。

4　憲政党内閣

この時わが憲政史上きわめて注目に値いする現象が生じた。憲政党の出現が、すなわち、これである。

第一二回議会における自由党および進歩党の在野両党の共同戦線は議会の後において両党合同論にまで発展した。そして平岡浩太郎・杉田定一《ていいち》などの斡旋によって六月二二日両党は合して新たに憲政党を組織することになった。その「宣言書」にいわく、

「憲法発布議会開設以来将《まさ》に十年ならんとす。而て《しこうし》この間解散はすでに五回の多きに及び憲政の実未だ全く挙《あが》らず、政党の力未だ大に伸びず、これを以て藩閥の余弊なお固結したために朝野の和協を破り国勢の遅滞を致せり。これ挙国忠愛の士の慨嘆する所なり。今や吾人は内外の形勢に鑑み断然自由進歩の両党を解き広く同志を糾

合して一大政党を組織し更始一新以て憲政の完備を期せんとす。因《よ》てここにこれを宣言す」

またその「綱領」のうちには「政党内閣を樹立し、閣臣の責任を厳明にすること」がかかげられていた。伊藤はかねてから議会制度の下において政府が政党と提携の関係を保つことの必要を痛感していたが、この形勢を見て、朝《ちょう》にあって一大政府党を作るか、下野して新政党を組織して政府を擁護するか、さもなければ新たにできた憲政党に内閣を組織せしめるか、そのいずれかの途をとることが必要だと考えた。しかも、政党を作ることにはいろいろな障害があったので、辞して後任として大隈・板垣を推挙することにした。これに対しては多くの元老方面に強い反対があったというが、結局適当な後任者が見出されず、ついに大隈・板垣に組閣の大命が下ることになった。

六月三〇日憲政党内閣が成立した。大隈首相・板垣内相をはじめとし、その閣員は――軍部大臣を除き――すべて政党員であった。実にわが国最初の純然たる政党内閣である。さきに二四年一一月枢密顧問官の地位にあった改進党の前総理大隈が自由党の総理板垣と会見して時事を論じたためにその官を免ぜられたことや、また後に板垣が第二次伊藤内閣に入るにあたって自由党籍を離脱すべく余儀なくされたことなどを考えると、これは非常な変化であったといわなくてはならない。ここにおいて政府と政党との関係は単なる提携の関係ではなくて、完全な融和の関係となった。ただこれが永続きしなかったために、憲政党内閣が政府と政党との「融合の時代」の第一章とならずに、「提携の時代」における一時的例外であるにとどまったのである。

新政府は成立のはじめ地方官会議を招集し、総理大臣の口から次のように訓示する所があった。

「従来の内閣は閣臣として政党員なることを許さざりしが、これに反して現内閣はほとんど純然たる政党員より組織するものなれば、この際世人の惑を惹起せざることに注意を要す。而して時世の進歩はわが国をして政党内閣の組織を促せるものなれば、上下意を一にして国務に鞅掌《おうしょう》〔忙しく働くこと〕せんにはこの内閣は将来好望のものたるべし。なお政党内閣たる以上は政務官は吾人と同志なる政党員を挙ぐべきも、事務官は政務官とその責務を異にするものなれば、明らかにその区別を立て、無用の更迭を行い、事務の渋滞を生ずる等のことを避け、事務官にして上官の命を奉ぜずまたは政務の妨をなさざる限りはあえて更迭等をなすことなかるべし」

八月の総選挙において憲政党は代議士を獲得すること二六〇名。議員総数の八割以上の多数を衆議院に擁して、その基礎の磐石の如くなるをおもわしめた。ところが旧進歩党派と旧自由党派との確執は尾崎〔行雄〕文相の辞職〔一〇月二四日〕を機として爆発し、憲政党は分裂して、憲政党(自由党系)および憲政本党(進歩党系)となり、内閣の統一は全く破れ、一〇月末わが憲政史上最初の政党内閣たるの名をもつ隈板内閣は瓦解するの余儀なきに至った。

5 第二次山県内閣

わが国での最初の政党内閣が、かような不首尾で終った以上、その次には再び官僚内閣が成立することになったのはあまりにも当然である。第二次山県内閣(明治三一年一一月八日成立)は、しかし、政党と「対立」する超然内閣ではなかった。そこでは政党とのなんらかの程度の提携は不可避的と考えられていた。提携はことに憲政党(旧自由党系)との間に計画せられた。憲政党議員総会は三一年一一月二九日「現内閣はわが党の政見を容れ、わが党の賛助に頼ることを表明したるを以て、わが党はこれと提携して、国家内外の急務を疏通し、以て憲政の完成を勉むべし」と決議した。

政府はこの提携によって無事に第一三回議会(明治三一・三二年)を切抜けることができたが、提携の度が強くなるにつれて、政党からの政府に対する要求も次第に強くなってきた。そこで政府は一方において政党との提携関係を維持しながら、同時に政党方面からの猟官運動を排斥し、官僚が不当に政党的勢力の下に立つことを防ぐ意味で文官任用令に改正を加え(明治三二年三月二八日)、勅任官となる資格に制限を加えた。また文官分限令を設け、文官懲戒令を改正した。いずれも官僚の地位を政党的勢力に対して保障することを目的とするものであった。なおこの時代から文官官等列階に関する勅令・文官分限に関する勅令および文官任用に関する勅令が事実的諒解によって枢密院の諮詢事項に加えられることになったということであるが、もしそうとすれば、それは将来政府自体を支配することあるべき政党の勢力に対してできるだけ官僚の地位を保障することを目的としたものと考えることができる。政府がこの時これだけ現在および将来の政党の侵略に対して防備を固めたということは、政党の勢力が当時すでに政府にとって無視することのできぬものであったことと、それが将来いっそう強力になるであろうことが予見せられていたことを意味する。

山県内閣と憲政党との提携は第一四回議会(明治三二・三三年)以来次第に弱くなり、(明治)三三年の春にはほとんど断絶するに至った。すでにして伊藤の政友会の組織あり、政府は全く孤立無援の地位に陥ったので九月総辞職を行うことになった。

6　政友会内閣(第四次伊藤内閣)

伊藤がかねてから政党の必要をみとめ、自ら政党組織の意図をもっていたことはさきにのべたとおりである。憲政党はその山県内閣との提携が破れるや、伊藤の意を知ってこれと結ぼうとし、これにその総裁となることを請うた。伊藤も考慮の上これを承諾し、憲政党を解散せしめ、新たに立憲政友会を組織してその総裁となった。時に三三年九月。その所属代議士の数は代議士総数三〇〇のうち一五五におよんだ。

伊藤はこの新政党の総裁として新内閣を組織することになった。三三年一〇月一九日成立した第四次伊藤内閣の成員は、軍部および外務大臣を除き、ことごとく政友会員であった。この点でこれはさきの憲政党内閣に次ぐ政党内閣である。そして、その意味でこの内閣の時代も単なる「提携の時代」よりは一歩すすんだ「融合の時代」であったということができる。しかし、伊藤内閣が第一五回議会(明治三三・三四年)の後瓦解するや、政党と無関係な第一次桂内閣が成立することになった(明治三四年六月)。

7　桂園妥協時代

桂内閣は第一六回議会(明治三四・三五年)は政友会との妥協によって無事に経過したが、第一七回議会(三五年)では連盟民党と衝突するに至り、衆議院の解散・予算の不成立を見るに至った。しかし、政党との提携は是が非でも必要であるから、政府は総選挙(三六年三月)の結果多数の代議士(一七五名)を獲得した政友会との妥協を策し、それによって第一八回議会(三六年五・六月)を過すことができた。第一九回議会(三六年一二月)は衆議院議長河野広中《こうのひろなか》が政府弾劾的な勅語奉答文を可決せしめたため解散となり、翌年三月総選挙が行われ、政友会は一三〇名、憲政本党は九〇名の代議士を獲得した。これよりさき二月一〇日対露宣戦の詔勅が発せられ、つづく第二〇回議会(三七年三月)および第二一回議会(三七・三八年)は戦時議会として比較的平穏裡に経過した。しかし、三八年九月(日露)講和条約成立の後、第二二回議会(三八・三九年)に至って桂内閣は倒れ、第一次西園寺内閣が成立した(三九年一月)。

この時西園寺公望《きんもち》は政友会の総裁であったが、彼の名を冠せられた内閣の成員のうち政友会員は二人だけで、その他は一般官僚の出身であった。すなわち、西園寺内閣はさきの第四次伊藤内閣よりもはるかに少い程度において政党内閣であったのである。しかし、政府と政友会との関係は提携の最も密接なもので、政友会は与党として政府を支持したから、第二二回議会・第二三回議会(三九・四〇年)および第二四回議会(四〇・四一年)を通じて政府と議会との間は比較的円滑にすすんだ。四一年五月には総選挙が行われたが、ここでも政友会は絶対多数の勢力を占めることができた。

総選挙終るの後、七月政変あり、第二次桂内閣が成立した。この内閣は政党に対しては「一党一派」に偏攲《へんき》する所なく、「一視同仁以て国務を遂行せんことを期す」と宣言したが、特に政友会との提携がその企図するところであった。第二五回議会(四一・四二年)および第二六回議会(四二・四三年)のいずれにおいても政府と政友会との提携妥協が見られた。第二七回議会(四三・四四年)が近づくに至ってこの提携が弱くなり、政友会内部に反政府の空気がようやく強くなったが、桂太郎は三たび政友会との妥協を策し、四四年一月自ら政友会総裁西園寺公望を訪問し妥協を申込み、西園寺はこれを諾した。提携の約成るや、一月二九日政府は政友会所属議員を招いて盛大な宴を張った。この時の桂首相の演説にいわく、

「貴党(政友会)の穏健なる政見を以て国家に貢献せらるるは余輩の夙《つと》に認むる所にしてまた常にその協力に待つもの多し。今や朝野処を異にするも既に国家の為に執るべき施政方針においてその揆を一にする所あり。情意相投合し協同一致して以て憲政の美果を収むることはこれ余輩の切望して已《や》まざる所にしてまた貴党の意もこれにほかならざることは信じて疑わざる所なり」

また西園寺公望の答辞にいわく、

「閣下(桂首相)と政友会とは情意相投合するものにしてこの如くにして協同一致し憲政有終の美を済《な》すを得んことはまた余が政友会を統率するの志望なりとす」

「情意投合」という言葉が特に政府と政党との提携妥協を意味することは実にこの時

にはじまる。第二七回議会で衆議院に提出せられた大逆事件〔明治四三（一九一〇）年、天皇暗殺計画発覚に伴う弾圧事件。幸徳秋水ら一二名が処刑〕および南北朝問題〔南北朝並立を記した教科書が当時政治問題化〕に関する閣員問責決議案が否決せられたこともこの「情意投合」の結果である。

〔明治〕四四年八月桂内閣崩壊、第二次西園寺内閣が成立した。この時の閣員には政友会員は四名におよび、さきの西園寺内閣に比してより多く政党内閣的色彩を身につけていた。第二八回議会（四四・四五年）の後、総選挙が行われ（五月一〇日）、政友会はまた大勝利を得た。その結果政党の政府に対する牽制力はとみに強くなり、多数党横暴の声がようやく世に高くなった。

大正元年（明治四五年）一二月、師団増設問題〔陸軍の二個師団増設要求に対し、財政難等を理由に西園寺が拒否。陸相辞任〕について内閣不統一を来して西園寺内閣は倒れ、第三次桂内閣が成立したが、これはいわゆる憲政擁護運動のために短命にして倒れてしまった。

8　第一回憲政擁護運動

第三次桂内閣の成立（大正元年一二月二一日）を機として生れた、いわゆる憲政擁護運動はいろいろな政治的動機の所産であったと考えられるが、その運動を終始支配した政治原理の主なものは政府と政党の関係に関するものであった。

政府は議会、ことに衆議院に基礎をもつものでなくてはならない。衆議院の多数を占める政党を支柱とするものでなくてはならない。これが「憲政」であり、また「憲政の常道」である。桂内閣の成立はこの原理に反する。だから「憲政」を擁護するために藩閥政府を倒さなくてはならない。——

これがその時の憲政擁護運動の指導原理の一つであった。そのことをたとえば当時の政友会の院内総務元田肇《もとだはじめ》は次のような言葉でのべている(大正二年二月五日衆議院において)。

「内閣は国民の輿望に副《そ》うて居らなければならぬと云うことが、大事なことであろうと思う。政党を後援に持ちもせず、国民の輿望に副うことも出来なくして突如として内閣が出来ると云うことは、天下の容れざる所以であろうと私は確信するのでありまする」

その同じ日の衆議院では緊急動議として内閣不信任決議案が上程せられ、同じく政友会の院内総務であった尾崎行雄がその説明に立ったが、そこでも次のようにいわれている。

「およそ立憲の大義として、まず政党を組織し、輿論民意のあるところを己の与党に集めて後、内閣に入ると云うのがその結果でなければならぬのに……」

桂内閣はこの澎湃《ほうはい》たる大運動の前にもろくも瓦解してしまったが、この経験は次の政府に議会政治の実際の運用において政党との提携がいかに必要なものであるかを十分に教えた。

9　第一次山本内閣

桂内閣につづいて成立した（大正二年二月二〇日）山本内閣は政友会との提携の基礎の上に立つものであった。この提携の成立についてはいろいろな経緯があったが、結局総理・外務および陸海軍大臣以外の閣僚を政友会員中から採用する条件で妥協ができた。もっとも政友会員から入閣したのは原（敬）（内務）・松田（正久）（司法）・元田（肇）（逓信）の三人で、残りの高橋（是清）（大蔵）・奥田（義人）（文部）および山本（達雄）（農商務）の三人は入閣するにあたって新たに政友会に入ったのである。この内閣については「閥首党身内閣」という渾名が行われたという話であるが、それはこの内閣のかような組織に着目しての言葉であろう。

二月二二日山本（権兵衛）首相は政友会議員総会にのぞみ、次のような言葉で政友会との提携関係を声明した。

「曩者《のうしや》〔先人〕伊藤公の立憲政友会を創立するに方《あた》り親しく立憲の趣意を聴き常に満《まん》腔《こう》の同情をその党に表したり。今回内閣組織の大命を拝し不敏を忘れて首班の地に就きたる所以のもの偏《ひとえ》に政友会の後援に信頼する所あるを以てなり。余は最も本会の趣旨綱領を尊重し取て以て万般の政務を処理するの確信あることを宣明す」

かような提携関係は政府をして「融合の時代」の方向に傾くような改革を企図するに至らしめた。組閣早々政友会の代議士林毅陸《きろく》は新政府に次のような質問を試みた。

一、政党内閣は憲政の運用上必要なりと信ず。これに関する現内閣の所見如何《いかん》。

二、現行官制に拠れば、陸海軍大臣は現役大中将に限れり。現内閣はこれを以て憲政の運用に支障なきものと認むるか。

三、現行文官任用令は憲政の運用上速《すみやか》にこれを改正し、人材登用の途を開くの必要ありと信ず。これに関する現内閣の所見如何。また現内閣においてこれを改正するの意ありとせば、その範囲如何。

これに対して山本首相は三月一一日の衆議院で次のように答弁している。

第一問、内閣の組織は一に大権の発動に由《よ》ること、固《もと》より論を俟《ま》たぬ。而《しこう》して施政の局に当るものは重きを政党に置き、国民の輿論を尊重することは憲政の運用上最も必要なりと信ずるのである。

第二問、陸海軍大臣の任用に関する現行制度は憲政の運用上支障なきを保し難いのである、ついては政府はこれに対し慎重審議を尽して相当の改正を施さんことを期して居る。

第三問、現行文官任用令の改正に関する範囲如何はここに明言することは出来ないことでありますけれども、時勢の進運に伴い、相当の改正を施すの必要あることを認めて居る。

政府のこの宣言のうちに政党的勢力に対する譲歩を看取することができる。議会終了後六月政府はこの宣言を実行すべく大々的な行政改革を発表した。まず陸海軍大臣は現役の陸海軍大中将にかぎるという制度を改め、そこで「現役」の二字を削った。次に文官任用令を改正して新たに法制局長官・各省次官・警視総監・内務省警保局長・貴衆両院書記官長・各省勅任参事官を特別任用の官とした。文官任用令がさきに第二次山県内閣において政党的勢力の侵入に対する防壁として工作を加えられたことをおもうとき、この改正がいかに政党的勢力の伸張を物語るものであるかが明らかになる。

10　第二次大隈内閣

山本内閣は第三一回議会（大正二・三年）の終りにかのシーメンス事件（ドイツのシーメン

ス社が行った日本海軍高官への贈賄事件)のため倒れた。

この時大命は徳川家達《いえさと》に、ついで清浦奎吾《きようらけいご》に下り、清浦は超然内閣組織を計画したが、ついに流産に終った。清浦の組閣失敗の一つの原因として超然内閣に対する政党方面の反対があげられている。全然政党と連絡をもたぬ内閣の成立が現実政治においていかに困難になっていたかがここからも推測せられる。その清浦が後に再び大命を拝受し、超然内閣を組織したことが第二回憲政擁護運動の導火線となり、「提携の時代」がそれによって終局をつげることになったことは、後にのべられる如くである。

大命はさらに大隈重信に下り、四月一六日第二次大隈内閣が成立した。これは同志会の総理加藤高明(外務)以下若槻(礼次郎)(大蔵)・大浦(兼武)(農商務)・武富(時敏)(逓信)の同志会員および中正会の尾崎(行雄)(司法)を包含し、大体立憲同志会をその支柱とする内閣であった。この政府を支持する政党は衆議院において多数を制していなかったので、第三五回議会(大正三年一二月)は解散となり、四年三月行われた総選挙では政府党が衆議院の多数を占めることとなった。

大正三年一〇月政府は新たに各省に正副参政官おのおの一名を設け、「帝国議会との交渉事項」を掌《つかさど》らしめた。これは今日の各省政務次官および参与官に相当するもので、この種の官職の設置が時代が政党内閣の方向にすすみつつあったことを示すものであることはいうをまたぬ。

11　寺内内閣

大隈は〔大正〕五年六月頃から辞意を決していたが、後任の見透しがつかないため容易に辞表を捧呈しなかったが、ついに一〇月辞表を捧呈して、後任に当時衆議院の多数を占めていた立憲同志会の総理加藤高明を推挙し上った。その辞表にいわく、

「伏して惟《おも》うに子爵加藤高明は練達堪能の士にしてまた久しく世の重望を負う。伏して冀《こいねが》わくば陛下愛憐を垂れさせられここに臣が重任を解かせ給い、臣が後継として高明を擢用し給わんことを。すなわち恩命を得ば高明また、蹇々匪躬《けんけんひきゅう》〔君に尽くすこと〕政務また異動を受けざるべし。臣深くこれを信ず」

しかし、元老は大隈の意見に反して寺内正毅《まさたけ》を推挙し、一〇月九日寺内内閣が成立することになった。

この内閣は一人の政党員を含まず、純然たる超然内閣であった。政府は自らすべての政党の外に立ち、秉公持平《へいこうじへい》これに対すると号した。一〇月二八日の地方長官会議における首相の演説にいう。

「願うに国是に循《したが》い国運を伸張するは挙国一致の力に待たざるべからず。而《しこう》して各

政派における政見の異同に対しては公を秉〔と〕り平を持し、虚心坦懐その間に処して趨舎《すうしゃ》〔進退〕を誤ることなく、上は至仁の聖旨を奉戴し、下は忠良なる国民の希望に副《そ》わんと欲す」

大隈内閣末期頃から政府与党合同の論が行われていたが、五年一〇月一〇日それらは合して憲政会を組織した。その「宣言」に「憲政に貴ぶ所のものは憲法の条章にのっとり天皇の大権を尊重して内閣の責任を厳明にし国家の大政をして常に国民的大基礎の上に運用せしむるに在り」とあり、その「綱領」に「憲法の条章を恪守《かくしゅ》し、天皇の大権を尊重し、責任の大義を厳明にし、憲政有終の美を済すべし」とあった。憲政会は衆議院の絶対多数を擁し、寺内内閣には正面から反対の態度を表明した。六年一月二一日の大会の宣言にいう。

「現内閣は国民輿論の府たる帝国議会に何等の基礎を有せず、挙国一致を標榜して挙国これを悦ばず、立憲の正道を称《とな》えて自ら憲政の常軌に戻《もと》り……」

しかし、政友会と新政府の間には次第に提携の諒解が生じたものらしく、同じ月の政友会大会の宣言は「現内閣はいわゆる超然内閣にしてわが党の理想に合せざるは固《もと》より言を俟《ま》たず」といいながら、なお「単に内閣組織の形式わが党の理想にあらざるの故を以て政争を滋《しげ》くするは国家に忠実なる所以《ゆえん》にあらず」といい、「これを以てわが党は現内閣に対し、厳正中立の態度を持し、その施措する所を視て是はこれを賛し非はこれを斥け以て適当の処置を採らんと欲す」といっていた。政府の「秉公持平」と政友会の「是々非々」とは決して無関係ではなかったのである。

かような政党情勢の論理必然的な結果として第三八回議会（大正五・六年）は解散となった。

総選挙（大正六年四月二〇日）の結果は政友会が第一党となり、政府は衆議院の多数と提携関係に立つことができた。憲政会はなお憲政常道論を唱えて政府反対を唱えたが、多勢に無勢でなんらの効果をあげることができなかった。政府の「秉公持平」の宣言も政府が政友会の支持をうけることの結果としては実際には有名無実なものとなった。寺内内閣はその存立を主として政友会との提携に負ったといわなくてはならない。

12　政友会内閣（原内閣・高橋内閣）

〔大正〕七年九月米騒動の後をうけて寺内内閣が総辞職を決行するや、九月二九日原敬内閣が成立した。時に原首相は政友会総裁であり、閣員は外務・司法および陸海軍大臣を除くほかすべて政友会員であった。政党内閣の色彩の強いことはさきの憲政党内閣以来のものであり、ことに無爵の衆議院議員が内閣の首班に立ったのはわが国でこれがはじめてである。政府と政党とはここでほとんど完全に融合の関係に入ったわけで、もし、この種の政党内閣が以後つづいたならば、原内閣は「融合の時代」の第一頁となるべきものであった。が、幸か不幸か、その後また超然内閣が出ることになったので、原内閣は「融合の時代」の先駆の地位を占めるにとどまることになった。

原内閣は第四一回議会(大正七・八年)において選挙法改正案を可決せしめ、第四二回議会(大正八・九年)を解散してその後の総選挙(五月一〇日)で政友会をして大勝利を獲得せしめた。ここにおいて政府は衆議院の絶対多数の基礎の上に立つことになり、政友会および政友会内閣の黄金時代が到来した。

一〇年一一月四日原敬が暗殺せられたので、高橋是清《これきよ》が後任総理大臣に任ぜられた。高橋は同時に政友会総裁となった。閣僚の異動もなく、高橋内閣は全く原内閣の延長であった。

13　中間内閣(加藤友三郎内閣・第二次山本内閣)

高橋内閣は第四五回議会終了の後内閣不統一にもとづき総辞職を行った。元老は後任として加藤友三郎を推挙し上り、(大正一一年)六月一二日加藤内閣が成立した。

この内閣には一人の政党員もなく、多数は貴族院議員であった。すなわち、それは貴族院を中心とした超然内閣であった。しかし、新政府は、はじめから政友会の応援を請い、政友会またこれを諾して両者の間に提携の関係が生じた。翌大正一二年一月二一日の政友会大会の宣言にいわく、

「現内閣に対するわが党の態度は夙《つと》にこれを天下に声明せり。すなわち、卓然として公平なる見地に立脚し、審《つまびらか》に施設計画を考究して、その是なるものはこれを賛し、その非なるものはこれを正すべきや、さらに言をまたず」

これに反して憲政会は依然憲政常道論を唱えて新政府に反対した。右と同じ日の大会の宣言にいわく、

「憲法布《し》かれて三十余年、政党内閣の基礎ようやく定まらんとするに際し、たまたま超然内閣の成立を見たるは、憲政の常道に照らし我等の反対する所なり」

一一年末に国民党議員と無所属議員の合体によってできた革新倶楽部も同じように政府反対の立場に立ったが、政府は政友会との提携により無事に第四六回議会(大正一一・一二年)を切抜けた。

この内閣は加藤首相の逝去によって瓦解したので、一二年九月二日第二次山本内閣が成立した。山本〔権兵衛〕は組閣にあたって挙国一致内閣を標榜し、その方針の下に事をすすめたが、結局政党方面からは革新倶楽部の犬養〔毅〕(逓信)の入閣があっただけで、

他の閣僚はすべて官僚系政治家と目せられる人たちであった。この政府は普通選挙の断行を声明し、憲政会は好意的中立の態度をとるものと考えられたが、一二年末の虎之門事件〔摂政宮裕仁親王(昭和天皇)が無政府主義者難波大助に狙撃された事件〕のため総辞職してしまった。

14　第二回憲政擁護運動

山本内閣の後継者として清浦奎吾が大命を拝受した。彼は組閣にあたって貴族院、ことに研究会の援助を請い、その結果大正一三(一九二四)年一月七日に成立した清浦内閣は閣僚の大部分に貴族院議員をもつものであった。

この清浦内閣に対しては政党方面から強い反対運動が起った。清浦内閣が衆議院になんらの基礎をもたず、もっぱら貴族院に立脚したことが非難の主たる原因であった。反対運動は、第三次桂内閣の時のそれと同じように、憲政擁護運動と呼ばれた。憲政会・革新倶楽部はもちろん政友会もこれに参加した。政友会では清浦内閣に対する態度決定について内部で大いに意見が分れ、その結果政府擁護論者は政友会を脱して政友本党を組織することになり、政友会は断然護憲運動に参加したのである。

一月二〇日の政友会大会の宣言にいわく、

「先帝不磨《ふま》の大典を宣布し給いしよりここに三十余年。憲政有終の美は未だ済《な》らず。政権の帰趨輒《ちょう》もすればその軌を失し、謬戾《びゅうれい》現内閣に至りて極まれり。今にしてこれを釐《り》せずんば〔あらためただささないと〕、政道ますます否塞して憲章の本義あるいは湮《いん》滅《めっ》せんことを恐る。宜しく維新の宏謨《こうぼ》を奉体して大憲の真髄を宣明し、憲政の基礎を確立して君民同治の実を挙げざるべからず」

その翌日の憲政会大会における宣言にいわく、

「吾人は現内閣を以て憲政の進展を阻害し、時局匡救《きょうきゅう》の重任を託すに足らざるものと認め、直往邁進断乎としてこれを排斥し、誓《ちか》て政党内閣制を確立し、上皇室の尊厳を保ち、下民心の安定を図り、以てわが党立憲の使命を全うせんことを期す」

革新俱楽部の大会の宣言に至ってはさらに激越なるものがあった(二〇日)。次の如し。

「突発の兇事ありて内閣の崩壊を来すや、何等《なんら》の抱負経綸《けいりん》なき清浦内閣は、敢《あえ》て宮府の別を弁《わきま》えず、もっぱら特権階級たる貴族院の一角を基礎としてようやくその成立を告ぐるに至れり。立憲治下において、大権の発動は必ず一般国民の政治意識と抱合す。国務大臣が輔弼《ほひつ》の任を全うするや否やは、一に民衆の輿論に照鑑すべきのみ。然《しか》るに、再度の優詔を仰いで、皇室の殊遇を衒《てら》い、輿論の絶縁体に割拠して衆議院の解散を高調するが如き、憲政を無視し、時代に逆行し、国民を侮辱し、階級闘争を激成し、引いて、累を皇室に及ぼすものに非《あら》ずして何ぞや」

この運動に対しては議会の外でも賛成者が多かった。一月一一日都下新聞関係有志の発起にかかる時局相談会は「吾人は貴族院をして政機を把持せしむることは議会政治の本能を発揮する所以にあらざるを認め、これを根本的に排除すべき適切なる方法を講ずること」および「吾人は政党内閣を組織し、右の目的を完全に達成するまで、協力一致この運動を継続することを各党領袖に宣明せしむるに努むること」という申合せをしたし、また三浦梧楼《ごろう》の主催にかかる高橋・加藤・犬養の三党首合同(一月一八日)では「憲政の本義にのっとり、政党内閣の確立を期すること」という申合せがなされた。また都下記者団と両院議員の連合会(二五日)でも「政党内閣制を確立するに必要なる一切の合法的手段を執《と》るべし」との申合せがなされた。

かような情勢が第四八回議会(大正一二・一三年)の解散をもたらしたことはあまりに自然である。政府は一月三一日衆議院の解散を奏請し、その理由書のうちで、いわゆる護憲三派は政府の政策に対して「何等これを窮むることなく、その実行の如何を問わずして、単に組閣の形式に就《つき》て、漫然これを非難し、あるいはその政党に基礎を有せざるの故を以てこれを信任せずとなし、甚《はなはだ》しきは特権内閣の異名を付してかえって階級闘争を煽動せんとするものあり」という非難を加えた。

憲政会はこれに対して「貴族院内閣は憲法の精神に反す。貴族院と衆議院とは憲法上おのおの守るべき本分を有す。二院制の国にありては、内閣は国民輿論の府たる衆議院を基礎としてこれを組織し、貴族院は政府の政策施設を批判監視し、政府の政策施設をして穏健中正の態度を失わしめざるに努めざるべからず」(二月二日の「第四八回議会の解散に対する声明書」)といい、また護憲三派は「立憲政治の民意を基礎とすべきや言を俟《ま》たず。而《しこう》して民意を直接に代表すべきものは衆議院にして、貴族院は衆議院の感情に駆られて専恣《せんし》〔わがまま〕を為すに際してこれを抑止し、初めて二院制度の体用を全くすべきのみ。衆議院はすでに民意の代表機関たり。内閣はこれを基礎として組織するに非《あら》ざれば、民意の暢達《ちょうたつ》得て期すべからず、憲政の済美得て望む能《あた》わざるは昭々乎として瞭《あきら》かなり」(二月二五日、三派の共同声明書)といった。

総選挙は五月一〇日に行われ、護憲三派は二八二の議席を獲得して衆議院の絶対多数を制することになった。清浦内閣はこの結果を見てただちに総辞職を決行、六月一一日加藤高明内閣の成立を見るに至った。

第四節　融合の時代

加藤高明内閣の成立と共にわが憲政史は「提携の時代」から「融合の時代」に入ることになった。前後二回の護憲運動は、はじめてここにその実を結んだわけである。この時以来政党の首領が大命を拝受して政党内閣を組織するという慣行が実際において確立した。

この時代における内閣組織の実際の経過を簡単に記すと次のようである。

加藤高明内閣は憲政会総裁を首班とし、政友会および革新倶楽部の党首ならびにそれら三派の党員を閣員にもつ連立内閣であった。

大正一四(一九二五)年夏、閣内不統一のため、この内閣は瓦解し、大命は再び加藤高明に下り、ここに憲政会単独内閣が成立した(八月二日)。

第五一回議会(大正一四・一五年)の途中で加藤首相は病のため逝去した(大正一五年一月二八日)ので、その後をついで憲政会総裁となった若槻礼次郎に大命が下り、第一次若槻内閣が成立した(一月三〇日)。閣員は加藤内閣そのままで、全く前内閣の延長と目すべきものであった。

昭和二(一九二七)年四月、若槻内閣が枢密院の反対によって瓦解するや、反対党である政友会総裁田中義一に大命が下り、政友会内閣が成立した(四月二〇日)。

ついで四年七月田中内閣が倒れると、反対党である民政党(憲政会の後身)の総裁浜口《はまぐち》雄幸《おさち》が大命を拝受し、民政党内閣が成立した(七月二日)。

浜口首相は五年秋、狙撃されたため、六年に至って辞し、後任の民政党総裁若槻礼次郎の民政党内閣が成立した(四月一四日)。

この第二次若槻内閣が倒れるや、反対党である政友会の総裁犬養毅を首班とする政友会内閣が成立した(昭和六年一二月一三日)。

かくて、翌年五月一五日のあの不幸な事件におよんだのである。

この時代においては、組閣の大命を拝する者は原則として衆議院における第一党の首領であること、第一党内閣が倒れた際には第二党の首領が大命を拝すること、もっともその場合首相である第一党の首領が死亡したり、病気その他の一身上の理由で闕《か》けた際は、その党の後継首領が大命を拝すること、閣員ならびに政務官は原則としてその首相の属する政党から選任せられることなどの原則が実際政治の慣行として、ほぼ確立せられており、従って政変に際しては次の内閣の首班が容易に客観的に予知せられうるような有様であった。こういう慣行が確立したことがいいことであったか、それともよくないことであったか。それはここでは問題とせられない。ただ、そういう慣行が現実に行われた事実を指摘するにとどめる。

＊

さきに一言したように、五・一五事件はこの慣行に一応死刑の宣告を与えた。そこでの犠牲者がさきの憲政擁護運動の花形役者であったことはきわめて象徴的である。何となれば憲政擁護運動にいわゆる「憲政」とは実に「融合の時代」に行われたかような慣行を意味するにほかならないからである。

犬養内閣の後を承けて斎藤内閣および岡田内閣が相ついで成立した。時代は再び「融合の時代」から「提携の時代」へ入ったように見える。この先どうなるであろうか。この場合も「歴史はくり返す」かどうか。それを何人も予見することはできないであろう。

（昭和一〇年一〇・一二月〔『自治研究』第一〇巻第一〇～一二号、一九三五年〕）

第四章　輿論と大衆

1　輿論とは何か

現代は輿論の時代であるとある学者がいったそうだが、輿論というものの正体はそうはっきりしたものではない。

輿論は「民の声」だという。しかし、「民」とは具体的には何をいうのかがはっきりしない以上、輿論は「民の声」だといおうが、「神の声」だといおうが、それは少しも説明にはならない。輿論がどのような意味において「民の声」といわれうるかを知るには、輿論なるものが社会の現実においてどうしてできるかを検討することが必要である。

輿論が単なる心構えとか気持ちとかいう極めて漠然とした精神状態を意味するとすれば、それはむろん自然発生的に社会の発展の過程のうちで生れるもので、必ずしも人間の意識的作品ではないが、それが具体的な内容をもった意見を意味するかぎり、それがしばしば人間によって意識的に作られるものであることは多くの人によって承認せられている。

ブライス〔James Bryce, 1838–1922. イギリスの法学者〕によると、輿論の生産・創造に関係する人間に三つの種類がある。第一種に属する者は職業的にあるいは非職業的に公の政治に関与し、またはこれに不断の注意をはらっている者である。たとえば国会の議員・政治家・ジャーナリストの類がこれである。この種の人間は国民のうちでは数的にはきわめてわずかな部分を占めるにすぎない。しかし、現実に明確な内容をそなえた意見を作るのはこれらの人間である。彼らは社会の諸事実を知悉《ちしつ》し、その知識にもとづいて意見を構成し、これを発表する。いわば彼らは輿論の発案者である。

第二の種類に属するのは、比較的に受動的ではあるが、政治に関心をもつ人たちである。彼らはいろいろな問題についていろいろな人の意見を読み、かつ聞く。そしてそれらにもとづいて自らの判断を行う。その際、彼らは第一種に属する者の見解を鵜呑みにすることなく、独自の立場からこれにある程度の修正を加える。彼らは輿論の発案者ではないが、しかもその形成者である。彼らは自発的に意見を発意こそしないが、しかもある程度の独自性をもって輿論の形成に参与する。第一種の人たちによって発意せられた意見は彼らの手を経てはじめて現実的な輿論となるのである。彼らの感じ、彼らの考えるところが、つまり、輿論だといってもいい。

これら以外の国民はすべて第三種に属する。これに属する人たちは一般に政治に多くの関心をもたず、それについてあまり読んだり、考えたりしない。彼らの政治に関する意見は通常彼らの環境または階級のそれである。彼らは意見を発意もせず、またその形成に参与もしないが、どれかの意見の有力な支持者となる。この種の人間の全国民の数に対する比例は国によってちがうが、どこでも普通考えられるよりは多いものである。

この最後の種類の国民はすなわち大衆である。

2　大衆とジャーナリズム

輿論は、だから、必ずしも大衆の声ではない。しばしば輿論は大衆の意見だという風に漠然と考えられているが、輿論は少くとも大衆によって作られる意見ではない。輿論の作者は大衆の外にある。

しかし、輿論の作者が大衆の外にあるということは時々不当に誇張されているようである。むろん大衆が自主的に輿論を作るということはない。しかし、さればといって、輿論が全く大衆から自由に勝手に作られうるものと考えるのは正しくない。大衆の外で作られる輿論もそれが本当の輿論となるためには、大衆の支持を獲得しなくてはならぬものであることを忘れてはならない。大衆は積極的に輿論を作りはしない。しかし、消極的にある意見が輿論にまで成長することを妨げる力はもっている。この意味で輿論の作者も大衆の制約の下に立つわけで、そのかぎりにおいて大衆も輿論の作製に参与しているのである。だから、もしかような条件の下に輿論は大衆の声だというならば、それは必ずしも間違いではない。

現代において輿論作製のいちばん重要な機関はいうまでもなくジャーナリズムであるが、ジャーナリズムが多くの場合その存在を大衆による支持に負っていることは明らかである。むろん大衆の支持がなければジャーナリズムは存立しえないというわけではない。金さえあれば、大衆による支持などはなくとも、いくらでもやっていける。しかし、通常の場合は、ジャーナリズムは大衆の支持を欠くことができないから、その意見はその限度で大衆による制約の下に立っているのが原則であるし、またいかなる有力なジャーナリズムによって宣伝される意見でも、それが大衆の支持を得ていないかぎりは、人はまだ真の輿論について語ることはできない。

3　輿論と言論の自由

だが、もう一歩立ち入って考えてみると、大衆が輿論の作者によって――ジャーナリズムを通じて――与えられた意見に対してなんらかの明確な態度をとりうるためには、大衆がその問題についてある程度まで啓蒙され、教育されていなくてはならない。そして大衆が啓蒙され、教育されることが可能であるためには、ひろい範囲の言論の自由がぜひ必要である。言論の自由がなければ、大衆が啓蒙され、教育される余地がない。そうすると大衆は与えられた意見に対してなんらかの態度をとることができなくなり、結局その態度は外からの指令にもとづいて受動的に決定せられることになる。こういう現象は現にあちこちで見られるところである。

また言論の自由がひろい範囲でみとめられていたところで、それによって大衆が正しく啓蒙され、教育されるとはかぎらない。大衆の批判力はきわめて不完全なものであるから、大きな金力を背景とするジャーナリズムなどを利用して大衆を邪道に導くことはそうむずかしいことではない。言論の自由がひろくみとめられている近代文明諸国で現にいかに大衆がジャーナリズムによって自由に操られているかということは人のよく知るところであろう。この意味において、かりに言論の自由がひろい範囲でみとめられたとしても、大衆が輿論の作製に参与する程度は実はさほど大きなものではない。このことは政治的に発達の程度のおくれている国ではとりわけはなはだしい。

さらにまた言論の自由というものが権力の前には全く無力なものであることも考えなくてはならない。そのことは何より現在の諸々の独裁政の現実が証明している。ナチスのドイツを見ただけでも言論の自由などというものが権力者によっていかに無惨に踏みにじられてしまうものであるかがよくわかる。言論の自由が全く否定せられてしまったとすれば、政治的意味においては大衆というものが消滅してしまったとも考えることができるだろう。むろん言論の自由がなくとも、多数国民相互の間になんらかの方法で精神的な交通が行われ、そこにある色彩をもった感情なり、気持ちなりの持ち手としての大衆は十分成立する。しかし、具体的な内容をもった政治的意見の持ち手・支え手としての大衆は言論の自由のないところにはもはや見出されえぬであろう。そこでは、だから、輿論はひとたび作られれば大衆ならざる大衆は無条件で機械的にこれを支持するであろう。輿論の作者に対してはなんの制約も与えられなくなるから、ここではそうして作られる輿論はどのような意味においても真の大衆の声ではない。大衆は輿論とは全く絶縁されてしまう。大衆の声——もしそういうものがあるとすれば——はそうした輿論の外に求められなくてはならないことになる。いま輿論が大衆と絶縁されるといったが、これは輿論が本当の輿論でなくなるといい直してもいいかも知れない。あるいはまたそういう場合は、もう輿論というもの自体がなくなるのだということもできるかも知れない。なぜなら、多少なりとも大衆の自主的な態度によって支持される意見でなければ、輿論の名をもって呼ぶのは不適当であろうし、事実通常の場合輿論はそういう支持を享有しているからである。真の輿論の地盤としての大衆の存立が許されず、作られる輿論は無条件に似而非《えせ》大衆の支持をかちうるという場合の輿論は実は輿論ではない。現在のナチスのドイツの「輿論」はつまりかような輿論ならざる輿論、大衆の声でない輿論にほかならない。

4　大衆の解放

大衆は現代の政治において疑いもなくひとつの大きな力である。それは決してそのすむべき方向を自分で定めない。それはその意味できわめて受動的である。しかし、輿論はその支持なしでは到底成立しえず、またすべての現実的な政治勢力は大衆の支持を獲得することによってのみ真に現実的な勢力となることができる。いわゆる「大衆政策」の必要はここに生ずる。ファシストやボルシェヴィストが大衆獲得の目的に向ってたえず狂奔《きょうほん》しているのはつまりはこれがためである。

しかるに大衆はきわめて自主性に乏しく、場合によっては羊の如く従順ならしめられることも可能なのであるから、実際政治において大衆を獲得することが必要だということは、必ずしも大衆が結局実際政治を指導するということを意味しない。いわんや、政治は必然的に大衆の利益のために行われるということを意味しない。要は大衆が外から与えられた政治的意見に対してどのくらい批判的でありうるかにある。大衆の批判力が弱ければ、あるいはまた全く欠けていれば、大衆はその利益に関係なく獲得されてしまうだろう。大衆の政治的能力の低い国々で比較的容易に独裁的政治形態が成立するのは主としてこれがためである。これに反して大衆の批判力が強ければ、大衆を獲得することはしかく〔そのように〕容易ではなくなる。大衆は与えられた意見がはたして自分の利益に適合するかどうかを見きわめた上でなくてはこれに支持を与えようとはしないからである。ここでは、だから、輿論が本当の意味で大衆の声となる可能性がある。

ブライスは「賢明な輿論の形成に必要な条件のうちで一ばん重要なのは人民のインテリジェンスと、平均市民が公務に対してもつ関心の量である」といっている。まさにそのとおりである。ところがその人民のインテリジェンスも、市民の公務に対する関心の量も、かなりの程度において権力によって外部からコントロールすることができるというのが社会学的事実である。だから、もし「賢明な輿論」をもたらそうとおもうならば、大衆をこの種の権力によるコントロールから解放することが何より必要だと考えなくてはならぬであろう。

（昭和一一年五月『中央公論』一九三六年五月号）

Ⅲ　転回期の政治改革問題

第一章　行政機構の改革

1　軍部の行政機構改革案

「行政機構の改革」は広田〔弘毅〕内閣が成立したときに発表せられたその政綱のひとつである。だから、いまの政府がなにか行政機構に改革を加えるであろう……というよりは加える意志があるということはわかっていたし、またその改革の向うべき方向についてもおおよその見当はついていた。しかし、具体的にどのような改革が考慮されているのかは明らかでなかった。ところが九月末（昭和一一〔一九三六〕年）の新聞は陸海軍両大臣が文書で総理大臣に提出した改革案というものを発表したので、問題が急に具体性を与えられることになった。

この改革案は主として陸軍の提案にかかると伝えられるが、その要点は次のようなものである（九月二九日東朝〔東京朝日新聞〕による）。

（1）内閣調査局その他の機関を改廃し、新たに各機能を拡大強化した国策樹立遂行の総合的統制機関を設けること。

(2) 無任所大臣を設けて右の総合機関の長官を兼ねさせること。

(3) 外務省と拓務省を統合すること。ただし、拓務省の事務のうちで植民地関係のものは内閣に移管すること。

(4) 農林省と商工省を統合すること。

(5) 鉄道省と逓信省を統合すること。

(6) 内務省の所管事務のうちで土木局に関する行政部門、すなわち、港湾・河川・道路などの事務を交通省(鉄道省と逓信省を統合したもの)に移管して有機的統一を計り、神社局に関する行政部門は文部省に移管して国体明徴・教化の刷新を画すること。

要するにこの改革案の要点は有力な国策統制機関を設けてその長官に無任所大臣を任命することと、省の廃合を断行して国務大臣の数を減少することにある。そしてこれによって「行政事務の有機的結合と集中化を行い、その敏活なる機能の向上によって保健施設の拡充・農山漁村経済の更生・中小商業の振興・電力の統制強化・液体燃料および鉄鋼の自給・繊維資源の確保・貿易の助長統制・航空および海運事業の振興・邦人の海外発展等七大国策の遂行を各関係部内において集中統一し、これが実現に邁進せんとするものである」(九月二九日東朝)。

この提案に対してははじめは「首相初め各閣僚は反対意見を蔵す」といわれ、「軍部側があくまで原案を固執するならば閣内不統一を暴露し、内閣に重大なる影響を及ぼす惧《おそ》れもあるので、政府首脳部は本問題の取扱いにすこぶる苦慮しているようである」と伝えられた(九月二九日東朝)。そして無任所大臣を設けることはあまり問題ではないが、省の廃合はなかなか実現が困難であろうと書かれた(一〇月五日東朝)。ところが政府が問題の重要性にかんがみ明年度の予算編成後これをおもむろに解決調整するという慎重第一主義をとっていることに対して「陸軍部内一部の動向は意外に強硬なるものがあって内閣のかくの如き遷延主義を排撃し、陸海軍部が今回提案した如き国策の総合的統制機関の設置を指導精神とした行政機構の改革は政府が声明せる庶政一新の真の基礎をなすものとの見解の下に内閣に早急の実現を要望しつつあって、相当緊迫したものがあり、今後の内閣対陸軍の関係に相当微妙なる因子を投じつつあり、今後の動向は注目されある」と最近には伝えられている(一〇月一一日東朝)。

問題がこのさきどう発展するかわからないが、問題が問題であるから、そう急にここ数週間のうちに解決されようとは考えられない。おそらくこの文が世に出る頃は昭和一二年度の予算の編成に関連してこの問題の解決に政府首脳部が頭をなやましていることであろう。

2　政治原理的問題としての行政機構改革

行政機構の改革の問題は組織技術的な問題であると同時に政治原理的な問題である。現在の内閣制度は明治一八〔一八八五〕年以来のものである。その後大正九〔一九二〇〕年には鉄道省が設けられ、大正一四年には農商務省が農林・商工の二省に分れ、昭和四〔一九二九〕年には拓務省が設けられたが、それらの改革を除けば、明治一八年以来そう大した変化はない。だから、内閣制度成立後五〇年余を経た今日においてその機構の改革が唱えられるのは少しも不思議ではない。

時代の進展と共に政府の職責は必然的に急激に増大する。それに応じて新たな官職が設けられなくてはならない。内閣制度ができてからいままでに省が三つ増設されたのはこのためである。しかし、また一方行政事務の増大に伴う行政組織の複雑化は行政機能を害するようになるおそれがある。多くの官職を新設する場合には、だから、つねにそれらの総合・統一を組織的に保障することに意を用いなくてはならない。今日の改革案はある意味において多元化しすぎた従来の行政機構にかような総合・統一をもたらそうとするもので、その意味でそれが今日問題とせられることはきわめて自然である。

現在の内閣制度は国務大臣が多数存在し、その全体が内閣というひとつの合議体を組織している点にその特色があるが、そこで内閣の成員である国務大臣の数があまり多い場合には内閣の活動がそれだけ円滑を欠くようになる。国務大臣の数をあまり多くしないようにすることは、従って、内閣の能率上きわめて肝要である。この意味でこの度の改革案が省の数を減らそうとしている趣旨は十分賛成できる。ただ現在の国務大臣の数がはたして多すぎるかどうか。また多すぎるとすればそれをどのくらいに減らせばいいのか。これが問題である。いまは国務大臣の椅子は一三ある。この改革案によるとそのうち三つがなくなるわけであるが、その代りに無任所大臣が常設的に置かれることになろうから、結局国務大臣の数はいまにくらべて二つ減るだけである。一三が一一になることはそれほど重大な改革ではない。だから、改革案の趣旨はただ国務大臣の数を減らすというにあるわけではなく、行政事務を統合化・一元化するにあるといわなくてはなるまい。そこで問題はもっぱら改革案で具体的に示されているような省の廃合がはたして行政事務の統合化・一元化に役立つかどうかという点にある。これは必ずしも技術的に正確に判定できる問題ではないとおもわれるが、大体においてそこにいわれているような改革は行政事務の統合化・一元化に貢献するところ少くないにちがいない。

省の廃合とならんで改革案の中で唱えられている国策樹立遂行の総合的統制機関の設置ということも行政事務の統合化・一元化に役立つこととおもうが、その総合的統制機関なるものが具体的にはどんな職責をもつのかは明らかでない。

3　総合的統制機関の設置

国策を樹立することも遂行することもいうまでもなく内閣全体の職責である。内閣をほかにしてはそういう職責をもつものはない。かりに内閣調査局のようなものがいくら重要な政策を定めたところで、それは内閣によって採用せられなければ単なる国策案であるにすぎず、決して国策ではない。また国策の遂行に至っては各国務大臣の職責に属するところで、無任所大臣を首班とする総合機関はこれに干与しないであろう。

そうするとこの国策樹立遂行の総合的統制機関というものは結局内閣によって樹立せらるべき国策を総合的に検討し、そこに矛盾・不統一が生ずることを防止し、また各大臣による国策の遂行を監視し、それが全体として統一的に行われるよう注意することをその職責とする機関と考えなくてはならない。もしそうだとすると、そういう職責というものは元来内閣総理大臣のそれであるということに注意を払う必要がある。内閣官制は「内閣総理大臣は各大臣の首班として機務を奏宣し、旨を承けて行政各部の統一を保持す」（第二条）と定め、また「内閣総理大臣は須要《しゅよう》と認むるときは行政各部の処分または命令を中止せしめ、勅裁を俟つことを得」（第三条）と定めている。国策の樹立および遂行を総合的に統制する職責をもつものは誰よりもまず内閣総理大臣でなくてはならない。内閣総理大臣は無任所大臣ではないが、その主任の事務は比較的少く、実際において無任所大臣のような地位にある。各省各省の個別的立場から主張せられる諸々の政策案の間の統一を計り、総合的な国策の樹立を画し、さらに各省による国策の遂行を監視・統制することがまさにそのもっとも重大な職責なのである。だから、内閣総理大臣のほかに国策樹立遂行の総合的統制機関を設けるということはこういう職責を有効に行うために内閣総理大臣だけでは不十分だから、それを助けるために一種の副総理を設けることを意味するであろう。内閣に総理大臣のほかに副総理を置くべきかどうか。これが総合的統制機関設置の問題の意味でなくてはならない。

ところでかような副総理を設けることの当否も技術的に必ずしも容易に決しがたいようにおもわれる。すでに総合的統制機関として内閣総理大臣があるのにそこへ同じような職責をもつ無任所大臣を設けることはかえって内閣の統制を害することになりはしないかという懸念もありうるであろう。またそうした副総理があまりに無力であればそれは結局内閣書記官長ないし内閣調査局長官がもう一人できたというだけのことであろうし、それがあまりに強力であれば内閣総理大臣はその存在理由を失ってしまうことになろうという議論も出てくるかも知れない。いずれにしろ、そうした副総理たる無任所大臣が他の国務大臣と同じような国務大臣であるかぎり、それは一般の各大臣に対して内閣総理大臣がもつ以上の権力はもっていないはずであるから、いままで内閣総理大臣がなしえなかった国策樹立遂行の総合的統制をそうした副総理が確実になしうると想像することは必ずしも容易でない。

あるいはそうした無任所大臣に各大臣に対して有効な統制を行いうる権力を与えることも考えられるであろう。そうすれば他の各大臣はいままでのような国務大臣ではなく、その無任所大臣に従属することになり、従って統制は有効に行われるようになるにちがいない。しかし、その場合もそうした強大な統制権力——現在の内閣総理大臣がもっていないような——がなぜ内閣総理大臣に与えられずに副総理たる無任所大臣に与えられるのが適当だとせられるのかがさらに問題とせられるであろう。

4　無任所大臣について

無任所大臣という制度は法律技術的に見てすこぶる特異なものである。

むろん無任所大臣という名称は国法上みとめられていない。内閣官制の第一〇条は

「各省大臣の外特旨に依り国務大臣として内閣員に列せしめらるることあるべし」と定めている。この規定にもとづいて特旨によって国務大臣として内閣員に列せしめられる者は当然には別段の主任の行政事務を担任しないからこれを通常無任所大臣と呼ぶのである。西洋諸国における ministre sans portefeuille というものに似た官職である。

この意味の無任所大臣がわが国ではじめて置かれたのは明治二一〔一八八八〕年のことである。このときに伊藤博文が内閣総理大臣をやめて枢密院議長に任ぜられ、同時に特旨によって無任所大臣たる地位を与えられた。その後これが例となって枢密院議長が特旨によって無任所大臣に任ぜられたことが数回ある。しかし、枢密院議長が内閣の一員たる地位をあわせもつことはあまり妥当な現象ではないので、やがてこの例は廃されてしまった。今日でも枢密院官制の規定によって国務大臣はすべて枢密顧問官たる地位をもっているが、枢密院議長が無任所大臣となった例はその後はない。

それからずっと近く昭和五〔一九三〇〕年にまた無任所大臣が置かれたことが一度ある。これは浜口〔雄幸〕内閣のときのことで宇垣〔一成〕陸相が病気のためその代理を置くことが問題となっていた。内閣官制の定めるところによって国務大臣の代理は国務大臣に対してのみ許される。ところがまた一方において陸海軍大臣は大将か中将でなくてはならぬと定められている。そこで軍部大臣の代理者も大将か中将でなくてはならぬかどうかが問題となった。海軍大臣については軍人でない首相がその職務を代理した例が二回ある。ひとつはワシントン会議に加藤〔友三郎〕海相が全権として出かけたときで、もうひとつはロンドン会議に財部《たからべ》〔彪《たけし》〕海相が全権として出かけたときのことである。前の場合には原敬首相が、後の場合には浜口首相がそれぞれ海相の留守中その代理者となった。しかし、これらの先例はここでは承認せられなかったために陸相の代理者を見出すことが困難となった。そしてこの困難を克服するためにはぜひ陸軍大将か中将の官をもつ国務大臣を設ける必要があった。この必要に応ずるために久しく忘れられていた無任所大臣の制度が利用されたのである。すなわち、時の陸軍次官阿部〔信行〕中将が無任所大臣に任ぜられた。ここにおいて陸軍中将の官をもつ国務大臣が設けられ、陸相を代理する適格者が見出されたので、改めて無任所大臣たる阿部中将が陸相の代理者となったのである。

わが国ではこのほかに無任所大臣が任命せられたことはいままでにない。これらの先例にあらわれた無任所大臣も主任の事務を全く持たない本当の意味の無任所大臣とはいいにくいから、結局無任所大臣らしい無任所大臣はいままで設けられたことがないということになる。斎藤内閣時代にも挙国一致内閣を作ろうという意味で無任所大臣を置くことが問題となったが、実現せられるには至らなかった。現在問題となっている無任所大臣も実は本当の無任所大臣ではないらしい。それは重要国策の総合的統制機関の長官とせられるはずであり、現在の調査局・法制局・資源局・統計局・情報委員会および大蔵省主計局の一部などがその主任の事務とせられるであろうと伝えられる。もしそうすれば、この改革はいま内閣総理大臣の主任の事務とせられているものの大部分と大蔵大臣の主任の事務とせられているものの一部を主任の事務とする省を新設し、国務大臣を増設することと同じことになる。だから、省でない行政部局を設けて無任所大臣をその長官とするよりも、端的に一省を新設した方が手続上むしろ簡明ではないかとおもわれる。いずれにしろ、そうした総合的統制機関ができた暁には、内閣総理大臣がもっとも適当な意味における無任所大臣だということになろう。

無任所大臣に関する法制はいまのところきわめて不完全であるから、それを実際に設ける場合はいろいろ技術的な法令を制定する必要があろう。いままで無任所大臣に任ぜられた者は枢密院議長と現役の陸軍中将であったから別にそういう問題は起らなかったが、将来官吏の地位をもっていない者を特に無任所大臣に任ずる場合には、無任所大臣は形式的意味の官吏とせられるのかどうか、もし形式的意味の官吏であるとすればその官吏は何か、その官等・俸給は如何、という風な点の規定を設けることが妥当であるとおもう。

5　強力政府と権力の濫用

行政機構の改革の問題は、さきに一言したように、組織技術的な問題であると同時に、いやそれ以上に、政治原理的な問題である。言葉をかえていえば、そこで改革論を指導する政治原理は一体何であるかということがさらに問題とせられなくてはならない。

近時唱えられる行政機構改革案はいずれも政府の強化、すなわち、強力政府の確立をその指導原理としているといえる。強力政府の確立は最近のわが実際政治の目標であると考えられるが、行政機構の改革もやはりそうした目標に達する手段として主張せられているのである。大戦後の社会情勢はどこでも強力政府を要請している。国家が往年のような単なる「夜警国家」であることはできず、経済の各方面に広汎な統制を行わなくてはならぬ現代においては、政府の任務はその量においてもその質においても非常に大きなものになっている。ここにおいて強力な政府が要請せられるのはきわめて当然である。そして強力な政府を確立するために行政機構の統合が主張せられることもきわめて当然である。その意味でいま問題とせられているような行政機構の改革は歴史的に必然に起るべき問題だといわなくてはならない。

強力政府の要請の背後にある政治原理は、伝統的な自由主義とその政治組織上の表現である権力分立主義の否定である。権力の濫用はおそるべきである。権力をして権力を阻止せしめることによってそうした濫用の発生を防止しなくてはならない。こういう思想は克服されつつある。「分立」よりは「統合」。これがこれからの行政機構の原理である。

しかし、強力政府はいかなる場合にあっても暴力政府であってはならない。政府がその課せられた任務を完全に実行するに十分な力をもつことはのぞましいが、同時に政府の活動はあくまで立憲政治の原理の指導の下に行われなくてはならない。明治以来の立憲政治の貴重な伝統を蹂躙するが如き暴力政府のみのなしうるところで断じて真の強力政府のなすべきところではない。目前の必要に心を奪われて国家百年の大計を誤り、二百年前に「すべて権力をもつ者は由来それを濫用しがちなものだ」と喝破したモンテスキューをして徒《いたず》らに先見の明を誇らしめるの愚は極力避けなくてはならない。

（昭和一一年一一月『中央公論』一九三六年一一月号）

第二章　貴族院の改革(その一)

1　何を・どう改革するか

広田内閣成立以来どこを見ても「改革」ばやりである。救世軍までが「改革」しろとかするなとか、ないしは「話せばわかる」とかわからぬとかさわいでいる有様である。この場合、何を・何のために・どう改革するかということを十分弁《わきま》えずに、ただ改革、改革とさわぎまわり、空虚な・単なる改革のための改革に堕する――そういう危険も絶無ではないような気がする――と困るが、そうでなくて、本当に禍のよって来るところをきわめ、それに応ずべき適当なる改革を施すことは現在においてはいうまでもなくきわめて必要である。

かような趨勢に促されてのことでもあろうか、貴族院の内部に貴族院の機構に対して重要な改革を行うべしという意見が有力になってきたということである。近日の新聞紙は近衛〔文麿〕公が中心となって、貴族院改革のための運動が生れたと伝えている。この運動がどれだけの現実勢力となるか。そしてそこへ唱えられている改革のどれだけが将来実現されるに至るか。その点の予測はできない。しかし、こういう意見が有力になり、それが実際運動にまで発展したということは、それだけで大いに意味のある事実である。近衛公等の改革運動も我々の深甚な注意に値いするとおもう。

貴族院の機構になんらかの改革を施す余地があるかどうかということについては、識者の間にあまり議論はないらしい。誰もが、漠然とではあるが、そこに改革を要する何ものかがあるような感じを抱いている。このことはわが国でも貴族院改革論が昔から存在するという事実からも容易に推測せられうる。が、それと同時に具体的に何を・どう改革するかということになると、なかなか議論が分れてくるようである。

2　組織の改革

貴族院改革の問題は大別すると、貴族院の組織の改革の問題と、その権限の改革の問題に分れる。両方共従来しばしば問題となったが、今度問題となっているのは、主として前者であるらしい。

貴族院の組織を改革しろという議論も随分古い。たとえば、明治三四〔一九〇一〕年に第四次伊藤内閣が増税案に関して貴族院でさんざんにいじめつけられたことがあった。

この時伊藤〔博文〕首相が「七重の膝を八重に折」って詫びたにもかかわらず、貴族院が政府反対の態度を改めないので、首相はついに聖断を仰いでようやく紛争の解決を見るに至ったことはあまりに有名であるが、この際の伊藤の上奏文の中には「将来憲法政治の生活をして永続せしめんとするにおいては、貴族院改造の一方あるのみ。陛下もし臣をしてなお大局を全くするの責任を負担せしめられん乎、臣貴族院改造案を具し、上奏聖裁を仰ぐべく」云々という言葉があった。ところでその伊藤の改革案というのはどんなものかというと、後に公にされたところによると、主として貴族院の組織を改造しようとするものであった。その後、大正時代の後半期に各方面で唱えられた貴族院改革論でも重点はいつも組織の改革におかれていたように記憶する。

貴族院議員は憲法の規定によって皇族議員・華族議員および勅任議員の三種に分れているから、貴族院の組織の改革ということになると、これら各種の議員についてその選任方法や定員などの改革を考察することがまず問題となる。もしそうした範囲の改革でも不十分だということになれば、憲法の規定そのものの改正を期待するよりほかに方法はないが、憲法の規定はきわめて抽象的だから、その範囲内でもやりようによっては相当根本的な改革ができるとおもう。

3 華族議員——世襲制の廃止

華族議員をどうするかということは今までの貴族院改革論でつねに論ぜられたところである。この問題は根本に遡ると、華族制度そのものの存在理由というところまで行くわけであるが、問題を貴族院議員となる特権にかぎっても考慮せらるべき点は決して少くない。

まず問題となるのは公侯爵を世襲的に貴族院議員とすることの可否である。議員の地位の世襲ということは現代において問題とせられるのが当然であるから、さきに引いた伊藤博文の改革案でも、その後の多くの改革論でも議員世襲の制は廃止すべしとせられている。大正一四(一九二五)年の貴族院令改正で公侯爵議員となる年齢を二五歳から三〇歳に引き上げ、また公侯爵議員は勅許を得て辞することができるとしたのは、この点に関する貴族院はじまって以来の改革であるが、これはむろん「改革」の名に値いする改革ではない。今回の運動でもこの点の改革が問題とせられ、世襲制を廃止し、公侯爵議員も伯子男爵議員なみに同爵者の互選によることとし、その定員は公侯爵を通じて一〇名くらいにするという案が考慮されていると伝えられる(昭和一一年三月三一日東朝(東京朝日新聞))。世襲制の廃止はおそらくすべての人の賛成するところであろう。定員を少くすることも大いに賛成だが、そこで同爵者間の互選という方法を採ることはあまり感心しない。僕はむしろ全体の華族議員の数をこれこれと定めて、それを有爵者の全体が選挙することにした方が適材を得るのによくはないかとおもっている。

伯子男爵議員については――むろん公侯爵議員と関連して――定員を減少することがまず問題となろう。この定員は、人の知るように、憲法制定以来何度も改正せられたが、それらの改正は多くは貴族院における有爵議員の勢力を確保することを目的としたものであった。貴族院が文字どおり「貴族」院である現状に改革を加えようとすれば、伯子男爵議員の定員を減少することはどうしても必要である。伝えられる火曜会案は現在の定員――(伯爵一八人、子爵男爵おのおの六六人、合計一五〇人)――を三割方減らそうという。僕は五割くらい減らす方がよくはないかと考えているが、とにかくここで定員を減らすことは賛成せらるべきである。

華族のうちから定数の議員を選出するということになると、その選出方法をどうするかが厄介な問題となってくる。現在では伯子男爵はおのおの同爵者の間で定数の議員を選挙することになっており、しかもその選挙方法は連記・記名式であり、かつそこで投票の委託も許されている。僕は、さきに一言したように、各爵から何人ずつということにしないで、全華族から何人という風にする方がいいという意見であるが、その選任方法については確たる成案は持ち合さない。むろん現在の記名式は無記名式に改めるがよかろうし、また投票の委託は禁じてその代りに郵便による投票——いま学士院会員議員の互選について許されているような——をみとめる方がいいとおもう。ただかねがね問題の連記投票制をどうするかということになると、なかなか名案がないのである。連記制がいけないなら単記制はどうかと誰でも考えるだろうが、単記制をもし採用するならば、定員をおもい切ってうんと減らす必要がある。さもないかぎり、それは実際には到底うまくいかない。それならば比例代表制——たとえば単記移譲式のような——をという意見もあるだろうが、これもいろいろな実際的な困難を伴うこととおもわれる。こう考えてくると、どうも連記制に代るべき名案が見出されない。現在の連記制を存続させるか、さもなければ候補者のうちで抽籤でもするよりほか仕方があるまい。いずれにせよ、もし僕のいうように、華族議員は全華族のうちから選ぶということにする場合は、全華族をもって単一の選挙区とせずに、これをいくつかの選挙区に分けることが必要である。その分け方は抽籤でよかろう。各選挙区は全体の華族のうちから選ぶので、従って有爵者はどの選挙区からも立候補しうることにする。これは議会で議員を抽籤で各部に分け、そのおのおので全議員のうちから委員を選ぶという仕組みと似ている。こういう方法をとれば、たとえ連記制を採っても、そこに今日見られるような弊害はなくなるにちがいない。

その種の改革はいずれも華族の政治上の特権に多少の制限を加えることになる。従ってその実現にはなかなかの困難が伴うものと考えなくてはならない。

4　勅任議員――終身制の廃止

勅任議員というのはいわゆる勅選議員と学士院会員議員と多額納税者議員の三種類を含んでいる。

そこでまず勅選議員はどうかというと、ここではそれが終身議員だということと、その選任が全く政府だけの奏請にもとづくということが問題とされる。現在は定員は一二五名以内で、貴族院において華族に次ぐ大勢力である。終身議員であるということに対しては昔から反対が多く、さきにあげた伊藤博文の改革案でも勅選議員には任期を付することが主張せられた。その後もこの終身制に対しては非難が多かったので、大正一四〔一九二五〕年の改正では勅選議員が「身体又ハ精神ノ衰弱ニ因リ職務ニ堪ヘザルニ至リタルトキハ貴族院ニ於テ其ノ旨ヲ議決シ上奏シテ勅裁ヲ請フベシ」と定められた。この改正は当時の政府の説明によると「終身を以て任期とするの保障と身体精神の衰弱により職務不能に陥る場合との間に調節を図る」ことを目的としたはずであったが、この規定はその後一度も適用されず、この規定は現実にはあってもなくても同じことになっている。終身制に修正を加えようとすれば、任期をつけるか、定年制を設けるかするよりほかはない。七年くらいの任期を付し、重任を許すことにするのがおそらく適当な改革であろう。

勅選議員の選任については、昭和六〔一九三一〕年に貴族院制度調査会で小野塚〔喜平次〕博士によって提案された私案にあるように、なんらかの銓衡〔選考〕機関を設けることなどもいいこととおもう。従来どおりだと、ともすると勅選議員が政府の御用議員に堕する危険がある。委員会でも設けてその諮問を経るという風な方法をとることもたしかに一案である。そういう委員会の構成については、たとえば現在ある文官分限委員会などはおそらく参考とせられるに値いしよう。

勅選議員に任期を付する場合、多数の議員の任期が同時に満了し、同時に多数の後任者を選任するというようなことにならないことが非常に必要である。つまり勅選議員が少しずつ不断に更代することがのぞましい。そういう結果をもたらすために、現行制度を改革する際には、たとえば、次のような工作を施すことが適当であろう。

現在の勅選議員を抽籤で三つないし四つの組に分ける。（この組の数はなるべく多い方がいい）。そして一の組は七年後に、二の組は九年後に、三の組は一一年後に、四の組は一三年後に任期が満了することとする。欠員が生ずるごとに政府は個別的にこれを補充し、新議員は勅任後つねに七年間職に在る。

こういう風にすると、勅選議員のおのおのの在職期間が各自ちがうと同時に、議員の在職期間と内閣の在職期間は必ずしも一致しなくなるから、勅選議員の多数が特定の内閣の御用議員となるという弊害は相当に除かれることとおもう。そうなれば、従って、勅選議員の任期を定めることが議員の独立性を害するおそれはほとんどなくなってしまう。

5　多額納税者議員の廃止

学士院会員議員については問題は少い。この種の議員は大正一四年にはじめて設けられたものであるが、定員がわずか四名であるから、実際的にはほとんど問題にならない。この定員は増加すべしという論が一般に強いようである。それを一〇名くらいにすることは僕も結構なことだとおもう。

多額納税者議員についてはその存在自体が問題とされている。これは当然のことであろう。この議員は憲法制定当時から存在するものであるが、主として外国の模倣であり、必ずしも十分な存在理由をもつものとはいえない。さきの伊藤博文の改革案も「多額納税者議員は二十年来の実践に徴するも毫《ごう》もこれを今後に存続するの必要を認めざるのみならず、多額納税者はその思想を衆議院に代表するを得べくまた現にこれを代表しつつあるを以て断然これを全廃すること」といっている。大正一四年の改正の時もむろんこの点が問題となったが、結局制度はそのまま存続せしめられ、ただ互選権者の数が殖え、また定員が三割方殖えたという程度の改正がなされたにすぎなかった。どう考えても、現在のような多額納税者議員の存在を理由づけることはむずかしい。廃止するより仕方がなかろう。

6　新規勅選議員の創設

今ある種類の議員のほかに何か新しい種類の議員を設ける必要はないか。この点が貴族院改革についてさらに問題となるであろう。

まず一定の官職をもつ者をその在職中当然議員にするという案について考えてみよう。さきの伊藤博文案では大審院長・検事総長・行政裁判所長官・会計検査院長・帝国大学総長・各分科大学長はその在職中議員とせられることになっていた。大正一四年の改正の際の政府の原案もこれと同じ趣旨をみとめ、朝鮮総督・台湾総督・関東長官・検事総長・行政裁判所長官・帝国大学総長その他の大学長・帝国学士院長・日本銀行総裁をその在職中議員たらしめるものとしたが、その点は貴族院で削除せられてしまった。

しかし、この種の議員を設けることは相当に意味のあることではないかと僕はおもう。問題はどういう官職を選ぶかにあるが、大正一四年の政府原案のように外地長官をここへもって来るのは感心しない。議員とする以上は多少でも政府から独立な地位を与えられている官職の保有者でなくてはなんにもならない。その意味で大審院長・行政裁判所長官・会計検査院長などはここに選ばれるに適するであろう。大審院長を入れることに対しては、形式的な三権分立論にもとづく反対論があるかも知れない。いかにも司法権に参与する大審院長を立法府に加えることは伝統的な三権分立思想からすればたしかに異例であろう。伊藤案には大審院長が加えられているのに、大正一四年の政府案にはそれが除かれてあるのは、おそらくかような反対論に支配されてのことと想像される。しかし、伝統的な三権分立主義は必ずしもわが国法でそう強く認められているわけではないし、またかりにそれがそこで認められているとしても、それをいつまでも無条件に維持することは必要でもないし、またのぞましくもない。大審院長を貴族院に入れたところで司法権の独立が害せられる恐れがあろうとはおもわれない。このことは、大審院長と同じように政府から独立な地位をもつ行政裁判所長官が現に貴族院議員であり、しかもそれがために行政裁判権の独立が寸毫も侵害せられていないことからも明瞭である。

先年起草された行政裁判法案はたしか行政裁判所長官ならびに評定官が貴族院議員を兼ねることを禁じているように記憶するが、貴族院制度をここにいうような方向に改革する場合は、その点も当然さらに修正せられなくてはなるまい。現行法は行政裁判所長官・評定官が貴族院議員を兼ねることを許しながら、会計検査官に対してはこれを禁じている。これも余り理由のあることとはおもわれない。会計検査院長を当然議員とすることによって別段の弊害はないとおもう。

各帝国大学の総長をこの種の議員に加えることもむろん適当であろう。しかし、一般単科大学の学長はここに入れる必要はないようにおもう。帝国学士院会員議員についてはその定数を増加すべきであるとさきにのべたが、それと同時にその院長は官職議員として当然在職中議員たらしむべきである。(もっとも、たとえば現在のように院長が枢密顧問官である場合などは別問題とせられなくてはなるまい)。このほかに日本銀行総裁などをこの種の議員に加えるのもわるくないかも知れない。

7　職能議員の是非

新たに加うべき種類の議員としていちばん問題になるのは、職能代表的意味をもつ議員である。

一般に議会の議員に職能代表的意味をもたせる必要があるという議論は古くから諸国にあるが、どこでも実現せられるに至っていない。近年の独裁政諸国ではこの種の議員で議会を組織することが行われているが、それらの場合にはたして「議会」について語ることができるかどうか大いに疑わしい。従って「議会」の存在を一応承認して、その上でその改革を考慮するという立場からはそういった議会はあまり参考とするに足りない。わが国でも職能代表的議員を設けよという議論は以前からあったが、衆議院をそういう議員で組織せしめようという意見はきわめて少く、有力な意見は貴族院の議員の一部にそういう種類の議員をみとめたらという趣旨のものであった。さきに一言した小野塚博士の案にも「多額納税者議員を変更して職能代表議員制と為し、組織的経済勢力の代表者を網羅すること」とある。近衛公等の改革運動でもこの種の議員の新設が企図されていると伝えられる。

職能代表的性質をもつ議員を貴族院に設けることは、きわめて時宜に適したこととおもわれる。衆議院に現在職能代表制を実行することは賛成できないが、貴族院――しかもその全部ではなくて一部――にそういう性質の議員を設けることは大いに賛成せらるべきである。ただそういう議員を設けるにあたって何より困難な点は、何を標準としてそういう議員の選任方法を定めるかということである。これは実際問題として技術的になかなかむずかしいとおもわれる。だから、その点の決定がある程度において恣意的になりうることをあらかじめ計算に入れて、その種の議員の定員をあまり大きくしないことがのぞましい。そして最初は不完全なのは覚悟の上で、できるだけ定員を少くして一応実行してみるのがいいとおもう。その場合、一部生産者の利益ばかりを代表させるようなことなく、できるだけ各方面の職能的利益を代表させるように意を用うべきことはむろんいうまでもない。

8　改革は勅令か法律か

これまでに取扱われた改革はいずれも憲法の範囲内でできる改革である。しかし、それだからといって、そう不徹底な改革とはいえない。さきにいったように憲法の規定はきわめて抽象的で弾力性に富んでいるから、その範囲内でかなり徹底的な改革が可能である。いままでに論じた改革でも相当に根本的な改革と考えられうるとおもう。むろんそれ以上にすすんだ改革も考慮に値いするであろう。たとえば、華族議員の全廃というようなこともあるいは将来において問題となるかも知れない。そうした場合は改革は憲法の規定そのものにまでおよぶことになろう。

しかし、現在そういう程度の改革が必要であるとは考えられない。いまのところは憲法の規定の範囲内で十分有意義な改革ができるとおもう。

貴族院の組織に関連して、それが貴族院令という勅令で定められていることが――衆議院の組織が選挙法という法律で定められていることに比べて――妥当を欠くのではないかという意見が聞かれる。一部の人たちは貴族院令を法律にすることが必要だと考えているようである。いかにも貴族院の組織を特に勅令で定むべきものとしてこれを衆議院の参与の外に置いたのは、衆議院の勢力に敵意をもつ官僚思想の表現と考えられるであろう。しかし、わが国の現実政治において貴族院令が勅令であることがさほど大きな弊害をもたらしたとおもわれない。だから、貴族院令を法律にしろという意見は、たしかに一理はあるが、いま特にそうしなければ実際的に困るというようなことはない。してみれば、何もわざわざそうした困難な改正――そうした改正にはおそらく憲法改正が必要であろう――をここで唱える必要はないに違いない。

9　権限の改革について

貴族院の権限の改革はいま別に大して問題とはなっていないらしい。僕もいまこの点を問題とする必要はそうないと考える。

貴族院には解散がないから、政府はこれに対しては全く無力である。この点では貴族院は衆議院よりも有力なわけで、はなはだ適当でないという意見がある。これは至極もっともな議論であるが、その点は右にのべられたような組織の改革によってかなり改善せられるようにおもう。世襲議員や終身議員が廃止せられ、華族議員の数が減少すると同時に、勅任議員の数が殖え、しかもそれらの議員がすべて任期をもつようになれば、政府が議員の上におよぼしうる労力も現在よりはずっと強くなるに違いない。それによって貴族院と政府との間に適当な勢力の均衡が保たれるであろう。

むろんそれ以上に出て貴族院の権限を衆議院との関係において縮小し、それを英国の上院のようなものにしようという意見もあろう。これは大正時代にかなりひろく行われた見解であるが、賛成しがたい。個人主義的人格主義の絶対的な価値をみとめないかぎり、現在の衆議院に対してそれほどの優越性をみとめることは到底できないとおもう。

貴族院は廃止すべきではなく改造すべきである。しかもその権限の縮小はその廃止への一歩である以上、早まった権限の縮小は大いに慎しむべきことであろう。

（昭和一一年五月〔『文藝春秋』一九三六年五月号〕）

第三章　貴族院の改革（その二）

1　制度改革の視点

広田内閣成立（昭和一一〔一九三六〕年三月）以来「庶政一新」というので各方面に改革の気運が漲《みなぎ》っている。議会制度や行政制度や司法制度などの改革論がそれぞれあちこちで主張されている。

制度の改革は時にきわめて重要である。だから我々はつねにどの制度についてもその改革の要不要を考慮する必要がある。しかし、制度を改革するには改革するだけの必要がそこになくてはならぬ。現在の制度が気に入らぬからといって、ただちに、無批判的にその改革を唱えるのは非常な早計である。元来すべての制度は「人」が作るものであり、そして「人」のために存するものである。「人」は一定の目的のために制度を作る。ところがひとたびできてしまうと制度はある程度においてそれを作った「人」およびその奉仕すべき目的から独立な存在をもつ。だから、その限度においては、制度はそれを利用する人が誰であるかということに関係なくその効用を保持する。ここに客観的な制度の存在理由がある。だが、制度がかように制度としてある限度において「人」から独立な存在をもつということは他方においてまたその短所でもある。なぜなら、制度が「人」からある限度において独立な存在をもつ結果は、制度が場合によってはただ制度のためにのみ存し、それを作った「人」およびその奉仕すべき目的の達成を阻害するようになる可能性があるからである。制度改革の必要は実に制度のもつかような短所の匡正を目的として行われる場合にのみ意味をもつのである。すなわち、制度改革の必要は制度のもつ独立的存在性があまりに強度になり、その制度がその本来の機能を十分営まなくなった場合にのみ生ずる。

制度の改革を論ずる際にはかような点を十分考慮する必要があるとおもう。はたして右にのべられたような意味での制度改革の必要がそこにあるかどうか。その点をまず慎重に検討しなくてはならぬ。軽々に朝令暮改的態度で制度の改革を行うことは制度というものが本来もつ政治的・社会的機能を全く没却するものであって、百害あって一利ない。ただ制度の改革は時に教育的意味をもつことがある。制度を改革することが一般の人心に対して啓蒙的作用を営む場合がある。そういう場合はそれで必ずしも無用な改革というわけにはいかない。

近時各方面において唱えられる制度改革論を検討するにあたっても、我々は何より右にのべられたような見地から批判的にこれに接しなくてはならぬ。そしてそこに唱えられている改革が本当に必要なものであるかどうか、単なる改革のための改革に堕することはないかどうかということを冷静に吟味する必要がある。

2　貴族院改革論の沿革

制度改革論の第一にあげられるものに議会制度改革論がある。これは議会制の不振ないし不評判の結果として現在世界各国を通じて唱えられているところであるが、わが国で最近この種の議論の一ばん具体化したものは貴族院改革論である。

貴族院改革論は相当に古い沿革をもっている。昨日今日の問題ではない。それだけにその必要な所以《ゆえん》は一般にも承認されている。しかし、ここでは制度改革の必要はきわめて明白であるが、その実現はすこぶる困難だと考えなくてはならぬであろう。あれだけ貴族院改革の声がさかんであった大正一四(一九二五)年に行われた貴族院令の改正が、結局あのように表面的な改革にすぎなかったことを考えると、この点の改革が実際問題としていかに困難であるかがよくわかるとおもう。近時起った貴族院改革論は表面上は相当な賛成者を得て、さる五月一二日(昭和一一(一九三六)年)には「当今庶政一新の気運に鑑み貴族院をして一層機能を発揮せしむるためその機構の改善すべき点につき政府は有効適切なる調査を遂げ速かに成案を提出せられんことを望む」という建議案が貴族院で満場一致で可決せられるに至り、政府もまたこれに対して賛成の意志を表明している。これでみると、この次の通常議会あたりでは早速相当な改革が行われそうにも見える。が、はたしてそう考えていいものであろうか。私は大いに疑問であるとおもう。現に貴族院の内部にはかなり強い反対意見があるようである。貴族院の改革は必然的にその改革の対象となるべき現在の議員ならびに華族一般のもつ特典の一部を剝奪することを意味するから、それに対してその方向から強い反対が生ずるであろうこと想像に難くない。改革論者が――貴族院の内部の改革論者も外部のそれも――よほどしっかりしないと泰山鳴動して鼠一匹ということになる恐れが十分ある。

かように貴族院改革の実現は実際には非常に困難だとおもわれるが、それだけその改革の必要も大きいといわなくてはなるまい。現在の貴族院制度にはたしかに改革を要すべき点が少くない。このことは多数の識者の一致してみとめるところであろう。今度あたりは改革の前に横たわる実際的困難を克服して本当に改革の名に値いする改革を実現することができてもよさそうにおもう。ところで、改革するとなれば、どういう点が改革すべき点であろうか。

3　華族議員制度の改革

貴族院について改革を要する点は何よりその組織にある。その権能についても改革論はあるようであるが、私は今のところあまりその必要をみとめていない。

組織についてはまず華族議員が問題となろう。現在は、人の知るように、公侯爵はすべて三〇歳になると当然に議員になる。公侯爵の地位は世襲であるから、その結果貴族院議員の地位もここでは実際には世襲されることになるわけで、世人は、だから、公侯爵議員を世襲議員と呼んでいる。この意味の世襲制を廃止すべしという議論は改革論者間における定説であるらしいが、それはもっともな話である。そういった世襲制が別に大した政治的効用を示していない以上、公職の世襲というようなあまりに時代に適合しない制度を存置すべき理由は乏しいであろう。

華族議員の定員を減らす必要はないかということも問題になっている。現在は大体、有爵者五人につき議員一人くらいの割合になっていたとおもうが、これでは華族にあまりに多くの政治的権力を与えていることになりはしないかとも考えられる。改革論者は多くこの定員を三割前後減らすことを考えているようである。しかし、減らすならいっそ五割くらい減らす方が効果的だとおもう。このくらい減らせば、貴族院が今日のように文字どおりの「貴族」院であることをやめて、第二院としてより適当な組織を身に著《つ》けることができるようになろう。

華族議員についてはどうしてそのうちから定数の議員を選任するか、ということが昔からの問題である。人の知るように、現在は各爵が定数の議員を連記投票制で同爵者中から選挙することになっている。連記投票制であるから、同爵者の過半数を占める政派がもしあるとすれば、それが定数の議員全部を独占してしまうことができるわけである。事実今までのこの点の選挙において、連記投票制のかような効用(?)が百パーセントに利用せられ、その結果ある政派、従ってその幹部がこの点の選挙について実際的な決定権をもつようになっていることは多くの人の指摘するとおりである。この点を何とか改めなくてはならぬということも改革論者間の定説である。ただここではそれをどう改めるかが非常に難しい問題である。連記投票制が不都合なことは明瞭であるとして、それをどう改めたらいいか。連記制がいけないなら、単記制ではと誰もが考えるだろうが、単記制を採用するなら、議員の定数をおもい切って大削減する必要がある。たとえば、各爵の有爵者全体を通じて議員一〇人とか二〇人を選出するという工合に。そうでもしないかぎり、単記制では到底実際にうまくいかない。それならば比例代表制を用いたらという意見もあるらしいが、これもここではあまり適当な制度ではない。実際にはかなりいろいろな困難があるとおもわれる。こう考えてみると、この点で連記制に代えるべき名案を見出すことはなかなか容易でないことがわかる。私はこの点を次のように改めたらどうかと考えている。

(1) 華族議員の定数を華族全体で何人と定める。各爵につき何人と定めずに。

(2) 華族議員の選挙権者の全体を抽籤でいくつかの選挙区に分ける。これは各議院で全体の議員を抽籤で各部に分けるのと同じ要領で、その選挙区の数はなるべく多い方――たとえば二〇くらい――がいい。

(3) 華族議員の総数をこうしてできた各選挙区の数で割り、これを各選挙区に割当てる。

(4) 各選挙区はその割当てられた数の議員を――全華族のうちから――選挙する。この点は議院の各部で総議員のうちから委員を選挙するのと同じ要領である。その場合選挙の方法は連記投票制でよかろう。

こういう風にすると、連記投票制の弊害はよほど少くなるとおもう。

4　勅選議員制度の改革

貴族院の勅選議員の制度も改革の余地があろう。

まずその任期である。現在のように終身議員というのは適当でない。こういう非難は以前から少くなかったので、大正一四(一九二五)年の改正では勅選議員が「身体又ハ精神ノ衰弱ニ因リ職務ニ堪ヘザルニ至リタルトキハ貴族院ニ於テ其ノ旨ヲ議決シ上奏シテ勅裁ヲ請フベシ」(貴族院令五条三項)と定められた。この改正は当時の政府の説明によると、「終身を以て任期とするの保障と身体精神の衰弱により職務不能に陥る場合との間に調節を図る」ことを目的としたはずであったが、その規定はその後今日に至るまで一回も適用されたことはない。終身制に制限を加えようとすれば、任期をつけるか、定年制を設けるかよりほかに途はない。七年くらいの任期をつけるのが適当とおもわれる。

次にその選任方法である。現在では勅選議員は政府だけの奏請にもとづいて勅任せられる。この点について政府だけの見解でなく、何か銓衡委員会のようなものの銓衡を経させることにしてはどうかという意見がある。これは至極もっともな意見のようにおもう。そうすれば、その人選も慎重かつ比較的公平になり、勅選議員が時の政府の御用議員に堕する危険も少くなるであろう。

勅選議員に任期をつける場合、多数の議員の任期が同時に満了し、同時に多数の後任者を選任するというようなことにならぬことが必要である。つまり勅選議員が少数ずつ不断に更代することがのぞましい。

そういう結果をもたらすためには、現行制度を改革する場合は次のような措置をとることが適当であろうとおもう。

(1) 現在の勅選議員を抽籤で四つくらいの組に分ける。(この組の数はできればもっとずっと多くする方がいい)。

(2) 一の組の議員は七年後に、二の組の議員は九年後に、三の組の議員は一一年後に、四の組の議員は一三年後に任期が満了することにする。

(3) 任期満了・死亡その他どのような事由にもとづこうと、とにかく闕員《けついん》が生じた場合は政府はただちにこれを個々に補充する。補充議員はすべてその勅任の時から七年間在任する。

こういう風にすると、勅選議員のおのおのの在任期間がたがいにちがうと同時に、各議員の在任期間と政府の在職期間は必ずしも一致しないから、勅選議員の多数が特定の政府の御用議員になるという恐れはきわめて少くなるとおもう。むろん勅選議員に任期をつけることは政府に現在よりも多くの権力を与えることを意味するが、しかし、議員が特定の政府の権力の下に立たされる恐れが少ければ、一般に政府が貴族院議員の選任についてこの程度の権力をもつことは決してわるいことではない。貴族院には解散の制度がなく、政府はその反対の前に自らを防衛すべきなんらの武器を与えられていないのであるから、このくらいの権力を政府にみとめることは必ずしも議院の独立を不当に害することにはならないとおもう。

このほかになお多額納税者議員を廃止することものぞましいし、同時に新たな種類の議員を設けることも必要である。これらの点についてはまた他日改めて論じたいとおもう。

(昭和一一年六月)

第四章　比例代表制

第一節　わが国における比例代表制の論議

1　導入の提唱

比例代表制はわが国でももう相当な歴史をもっている。

すでに憲法以前においてある人たちは比例代表制を知っていた。明治二〇〔一八八七〕年に出た星亨《ほしとおる》の『国会要覧』はヘア式の比例代表法を紹介し、これを「基人代表即《すなわ》チ準数選挙法」と呼び、それが多数代表の弊を匡正《きょうせい》しうるものであることをのべているし、翌明治二一年に出た池本吉次の『国会』もやはりヘア式比例代表法を紹介している。これはかのトマス・ヘア〔Thomas Hare, 1806–91. イギリスの法律家〕がはじめてその「代表の機構」(The Machinery of Representation, 1857) およびつづいて「代議士の選挙」(The Election of Representatives, 1859) を発表していわゆるヘア式単記移譲式比例代表法を主唱した時から約三〇年後のことである。

議会開設後は多数政党の専制を防止するということがとりわけ政党の勢力の発展を希望しない政府側において考慮せられ、その趣旨にもとづいて大選挙区単記投票制が第一二回議会（明治三一〔一八九八〕年）にはじめて政府から提案せられた。この法案は後に第一四回議会（明治三二・三三年）にようやく法律として成立したが、これは人の知るように「日本式」ともいうべき一種の少数代表法であって、それは大正八〔一九一九〕年に一時廃止されたが、大正一四年に復活されてもって今日に至っている現行制度である。この制度は明白に少数代表法たるの意図をもって提案されたものであるが、その審議において第一四回議会で時の政府委員一木喜徳郎氏はその趣旨を弁明してこういっている。

「府県ヲモツテ一選挙区ニシテ単記ノ法ヲ用ヒマストイフハ……比例代表（！）ノ趣旨ヲ達シマスタメニソノ制度ハ極メテ必要デアルト信ジテ居ルノデアリマス」（明治三三〔一九〇〇〕年一月二九日、衆議院本会議）

ここに「比例代表」といっているのはどういう意味であるか明らかでないが、この時代にすでに多数党に代議士を独占させることを防止するために少数代表法が考案せられ、同時に比例代表法も人の関心をひいていたこと、ならびに「比例代表」という言葉もすでに成立していたことはこれによって推測せられうる。そして真性の比例代表法の議会への提案もこの時代になされたのである。

議会ではじめて比例代表法案を提出したのはおそらくかの未成年者禁酒法で有名だった代議士根本正《ねもとしょう》氏であろう。

根本氏は第一二回議会にさきにのべた大選挙区単記制の法案を政府が提出した時に、衆議院におけるその質問においてそのいわゆる「公平選挙法」の主張をなしているが、さらに第一四回議会、政府の大選挙区単記法案がまた提出せられた時、自らその「公平選挙法」または「有効投票法」「割前投票」――この最後の言葉が Proportional Representation の訳語である――を原理とする法律案を衆議院に提出した。この「公平選挙法」は実にヘア式の単記移譲式比例代表法にほかならぬ。

この法案は提案者の制度に対する十分な理解の下に提出せられたもののようであるが、それは一般議員によっては全く理解せられることなく、政府提出の選挙法改正案と同じ委員会に付託されたが、なんら論議の対象とはならなかったらしい。そして政府案の成立とともにそのまま消滅してしまった。①

2　制度の紹介

比例代表制がわが国でひろく問題とせられるようになったのはそれが諸学者によって

紹介・研究せられてからのことである。

この制度は大正七・八〔一九一八・一九〕年に野村〔淳治〕博士によってきわめて詳細に取扱われて〔『国家学会雑誌』三三巻〕以来、諸学者によって研究せられ、大正一四年には森口〔繁治〕博士の包括的な研究『比例代表法の研究』があらわれるに至った。これと同時にそれは学会および実際界において多くの賛成者をかちえた。たとえば故江木《えぎ》翼《たすく》博士は熱心に単記移譲式を主張せられたし、また美濃部〔達吉〕博士は名簿式を、森口博士は博士の考案になる「名簿式移譲法」を主張せられている、少くとも主張せられていた。藤沢〔利喜太郎〕博士が博士のいわゆる「補正式」比例代表制を考案せられたのもこの頃であった。こうした大勢に動かされて実際政治家の比例代表論者も次第に増加した。政友会はその政策として単記移譲式の採用をかかげたこともある。もっとも故上杉〔慎吉〕博士のように「比例代表主義者ハ初メヨリ知レ切ツタル無駄ナル骨折ニ従事シタルナリ」といわれ〔『議会政党及政府』二九頁〕、あくまでこれに反対せられた学者もあり、また吉野〔作造〕博士のように比例代表制の採用に対して留保的態度を持せられた〔『現代政治講話』二五一頁〕学者もあったが、学会・実際界の多数の意見は小野塚〔喜平次〕博士と共に「単に普選実施に止りて比例代表に及ばざるは恰《あたか》も画龍に点睛を怠るが如」きもの〔『現代政治の諸研究』五三〇頁〕と考えている、少くともいたようである。

3　採否の検討

こうした情勢に動かされて比例代表制はさらに政府でも、また法制審議会でも数次問題とせられた。ことに昭和七〔一九三二〕年には比例代表論者と伝えられる犬養〔毅〕首相の下においてこの制度は多分に現実的意義を与えられ、内務省案としては「個人の候補者主義を加味した名簿式」比例代表制が伝えられ、民政党側からは「単記総合移譲式」比例代表制（斎藤隆夫氏の立案にもとづくものと伝えられる）が発表せられ、また政友会側からもこれに類する比例代表制が唱えられた。これらの諸案はいずれも政党を本位とする名簿式の基礎の下に名簿の厳格性をできるだけ緩和して選挙人に自由選択の余地をみとめたもので、いわば名簿式と単記移譲式の中間に位するものというべき案である。かように具体的な諸案が発表せられて、一時はその成案がこの議会に提出せられそうな気運すらが新聞紙の上では見出されたが、犬養首相以外の閣僚に比例代表論者が少い結果、犬養首相亡き後の政府・政友会がこの制度の実現に熱意をもたなくなったためか、あるいは「非常時」の結果年来の比例代表制の人気が衰えてしまったためか、それとも問題が急いで審議すべくあまりに重大であると考えられたためか、どういう理由でか知らぬが、法制審議会は昭和七年の夏この問題をひとまず延期してしまった。爾来《じらい》審議会は鋭意選挙法改正要綱の審議に従事し多くの重要な改正意見を決定したが、比例代表制の問題はそこではそれなりになっている。

第二節　ドイツにおける比例代表制の論議

1　制度の採用とその結果

大戦争〔第一次大戦〕後議会主義が世界を風靡し、ドイツのヴァイマル憲法が選挙法の原則として普通・直接・秘密・平等の諸原則とともに比例代表の原則をかかげたのをはじめとして新しい諸憲法が相ついで比例代表の原則をみとめた頃は、比例代表制はまことに世界の大勢であるかのように見えた。しかるに英米仏の諸大国は今日なお依然として比例代表制を原則的に採用していない。そればかりではない。比例代表制をみとめた諸小国も大戦後の独裁的情勢の結果としてこの制度にいろいろな程度の変更を加えつつあるようである。比例代表制は世界の全体においても一時の絶大な人気を失いつつあるといいうる。

諸外国の中で比例代表制の経験をもつ国として最も重要なのはドイツである。それはなぜであるか。ドイツは比例代表制を原則的に採用している唯一の大国である。ドイツではライヒ〔共和国〕ばかりではない。すべての邦議会の選挙にもこの原則がみとめられている。しかもドイツの比例代表制は大体においてきわめて徹底せる比例代表制である。（一九三三年の「国民革命」がこの状態に変更をもたらしたことは後にのべられている。Ⅳの第二章参照）。

そのドイツにおいて比例代表制はどのように考えられているか。すでに一九〇六年にかのフリードリヒ・ナウマン〔Friedrich Naumann, 1860-1919. ドイツのリベラル派政治家〕がこういっている。「我々がただの一五ヶ年間比例代表制を実行してみさえすれば、最も一般的な政治的な倦怠が生ずるということがわかる」。

ところが実際にドイツで比例代表制を実行してみた結果はどうであるか。比例代表制を実行してから今日（一九三三年）で一〇年そこそこしか経過していないのに、比例代表制（とりわけドイツの厳格名簿式）に対する不満の声は年来逐次殖えてゆく有様である。ナウマンの予言はあまりにも的中したように見える。ドイツの「輿論」が比例代表制に対して肯定的であるか、否定的であるか。こうした問いに対して一義的な答えをえようと考えることはもちろんこの上なく愚かなことであろう。ただこういうことだけはいえる。すなわち、ドイツの学会および実際界における比較的多数の有力な人たちが強く比例代表制(少くとも厳格名簿式)に反対の意見を表明していること、そしてその結果として選挙法改正の問題については何より現行比例代表制の改革が問題とせられていること。

2　反議会主義者の攻撃

比例代表制はまずドイツにおいて議会主義を否認し、もしくはこれに敵意をもつ論者から攻撃せられる。これは比例代表制が議会主義の子である以上当然のことである。比例代表制は議会主義のひとつの極端な形態と考えられるから、反議会主義論者からの攻撃が特に比例代表制に力強く向けられることは理の当然であるが、この種の攻撃は実はすべての議会主義的諸制度が比例代表制と——程度の差こそあれ——同じようにうけなければならぬものである。この種の反比例代表論が少くないことは人の知るとおりであるが、それはここでは問題外とする。

3　小党分立と選挙制度改革論

一応議会主義をみとめた上で比例代表制に対してなされる批難も限りなく多い。いまそれらの中で現在(一九三三年)のドイツで比較的多く現実的重要さをもつと思われるものについて考えてみよう。

一九三〇年のライヒ政府の選挙法改正草案理由書は現行ドイツ選挙法に対して次のような批難を発し、それにもとづいてその改革の基調を明らかにしている。

「現行選挙法への批難は一般的であり、年と共に強くなってきた。……批難は第一に選挙人が候補者の選択に対してなんらの影響を及ぼしえぬことに向けられる。これは過大な選挙区制にもとづく長い拘束された名簿制の結果である。選挙人は候補者と全く接触をもたぬ。選挙は非人格的である。選挙人はもはやひとりの人間を選ぶのではなく、選挙行為はある政党的原理への信念の表白を意味するにすぎぬ。自働式計算法を極度にすすめ最も小さい政派へ投ぜられた投票をも数学的正確さをもって利用する結果、もはや耐えがたいほどの政党の分裂が生ずる。……選挙法の改正は長い名簿と大きな選挙区の廃止を目的とせねばならぬ。同時に議会において明瞭な多数・少数関係をもたらすように努むべきである。議会主義の憲法をもつ国の議会の任務は国家に指導者を与えるにある。小党分立の支配の下にあっては議会はこの任務を果すことはできぬ」

これは現在のドイツでのその現行選挙制に対する一ばん一般的な批難を要約したものということができるが、その中に二つの重要な批難が含まれている。第一の批難は現行選挙制は安定せる政府の成立・存続を妨げる、すなわち政局の不安定をもたらすということであり、第二のそれは現行制があまりに「非人格的」だということである。

まず第一の批難について考えよう。

この批難はこの政府の草案では現行の厳格名簿制に対して向けられているが、それは通例また比例代表制一般に対しても向けられる批難である。比例代表制は諸政党を固定的ならしめ、小党分立の勢を馴致《じゅんち》し、その結果政局がきわめて不安定になる。——こういう批難はとりわけ政局の不安定に苦しむドイツその他の小国で例外なく聞かれる。

ここでしかし注意すべきは比例代表のみが小党分立をもたらすものではないということである。それは比例代表制採用以前のドイツまたは現在のフランスの小党分立の状態を見ればすぐ明らかになる。が、比例代表制が二大政党というような極めて少数の大政党の成立を助成しないということはかならずしも否定できない。特にドイツの厳格名簿制が「断片政党」(Splitterparteien) の発生を助長する傾きをもつことは事実である。であるから、比例代表制、殊にドイツの名簿制が小党分立をもたらすとの主張は全然誤りであるとはいえない。それならば小党分立は安定せる政府の成立・存続を妨げるか。この問に対しては少くともドイツについては然りと答えなくてはなるまい。ドイツの政党はフランスのそれとちがっていわゆる「世界観政党」であることが多く、それがために諸政党間の連合が比較的困難なのである。しかもこれが革命前のドイツのように議院内閣主義がみとめられていない時代にあってはまだいい。革命後のように議会の多数を制せずしては政府の成立が全然不可能になると、こうした性質の小党分立はたしかに政局の安定を妨げる。

この批難に対する評価は国会議員の選挙というものにいかなる意味をもたせるか、または議会にいかなる機能をみとめるか、によって異る。自由主義的思想における如く議会は自由なる討論をなすべき所と考え、従って選挙の意味はそうした自由な討論に参加すべき議員を指名するにあると考えるならば、比例代表制こそがまさにそうした要求にかなうものといわなくてはならぬ。「決定をなすの権は多数に、しかし、討議をなすの権はすべての者に」という合言葉に最も合致するものは比例代表制である。これに反してもし議会が自由な討論の舞台であることを否認し、議会の機能は政府の形成(指導者の選任)に存すると考えるならば、議員の選挙の意味はいかなる政府をもつべきかの問題に対するひとつの「決定」たることにあるといわなくてはならぬ。もしも選挙がひとつの「決定」であるとすれば、安定な政府の成立・存続を妨げる、少くとも助成しない傾向のある比例代表制は批難せられねばならぬ。比例代表制が政局の安定を妨げると難ずる人の多くはこう考える。マクドナルド〔Ramsay MacDonald, 1866-1937. 英国の首相〕

が「議会は討論クラブではなくて、国家の立法機関である」といい、さきのライヒ政府草案が「議会の任務は国家にFührung〔指導〕を与えるにある」といっているのも同じ思想にもとづく。

右の政府草案は憲法改正をなさずにその範囲内で選挙区の縮小を行い、後にのべる小選挙区比例代表制に類する制度を提案しているが、一般にこうした批難をなす論者は多くの場合英国流の伝統的な小選挙区制（多数代表制）に好意をよせる。しかし、英国流の小選挙区制は常に必ず「明瞭な多数・少数関係」を生み、その結果として政局の安定をもたらすだろうか。英国の小選挙区制が実際においてそうした結果をしばしばもたらしていることは事実である。現に一九三一年秋の英国の総選挙は

	総得票数	議席数
国民政府派	14,500,000	493
労働党	6,650,000	46

——近年の英国の総選挙がいつでもそうであるように——上のようなおどろくべき結果を示している。

しかしながら小選挙区制はいつどこでも必ずこうした結果をもたらすか。これは相当に問題である。英国のかくの如き結果が決してその選挙制度のみに原因するものでないことはフランスや革命前のドイツを見ても推測せられよう。要するに比例代表制、特に厳格名簿式の廃止が「断片政党」の発生を困難ならしめるであろうことは否定できない

が、さればといってそうした改革と政局の安定・不安定との間にさほど明確な因果関係があろうとは考えられぬ。(2)

4　名簿の厳格性緩和論

ライヒ政府の改正草案理由書に含まれている現行選挙制に対する第二の批難はそれが「非人格的」(unpersönlich)だということである。あるいは現行法の下においては選挙法が非感性的(unsinnlich)になり、抽象的になり、代議士と選挙人との間の関係が稀薄となり、同時に代議士の政党への依存・従属関係が増大する、といわれる。

この批難は比例代表制一般というよりもむしろ名簿式、とりわけドイツの厳格名簿式比例代表制にむけられる批難である。であるから、この種の批難に応ずる改革は憲法改正の手続をとらずになされうる。ここにこうした改革がドイツで多分な現実的意味をもつ理由が見出される。

選挙法にかくの如き「非人格性」を与えることの当否は問題であろうが、比例代表制が、とりわけ名簿式比例代表制がそうした「非人格性」をもたらすことは疑いない。であるから、この種の批難をなす論者は多くまず比例代表制そのものはこれをみとめながら、名簿の厳格性をできるだけ緩和することによって、選挙制にある程度の「人格性」

を与えようとする。

しからばどのような具体的な改革案がこれらの論者によって提示されているか。③

5　小選挙区制併用論

この批難の対象たる「非人格性」はさきの政府改正草案理由書のいうように「長い名簿と大きな選挙区」にもとづく。従って伝統的な小選挙区制はその理想とせられる。ここにおいてこの小選挙区制と比例代表制とを調和させようとの案がこの批難をなす人たちから発議せられることは当然である。事実こうした提案、すなわち「小選挙区比例代表制」の提案は非常に多い。さきのライヒ政府案もその精神においてこれと異らぬし、バイエルンおよびバーデンで今日(一九三三年)行われている制度もこれに属するといえる。

この種の「小選挙区比例代表制」案に共通な原則は次の如きものである。

(1) まず小選挙区で特定の候補者のために投票を行う。

(2) 投票の後、全国の投票総数につき比例代表の原理により各政党に与えらるべき議席数を定める。

(3) ついで諸候補者の中から各政党に与えられた議席数だけの者が——いろいろな

手続によって――それぞれ議員と決定せられる。

この(3)の手続において諸案の間に著しい相違が見られるが、それはいずれも名簿の厳格性緩和を目的とする。しかし、それらの多く――たとえば前内相キュルツ案――は結局はその根柢において名簿内の候補者がその記載の順序に従って当選せずにその個人得票数に応じて当選するという名簿式に帰着する。(さきにのべたわが国で昭和七年来唱えられた諸比例代表制案はその精神においてこれらの案と異るところはない)。

6　「補正式」導入論

選挙法における「非人格性」排除の目的にさらに徹底し、単なる小選挙区制にいっそう近づくものは「補正式」とも呼ぶべき小選挙区比例代表制案である。

いまその一例としてヴァルター・イェリネック教授の改正案をあげると、それはおよそ次のようなものである。

(1)　まず総議員数(固定的)に等しき小選挙区で従来の方法で投票を行い、相対多数を得た者を当選人とする。(この手続は英国式小選挙区制のそれと異らぬ)。

(2)　各政党の全国での得票数に比例して総議席数を各政党に割当てる。

(3)　各政党が(1)の手続で得た議員数を(2)の手続で割当てられた議席数によって

補正し、多すぎる時はそれだけ減らし、少すぎる時はそれだけ補充する。

この方法ではいったん当選した者が後に(3)の補正手続でまた取消される可能性がある。この点を改めたものが同じイェリネックのさらにもうひとつの案である。左の如し。

(1) 総議員数の七五パーセントを小選挙区で選挙する。各区で相当多数を得た者は終局的に当選人となる。

(2) 総議席数につきさきの(2)の手続を行う。

(3) 各政党が(1)の手続で得た議員数と(2)の手続で割当てられた議席数とを比較し、前者が後者より少い場合はそれだけの新たな議席がその政党に与えられる。ただし、前者が後者より多い場合――かくの如き場合は統計上きわめて稀である。――にはなんらの補正を行わぬ。

この案は一九一五年ないし二〇年にデンマークで行われた選挙制、ならびにさきに藤沢博士が「補正式比例代表法」の名の下に考案せられたもの(『総選挙読本』二六六頁)と根本において同じである。ドイツでもヴァイス、ハイレ、リヒャルト・シュミットなどは類似の案を発表している。

この「補正式」小選挙区比例代表制は一応完全な伝統的小選挙区制をみとめながら、その結果を比例的に補正するもので、簡単明瞭ではあるが、著しく機械的なものである。

この案をみると、ことここに至ってなお何が故にその結果を比例的に補正するのであるか、という疑問が直ちに浮ぶ。殊に右のイェリネック第二案では総議員数の二五パーセント(藤沢案では一〇パーセント内外、デンマーク制では二〇パーセント)を補正手続において用いることによって比例的な結果をもたらそうと企図せられている。イェリネックは選挙の実際の研究にもとづき大政党にあっては総議員数の二五パーセントで通常は十分補正せられうるというが、それが決して実際的に完全に証明せられていないことは人の指摘するが如くである。右のデンマーク法がはじめて実際に適用された時、すなわち一九一八年四月二二日の総選挙において二〇パーセントの補正用議席では十分な補正をなすことができず、少くとも五〇パーセントの補正用議席が必要だとすら考えられたことなどもイェリネックの主張に不利な事実であろう。そしてもし補正が選挙の結果の比例性を保障することしかく不完全であるとすれば、そもそも何のための補正であるか、という疑いがさらに起る。

要するにこの種の「小選挙区比例代表制」にいかほどの価値がみとめらるべきやは、かなり問題的であるといわなくてはならぬ。

第三節　むすび

要するに比例代表制のみならず、一般に選挙制度の考察についてまず重要なことは、いろいろな政治現象の中の何ものがまさしく選挙法の結果と考えらるべきか、ということを正確に見出すことである。これが一ばん重要な選挙法批判における先決問題であるが、もっともしばしばこの問題はおどろくべきほど閑却されている。そのことはドイツの比例代表制批判においていちじるしくみられる。人はその好まぬ政治現象を一様に、無批判的に比例代表制のせいにする。その結果人は現行選挙制の実際的価値を過当に低く評価し、同時に他方では選挙法においてなさるべき改革に対して過分な期待をかける。これはわが国でも同様である。普通選挙制採用に際してはある人たちはすべての政治的害悪を制限選挙制のせいにし、普選はそれらすべてを改革するであろうとすら考えた。しかし、こうした考えがいかに不当であるかは改めていうに及ぶまい。比例代表制についてもそれと異らぬ。

（1）　私の『選挙法要理』三〇〇頁以下参照。
（2）　選挙法を改正することによって人為的に政局の安定を、さらに独裁制の確立をもたらそうとの試みは、議会主義から離れつつある諸国に共通な現象である。

（3）　わが国の選挙法改正については選挙の廓清《かくせい》、特に買収の防止ということが眼目とされている。そしてこの目的に適うものとして比例代表制がしばしば主張せられる。この場合は比例代表制のもたらす「非人格性」あるいは「非人性」こそまさに買収の防止のために望ましいことだと考えられているのである。が、わが国での比例代表制採用の可否についてはここでは論じない。

（昭和八年二月『法律時報』第五巻第二号、一九三三年）

Ⅳ　転回期のヨーロッパ政治

第一章　フランスにおける国家改革論

1　ドメルグ内閣と国家改革

一九世紀風な議会制を採用している国のうちで世界を吹きまくるファッショの嵐に対して今なお抵抗をつづけているものとしては何人もまず指を英米仏の三国に屈するであろう。しかも、これらの国でも今では安閑として手を拱《こまね》いていることは許されなくなっている。どこでも嵐に具《そな》えるために、その政治機構に対してなんらかの修正を加えることを余儀なくされている。英国の国民政府《ナショナル・ガヴァンメント》の成立や、米国のＮＲＡ政策は――そこにいちじるしい程度の差はあるが――こうした修正またはそれへの企図と考えられていいであろう。

ところでフランスではどうであるか。ここでは今までのところこれはという修正は現行の政治機構に対してなされていない。むろん一九三四年春のドメルグ内閣の成立をもって英国の国民政府の成立に比することもできないことはない。だが、単独政党を基礎とする内閣の長い伝統をもつ英国における国民政府の出現と、連立内閣を原則とするフランスにおける挙国一致内閣の出現とを全く同じように考えることは困難であろう。このドメルグ内閣は後にのべられるであろうように、重要な政治機構の改革を企図したが、それらはいずれも成功するに至らなかった。それでフランスにおいては今のところまだ現行の政治機構に対する改革は現実にはなされていない。しかし、それは決してフランスでそうした改革が要望されていないというわけではない。近年そうした改革論は多くの人によって強く唱えられている。今いったドメルグ内閣の企図も実はこうした議論の産物にほかならぬ。

この種の改革はフランスでひろく「国家改革」(La Réforme de l'État)と呼ばれている。この意味の「国家改革」に関する論議を一瞥しようというのがこの小文の目的である。フランスの議会制はひとしく一九世紀的な議会制をとっている国のうちでもきわめて特異な色彩を身につけている。それが米国の議会制と多くの点において異ることはあまりに明瞭であるが、それは英国のそれともいちじるしい相違を示している。だから、フランスの国家改革論はあくまでフランスの政治機構の特殊性から生れたもので、その意味でそれは——ムッソリーニがファシズムについていった言葉を借りると——決して「輸出品」ではない。それをそのままに英国ないしは米国に適用することの許されぬことは改めていうまでもない。

2　国家改革の背景

国家改革論という言葉をきわめてひろく解すれば、そうした議論はフランスでは現在の第三共和政と共に生れたということもできよう。ことに一九世紀の終り頃から現在の制度の欠陥が多くの人によって指摘されはじめ、諸々の改革論が行われるようになった。現に「国家改革」(La Réforme de l'État)という言葉は元来サンジカリストがもっぱら用いた言葉なのである。しかし、それでも第三共和政の政治機構が順調に動いている間はそれらの議論はなんらの現実的勢力をもつに至らなかった。

大戦争〔第一次大戦〕がこの点について大きな変化をもたらした。至るところが「危機」におそわれはじめた。大戦争と共に一九世紀的な民主政の原理を承認したように見えた国々は相次いで独裁政の傘下に走った。フランスは、英国と共に、ヨーロッパにおいて依然民主的議会制を保持してきているが、彼女といえどもこの大勢に無関心であることはできない。ことに彼女の平静を破ったものはドイツの独裁化である。ヒットラーの制覇とその非妥協的な外交政策の前にフランスは徒《いたず》らに現在に満足していることができなくなった。しかもこの「非常時」にあたってフランスの政府は昔ながらに不安定をきわめ、――(ある英国人はフランス人に向って「今朝は貴国の総理大臣の名は何といいますか」とたずねたという)――政党は腐敗し、議会は国家全般の利害を忘れて地方的・個別的利害に汲々としているようにおもわれた。人たちは極度の不安に包まれはじめた。「国家改革」! 人たちは卒然と思いをここに致した。昨日までは夢であった国家改革問題が一九三一年頃から次第に急激に時局性をもつようになった。いや、時局性の時代はもうすぎ去った。今は「決定の時」(L'heure de la décision)――これは熱心な改革論者アンドレ・タルデューが一九三四年に公にした本当の題名である――だ、とさえいわれる。そこへかのスタヴィスキ事件(一九三三年に発覚したフランス政界の汚職事件)が導火線となって二月事件(一九三四年、フランス国会前で起きた暴動)が勃発した。国家改革論はここにおいてその頂点に達した。それが非常な実際的な勢力になったということは、下院がこの事件直後三月一五日の会議で「国家改革委員会」を設けたことからも知りうる。

3 フランス憲法原理と議会制度

フランスの国家改革論は要するにフランスの現在の国家・政治機構に改革を加えることを主張するのであるから、それらを検する前に現在のフランスの国家・政治機構を支配する原理がどのようなものであるかを一応知ることが便利である。

フランスの現行憲法(むろん実質的な意味においていう)はまず国民主権の原理の上に立つ。「すべての主権の原理は本質的に国民の中に存す。いかなる団体も、いかなる個人も明白に国民に由来する権力以外の権力を行使することを得ず」。一七八九年の「人権宣言」はその第三条でこういっている。

ところで国民主権の原理はどのように議会制と調和するか。ここにフランス憲法を支配する第二の原理として国民代表の原理があげられなくてはならぬ。国民はすべての権力の淵源であるが、それらを自ら行使することはできない。必ず代表者によってこれを行使しなくてはならない。「すべての権力の淵源たる国民はそれらを委任によってのみ行使することを得」。フランスの最初の成文憲法である一七九一年の憲法はこういう言葉で代表の原理を宣言している(第三篇第二条)。しかもここに代表者というは単なる私的代理人ではない。「委任によって」と憲法はいうが代表者は被代表者から完全に独立でありその訓令に拘束せられない。同じ憲法で定められたかの Mandat impératif(命令委任)の廃止は、つまり、このことを意味する。

フランス憲法を支配する原理としてはさらに議院制度(le régime parlementaire)をあげなくてはならぬ。憲法は政府が議会に対して責任を負うべきことを明文で定めている。

しかし、フランスの議院制度は——おそらくは立法者の意図に反して——他国のそれとはいちじるしく異るものとなった。それは何よりフランスの解散制度の特異性にもとづく。現行フランス憲法は大統領は上院の同意を経て下院を解散しうると定めている。政府が議会——ことに下院——の解散権をもつことは議院制度における常則である。しかるにフランス憲法はこの場合上院の同意を必要とした。これは当時の立法者があまりに強力な執行権をおそれた結果であろうが、とにかくフランスの議院制度の特異性のひとつはここにある。さらにこの解散なるものがかの「五《セー》・《ズ》一《・メ》六《ー》事件」以来実際において全く行われぬ例となっている。だから、フランスの議院制度は実は解散制度のない議院制度である。そこで政府は議会の不信任決議権の前に自らを防衛すべきなんらの武器を与えられていない。ここからフランスにおける議会の万能が生ずる。レーズローブ〔Robert Redslob, 1882–1962〕がフランスの議院制度は「真正でない」(inantheutique) 議院制度だといっているのは主としてこれがためである。

4 「国家改革」と憲法改正の要否

かような現行のフランス政治機構に改革を加えようとする意見をひろく国家改革論と呼ぶとすると、その極端なものは多少の程度において革命的傾向をもつものがある。

「国家改革」の元祖であるサンジカリズムや、一九三三年にできた「新秩序」(L'Ordre nouveau)を中心とするコルポラチスムや、さらに「アクション・フランセーズ」を中心とする王政復古運動などはこれに数えられうるであろう。

しかし、近時特にその時局性をいわれる国家改革論は、必ずしもかようなものをいうのではない。近年特に国家改革論と呼ばれるものは、いずれも現在のフランス国家を原則として承認する立場から出発する。その意味でそれらはすべて改良主義的である。人はフランスの現行憲法の基本原理を大体において承認する。ことに国民主権の原理については それが依然フランス憲法の最も基本的な原理であるべきことを承認する。そしてその上でそこに若干の修正を加えようというのである。

改革せらるべき点は、これらの論者によれば、多々ある。が、その最も重大なもの、すなわち、現行制度の最大の欠陥がさきにいった議会の万能、ことに政府の議会への隷属にあることはすべての論者のみとめるところである。だから、政府を議会への隷属から解放することがそこでの改革の重点とせられている。しかし、それは必ずしも国民主権の原理を否定することではない。また議会制を否定することでもない。それはただフランスに特異な議会万能という原理に若干の修正を加えようというだけである。

国家改革論はその主張する改革が現行憲法(形式的意味においていう)の改正を必要と

するかどうかによってあるいは憲法改正論・非改正論という形となってあらわれる。憲法を改正するかどうかは単なる形式の問題とも考えられるが、一国の根本法に手を触れることは精神的に非常に大きな意味をもつ。だから、ヴェルサイユに行くべきかどうかという問題は国家改革論においても非常に重要な問題とせられている。（いうまでもないこととおもうが、フランスでは憲法改正は上下両院の合会において議決せらるべきものとなっており、その合会はヴェルサイユで開かれなくてはならぬことになっている。だから、ヴェルサイユへ行くということは憲法改正を意味することになる。これは現行憲法が作られた時の政治的情勢にもとづいて憲法でそう定められたのであるが、後にそれは通常の法律事項とせられたから、今日では憲法改正のためにヴェルサイユへ行くことは憲法上の必要ではなくて通常の法律上の必要にすぎない）。

5　改革の主要論点

国家改革論において、それならば具体的にどのような改革が提唱されているであろうか。

（a）　解散

さきにのべられたように、政府を議会への隷属から解放し、執行権を強化することは、国家改革論のいちばん重要な目的である。この目的のために第一に唱えられる改革が下院の解散権に関するものであることは特にいうまでもないことであろう。フランスの議会の万能の主要な原因は下院の解散がないということである。議会に対する政府の権力を強化するためには解散権を政府のために恢復することが何より肝要であることはあまりに明瞭である。国家改革論者のほとんどすべてがこの点について意見の一致を示しているのはこれがためである。しかもそこで解散権をただ政府のために恢復するだけでは十分でない。それに対する上院の同意権を廃止して、政府が解散権を自由に行使しうるようにしなくてはならない。この点も多くの論者によって承認されている。先にのべた下院の国家改革委員会は三四年の五月に下院を解散するについて上院の同意を必要とする規定を削ることに賛成の旨を決議し、ただし、解散は下院が改選の後三ヶ月間開会せられた後においてのみ許さるべきものとした。また同じ年の一一月にドメルグ〔Gaston Doumergue, 1863-1937. フランス首相、大統領〕は多くの重要な改革を内容とする憲法改正案——これを「ドメルグ憲法」(la constitution Doumergue) と呼ぶ——を発表したが、その中でも次のように定められた。「大統領は下院を解散することを得。ただし下院の任期の最初の一年間においては上院の同意なくしてはこれを解散することを得ず。その後においては上院の同意は必要ならず」。この規定は「ドメルグ憲法」の最も重要な改革と一般に考えられていた。タルデュー〔André Tardieu, 1876–1945. 一九二九—三〇、三二年、フランス首相〕はその主張する五大改革案の随一にこの改革をあげている（参照、タルデュー『国家改革論』一九三四年、三九頁以下）。ミルキヌ・ゲツェヴィチ〔Boris Mirkine-Guetzévitch, 1892–1955〕も「執行権のみに——上院の同意なしに——専属する解散制を設けることがおそらくフランスで政治的に効用があると考えられうる唯一つの憲法的改正であろう」といっている（『政治議会評論』一九三三年五月一〇日）。またミルラン、オルディネールなどもむろんこの種の改正に賛意を表している。

かように改革論者のほとんどすべてによって支持されているこの改革も決して反対論者をもたぬわけではない。そうした反対論の多くはフランスに伝統的な個人的権力（le pouvoir personnel）に対する恐怖に由来する。執行権の強化というとフランス人はただちにナポレオンやブーランジェを連想する。ドメルグの改革的意見に対して一九三四年一〇月急進社会党がナントの大会で個人的権力を増大する危険のある改革には反対だと決議したのも主としてこういう考えにもとづくものであろう。その翌月ドメルグ内閣は崩壊し、さきにいった「ドメルグ憲法」もそれと共に流産してしまったが、その主な原因は左派の反対である。しかも左派の反対のいちばん主な理由のひとつは実にこの解散権に関する改革であったのである。

なお、この点に関連して、解散について上院の同意を廃止するとして、執行権の内において解散決定権をもつ者は何人であるべきかという問題がある。これは右にのべた問題ほど重要な論議の対象となってはいないが、この点で二つの意見の対立が見られる。一はその場合の決定権を首相に与えようとする。これは議院制度の常則で、「ドメルグ憲法」の思想もこれに属する。これに対して一部少数の論者はこの場合の解散決定権を大統領に与えようとする。ここでは執行権の強化は大統領の権力の強化を意味すると考えられる。人の知るように、現在のフランスの大統領は政治的にきわめて無力な存在である。メイン〔Henry Maine, 1822–88. 英国の法学者〕はかつて次のように書いた。「よにフランス大統領ほどあわれなるはあらじ。古えのフランス王は統し而して治せり。立憲国王は、チエル氏の言に従えば、統すれども治せず。またアメリカ大統領は治すれども統せず。ひとりフランス大統領に至っては治せずまた統せず」(『民衆政治』二五〇頁)。このフランス大統領に現実の権力を与えようというのがこの種の論者の主張である。ルネ・カピタン〔René Capitant, 1901–70. フランスの法学者〕は議会制の諸形態を論ずるにあたって、国の元首がなお政治的実権をもっている形態――「七月王国」がその典型である――を「オルレアン的議会制」(le parlementarisme orléaniste)と呼び、国の元首が依然として存在しながらなんらの政治的な実権をもっていない形態――英国がその典型である――

を「西方的議会制」(le parlementarisme occidental)と呼び、さらにそうした国の元首がもはや存在しない形態——ヴァイマル・ドイツにおけるプロイセンがその典型である——を「プロイセン的議会制」(le parlementarisme prussien)と呼んでいる(『マルーベル記念論文集』四〇頁)が、ここにいう論者の主張はつまりカピタンのいう「オルレアン的議会制」の主張である。この論者がその当然のコロラリー〔帰結〕として大臣の罷免権を現実に大統領に与え、また大統領の選挙方法を改正してその議会に依存することをより少からしめることを主張するをつねとする。

(b) 議員の経費発案権

英国では経費の発案は政府のみに留保せられ、一般議員のなしえぬところとせられているのに反して、フランスでは一般議員が原則として経費の発案権をもっていること、そしてそれがフランス法の非常な特色——あるいは欠陥——と考えられていることはここにいうまでもあるまい。フランスでいやしくも国家改革が叫ばれるとき必ずこの点が問題とされることはあまりに自然である。そして経費の発案権を政府のみに留保することも改革論者のほとんどすべてによって主張せられているところである。「議院は濫費的であり、無能力であり、無責任である。経費の発案は政府に留保せられなくてはならぬ」というジェーズ〔Gaston Jèze〕の言葉を引いているタルデュー(前掲書六一頁)が、その五大改革案のうちにこの点の改革を数えているのはもちろん、「ドメルグ憲法」も「経費の発案は原則として政府にのみ留保せらる」と定めた。ただこの改革も「ドメルグ憲法」の流産によってついに実現されるに至らなかった。

（c）**議員数の縮小**

あまり重要な改革とも考えられないが、議員数の減少を唱える者もある。たとえば、ル・フユール〔Louis Le Fur〕は上下各院せいぜい一〇〇人に議員数を限るべきことを主張している。

（d）**会期の改正**

現在の会期制度の改革も唱えられている。一九三三年の末下院においてシャトネの発案にもとづいて「議院改革会」(groupe de la réforme parlementaire)というものができたが、そこで会期に関して次のような提案がなされた。現在の会期制度を廃して、毎年本会議のための通常会期を四つ設ける。そのおのおのの長さは一ヶ月とし、その最後のものは次年度の予算案の審議にあてられる。これら四つの通常会期のそれぞれの間に委員会のための閏会期を四つ設ける。そのおのおのの長さは二ヶ月とし、そこでは次の通常会期における本会議のための準備がなされる。

（e）**前年度の予算の施行**

予算が不成立の場合には前年度のそれを施行するという制度は諸国において一般にはみとめられていない。それは予算不成立ということによって議会が政府をコントロールしうることが議会制の本質と考えられていたからである。しかし、そういう制度がないと、政府があまりに議会に隷属しすぎるという危険がある。わが国で岩倉具視などが予算不成立の場合に前年度の予算を施行するという制度を設くべきことを力説したのは、すなわち、政府の議会よりの独立を保障するためである。フランスでもこういう意味で前年度の予算を施行する制度を設けよとの意見が少くない。「ドメルグ憲法」が次のように定めたのはそうした意見の結果である。「ある年度の予算がその年の一月一日以前に両院によって議決せられざる時は大統領は、国務院《コンセイ・デタ》における命令により、前年度の予算をその年度の全部または一部に施行することを得」。しかし、これについては反対論も多い。フランスで予算審議が非常におくれるのは周知の事実であるが、それは決して議会だけの責任ではない。多くの場合においてそれはむしろ政府の提出があまりにおくれることの結果であるといわれる。また近代議会制は「財布の権力」から生れたものである。予算の一年制は実に近代的自由の最も重大な保障である。「ドメルグ憲法」のこの改革はまさにこの点に手をつけることになる。それでは議会の権力をあまりに縮小することになるという反対論がなかなか強い。

(f)　**首相の地位**

フランスの首相というものについては現行憲法には別になんの規定もない。それは法律上は単なる大臣会議の議長で、従って primus inter pares〔同輩中の首席〕にすぎない。首相の地位を強固ならしめようとするドメルグはその憲法草案において次のように定めた。「大臣の数は大臣会議議長(président du Conseil)のほかに二〇を超ゆることを得ず。大臣会議議長は無任所首相(premier ministre sans portefeuille)の資格をもつものとす」。この規定の特色は、(1)大臣会議議長を正式に憲法でみとめたこと、(2)しかも彼は「首相」たる資格をもつと明言したこと、および(3)首相は無任所たるべきことを定めたことにある。この改革はむろん成立しなかったが、ドメルグが憲法改正によって達しようとした目的の一部分——しかも相当重要な部分——を彼の後継者フランダンは二つの財政法によって達することができた。一つは一九三四年一二月二四日の法律である。これは大臣会議議長のための邸宅を設けた。もう一つは同月二五日の法律である。これは大臣会議議長の下に多くの行政部局を直属せしめた。これによって大臣会議議長は幾分その権威を増大したとも考えられる。

(g)　**官吏の地位**

官吏の問題も改革論における重要な問題を形づくっている。改革論者によると従来の自由主義的政策は官吏の地位をしてあまりに私的労働者のそれたらしめてしまった。今は官吏の公法的色彩はほとんどみとめられえぬ。官吏のサンジカ〔急進的労働組合主義〕も許され、その罷業すらみとめられる。これは政府の権力の破壊を意味する。そこにはもはや「階序《イエラルシィ》もなければ、公法もない」。タルデューはこういって〔前掲書八五頁〕、この点の改革をその五大改革案のうちにあげる。「ドメルグ憲法」の次の規定もこれと同じ考えから生れたものである。「国家は官吏にその職務の安定と地位の保障を確保す。すべて正当なる理由なき・または連合せる勤務停止は官吏と国家との結合の破棄をもたらす」。すなわち、一方において官吏の身分を保障し、それを政党的 spoils system〔猟官制〕から保護しつつ、他方その罷業を禁止しようというのである。ここで、しかし、重点が官吏の身分の保障よりもその罷業の禁止におかれていることはいうまでもない。自由主義的・社会主義的勢力の下に、あまりに政府の権力から離れたと考えられる官吏を再びその特殊な公法的地位に引き戻し、その身分を保障すると共にこれを政府の統制の下に隷属させようというのが多くの改革論者に共通な主張である。

（h） **レフェレンダム**

議会制の行きづまりを打開するためにレフェレンダム〔国民投票〕が考えられるのはきわめて自然な成り行きである。大革命以来代表主義の原理に従って直接民主政的諸制度には余り好意を示さなかったフランスでも、現在の国家・政治機構の改革という問題になると、レフェレンダムの採用を主張する論者が少からずあらわれてくる。その最も熱心な主張者はタルデューである。彼はレフェレンダムの採用をその五大改革の中にあげながら、こういっている。「習俗の歪曲の結果フランス人は議員を選挙する場合に自分の使用人を選ぶような気になっている。これを匡正するには彼等が人間について投票するかわりに思想について投票するようにすればいい。ところで思想についての投票はレフェレンダムといわれる。それは議院の権力濫用に対する人民意志による contrepoids〔釣り合い〕を意味するであろう」(前掲書九七頁)。レフェレンダムは今のところ単なる主張にとどまっているが、将来もしこれが採用されるとすれば、それはフランス憲法における相当重大な変更たることを失わないであろう。

(i)　女子参政権

フランスは、人の知るように、女子の参政権に好意を示していない国である。女子参政権が議会で問題になったのはフランスでは二〇世紀になってからのことであるが、大戦争まではそれはほとんど現実的勢力をもつに至らなかった。一九一九年にはじめて三三四対七七票の多数で女子にすべての議会の選挙権・被選挙権を与える法案が下院を通過したが、それは上院で否決されてしまった。その後そういう趣旨の法案が下院を通過したことは数度ある。しかもその都度上院の反対でそれは成立するに至らなかった。改革論者のうちでも女子参政権はそう多くの人によって唱えられてはいない。ひとりタルデューはこれをその五大改革のうちにあげて、その実現を要望しているが、彼のそこであげている理由も今まで諸国で女子参政権のためにいわれたことと多くの変りはない。現在のフランスの特殊な事情がこの点の改革を必要とするということは主張されていない。しかし、タルデューが女子参政権を主張するのは、彼がそれによってフランスにおける左派的諸勢力の没落をもたらそうと考えているからであることはもちろんであろう。

(j) 経済的統制に関係する改革

近時次第にその範囲を拡大しつつある国家の経済的統制ということと関連しても国家改革論が唱えられていることもいうまでもない。それらの主張は多種多様であるが、大体において、人はここで次のように考えているようである。従来の国家は現在の経済的統制に適しない。従来の国家は政治と経済との分離という自由主義的な原理の上に立っていた。しかるに今や経済的自由主義は統制主義に移りつつある。もはや政治を経済から引きはなすことはできない。政治は少からず経済によって決定せられている。ここにおいて自由主義的な国家機構は時代に適合しないものとなってしまった。

こういう考えから二種の改革論が生れる（『法律および社会科学年報』一九三四年二・三号、ボナールの序文九頁以下）。

ある者は改革は国家の権能とその干渉という方面においてのみなさるべきだと考える。人は国家が経済に干渉することは必要でもなくまた適当でもないと考え、しかも進歩した経済において自働的な自由主義は不可能であると考え、国家の限定された経済的干渉を要請する。ここから統制経済（économie dirigée）の諸制度が生れる。その精神は干渉主義の要求する公企業の発展を排斥すべく――（それは経済において国家がその経営を自らすることがいちばんいけないと考える）――国家の経済的干渉は一定の行動にのみ制限しつつそれをみとめようというのである。すなわち、統制経済は私企業について国家からの厳格な規定と共に行政的干渉――監督・事前認可ないし補助・奨励などによる――をもたらす。それは自由主義に比してはるかに多くの私権の制限を伴う。しかし、それは自由主義と同じように、公企業をもって私企業に代えたり、後者を前者に変更することを排斥する。つまり、統制経済は私経済の統制――しかし、非常に強度な統制――を意味するにすぎない。

ある者は、これに反して、国家を新しい干渉に適するように再組織しようとする。すなわち、国家の経済的干渉は必要であり、しかも現在の国家機構はこうした干渉――たとえ単なる統制経済程度の干渉でも――には不適当であり、そして自由主義時代に生れた国家形態が決して経済的な不変な国家形態ではない以上、新しい要求に応ずるために国家を改造することが必要だと説く。職能代表の諸案はいずれもこうした考えに関連する。それは政治的な議会の外に経済的規定に必要な技術的知識をもつ職能的立法者を設けることを主張する。同じような考えから、行政方面では公共役務をその産業化（industrialisation）の方向に再組織すべきことが説かれる。

この種の改革論はさきにのべられた政治的な諸改革案に対して経済的な改革論とも呼ばるべきもので、すでに以前からフランスで唱えられているところである。それは二月事件以後ドメルグ内閣の成立と共に政治的な諸改革論が最も多くの時局性を与えられることとなったため、最近の国家改革に関する論議のうちにおいては必ずしも第一線に立ったものではないが、その重要性とその改革のもたらしうる現在の国家・政治機構への原理的変化の大きさに至っては、むしろたとえば「ドメルグ憲法」のもたらしたであろうような政治的改革に比してまさるとも劣らぬものがあるといわなくてはならぬ。

6　国家改革論のゆくえ

フランスの国家改革論がいちばん現実性をもったのは、さきにのべられたように、二月事件直後であった。「ドメルグ憲法」はこの気運に乗じてあらわれたものである。しかるにこの憲法草案は左派の反対によって成立するに至らず、「ドメルグ憲法」はかの「ジロンド憲法」〔一七九三年〕と同じくついに草案としてとどまってしまった。

ここにおいてフランスで二月事件以来国家改革論に対して与えられた時局性は——少くとも今のところ——消滅してしまったと考えなくてはならない。この状態がいつまで続くか。この数年あのようにやかましかった国家改革論はドメルグ内閣の没落と共に永久に声をひそめてしまったのであろうか。それともそれは再び時局性をもつようになるであろうか。さきにいったように、国家改革論は大革命以来の議会制を補強しようとの論である。従って、議会制を補強する必要のある間はそれは何回でも台頭してくるに相違ない。そして現在の世界的情勢において、フランスで議会制を補強する必要が容易に消滅するであろうとは到底考えられぬところである。

ここでのべられたところは、フランスの国家改革論の内容とその現実社会における運命である。さきにいったように、それは特異な議会制度をもつフランスの経験である。しかし、それは議会制の前途に関心をもつすべての国にとって他山の石とせられるに値いする経験であろう。

由来制度の改革ということがどれだけの現実的意味をもちうるかは相当問題である。

制度の具体的な内容が結局はそれを運用する人間によって決定せられることはいうまでもないからである。しかし、制度自体も決してどうでもいいというべきものではない。制度は人間の作品であるが、作られた後は人間の意志から独立な存在として人間の活動に対する障壁となることすらある。成文法の改正についてもそれと同じことがいえる。「努力とそしてモンテスキューのいう徳性(la vertu)を免除してくれる憲法というものはない。ラブレーのいったように、人間に対して賢明であることを免除し、その無分別にもかかわらず彼らを幸福に平穏にしてくれる憲章というものはない。しかし、憲法は習俗の共働を欠くことはできぬということから、憲法に対する無関心を是認するようなことがあってはならぬ。賢明と努力を免除してくれるような奇蹟的な憲法はないが、悪い憲法というものはいくらでもありうるものである」(バルテルミ・デュエス『憲法論』新版九〇頁)。

この意味において我々もフランスにおける国家改革論の前途を注意ぶかく見まもる必要があるであろう。

付記　フランスの国家改革論に関するわが国の文献としては俵静夫氏の「フランス憲法改正の気運」(『国民経済雑誌』五七巻五号)や、人見植夫氏の「仏蘭西に於ける憲法改正問題」(『斯民』二九編一二号)などがあるが、とりわけ詳細な研究としては大岩誠氏の「フランスに於ける国家改造論の諸相」(『法と経済』三巻四号)がある。なおその問題に関する文献はこの大岩氏の研究のほか刑部荘氏の「一九三四年のフランス公法」(『国家学会雑誌』四九巻四号)に詳しい。

(昭和一〇年九月『中央公論』一九三五年九月号)

第二章　国民革命とドイツ憲法

ドイツは一九三三年のはじめヒットラーがライヒ宰相の地位についてから急テンポで独裁政への道を突進した。そしていわゆる「国民革命」(Die nationale Revolution)はそこで一挙にして独裁政を完成してしまったようにみえる。この「国民革命」がドイツの憲法にどのような変革をもたらしたか。それをここで簡単に鳥瞰してみたい。「国民革命」のもつ精神的な意味あるいはそのもたらす経済的・政治的な変革についてはここでは論じない。

1　「授権法」の成立まで

まず三月二日の「授権法」が成立するに至るまでの出来事を次に列記しよう。

一九三三年一月三〇日、シュライヒャー(Schleicher)内閣(ライヒ)崩壊の後をうけてヒットラー(Hitler)内閣が成立した。

二月一日、大統領〔ヒンデンブルク〕は「ドイツ国民が新議会の選挙によって新たに成立したこの国民的連合政府に対して態度を決定するよう」(RGBl, I, 45〔RGBl = Bundesgesetzblatt. 法律公報〕)にライヒ議会を解散した。そして総選挙は来る三月五日と決した(同前)。

二月二日の大統領の緊急命令(RGBl, I, 45)はライヒ選挙法を改正し、最近のライヒ議会において議員をもたなかった政党は一選挙区で六万の署名を提出するを要すると定めた。これはいわゆる「断片政党」(Splitterparteien)を防ごうとしたのであるが、この結果、三二年七月の選挙には二一の名簿があり、一一月の選挙には一八のそれがあったのに対し、今回はわずかに九にすぎなかった。

二月四日の大統領の緊急命令(RGBl, I, 35)は集会・デモ・印刷等に厳重な制限を加えた。

二月六日、プロイセン議会が来る三月四日をもって解散せられることになり、三月五日総選挙を行うことと定められた。プロイセンでは一九三二年七月二〇日のライヒ大統領の緊急命令(RGBl, I, 377)によってライヒ宰相パーペン(Papen)がプロイセンに対するライヒ統監《コミサル》に任ぜられ、プロイセンの首相ブラウン(Braun)や内相ゼヴェリング(Severing)などの職を免ずるや、ここにプロイセン・ライヒ間の憲法争議が起り、プロイセン、バイエルン、バーデンの諸ラントからライヒに対する訴訟が国事裁判所に提起され、ついにかの三二年七月二五日および一〇月二五日の判決を見るに至った。この最後の判決は「大統領が緊急命令でプロイセンへライヒ統監を任命し、これにプロイセンの政府員の職を免ずるの権を与えるのは適法であるが、それによってもプロイセンの政府員がライヒ議会・ライヒスラートその他でラントを代表する権限はこれを奪うことはできぬ」と判定したが、それはいわば当事者双方の顔を立てたもので、かなり政治的な判決のように考えられる。この判決の結果はどうかというと、プロイセンは新旧二重の政府をもつような有様となり、しかも両者間に必要な妥協は毫も行われなかった。ライヒ政府はプロイセン議会の解散と総選挙によって一挙にして勝利をえようとしたが、議会は解散を肯《がえ》んじなかった。そこでライヒは二月六日の大統領の緊急命令(RGBl. I, 43)で次のように規定した(第一条)。

「一九三二年一〇月二五日、ドイツ・ライヒ国事裁判所の判決に対するラント・プロイセンの態度によって、国家の安寧を害する国家生活の混乱が生じたり」

「よって余(大統領)は当分の中右の判決によりプロイセン政府およびその成員に属する権能をプロイセンへのライヒ統監(パーペン)およびその受任者に委譲す」

これにもとづくライヒ統監の執行命令はなお次のようにいっている(二月七日のFrankfurter Zeitung)。

「二個の政府の並立により耐えがたき状態が生じたり。国家権威の恢復のためにその除去が無条件に必要なり。いかなるラントも二つの政府に、いかなる官吏も二つの主に仕ええざるは明らかとなれり。ドイツの今日の情勢はライヒにおいておよびドイツ最大のラントにおいて統一的・政治的意志構成がなさるべきことを強く要請す」

この規定にもとづいてライヒ統監はプロイセン政府の権限を完全にその手におさめ、パーペンがブラウンに代ってケルル(Kerrl)(プロイセン議会議長)およびアーデナウアー(Adenauer)(シュターツラート議長)と共に「三人委員会」を組織し、ナチス党員たるケルルと共に、中央党所属のアーデナウアーの棄権にかかわらず、直ちにプロイセン議会の解散を決定したのである(プロイセン憲法一四条)。何のことはない。さきの国事裁判所の判決はこの緊急命令によって簡単に無視されてしまったのである。ブラウンなどはまたこれに対して国事裁判所に出訴する意図があると伝えられた(二月七日のFrankfurter Zeitung)が、ことここに至って裁判所でもあるまいという気がする。

二月二七日夜ベルリンのライヒ議事堂が焼けた。放火犯人はオランダ共産党員だとせられた。これは「ドイツにおけるボルシェヴィズムの従来最大のテロ行為だ」(ゲーリングの言葉)といわれたが、ことの真偽は我々にはわからぬ。むしろ第二の「ジノヴィエフの手紙」事件〔英国の共産化を指示する手紙がソ連から英国共産党に送られたとされるでっち上げ事件〕ではないかとも一方では伝えられているが、それはとにかく、この事件を理由として多くの共産党員は逮捕せられ、共産党新聞は全プロイセンを通じて四週間発行を停止された。なお社会民主党もこの事件に関係があるというので、その諸新聞も全部一週間発行を停止された。政府はこの事件を理由としてただちに共産党弾圧の緊急命令を発せしめた。二月二八日の「国民と国家《シュタート》の保護のための大統領の命令」(RGBl. I, 83)がすなわちこれである。これはライヒ憲法の定める人身の自由・住所の自由・信書の自由・言論出版の自由・集会結社の自由・所有権の保障を停止し、その執行を厳重な罰則によって保障し、大逆・毒物混入・放火または政府員に対する危害などに死刑・無期懲役などの重刑を科した。

三月四日国民社会《ナチス》党員は「国民の目ざめの日」("Tag der erwachenden Nation")を祝った。至るところで彼らのデモが行われ、ケーニヒスベルクにおけるヒットラーの演説が全国に放送された。

三月五日ライヒ議会およびプロイセン議会の総選挙が行われた。その結果は次の如し(1)〔表参照〕。

三月一二日、大統領は布告《エルラス》(RGBl. I, 103)を発して、「翌日からライヒ色の終局的決定に

ライヒ議会

政　派	議席数
Nationalsozialisten〔国家社会主義ドイツ労働者党＝ナチス〕	288
Sozialdemokraten〔ドイツ社会民主党〕	120
Kommunisten〔ドイツ共産党〕	81
Zentrum〔中央党〕	73
Deutschnationalen〔ドイツ国民党〕	52
Deutsche Volkspartei〔ドイツ人民党〕	2
Christlich-Sozialer Volksdienst〔キリスト教社会的人民奉仕団〕	4
Deutsche Staatspartei〔ドイツ国家党〕	5
Bayrische Volkspartei〔バイエルン人民党〕	19
Deutsche Bauernpartei〔ドイツ農民党〕	2
Württembergischer Bauern＝und Weingärtner＝Bund	1

プロイセン議会

政　派	議席数
Nationalsozialisten〔国家社会主義ドイツ労働者党＝ナチス〕	211
Sozialdemokraten〔ドイツ社会民主党〕	80
Kommunisten〔ドイツ共産党〕	63
Zentrum〔中央党〕	68
Deutschnationalen〔ドイツ国民党〕	43
Deutsche Volkspartei〔ドイツ人民党〕	3
Christlich-Sozialer Volksdienst〔キリスト教社会的人民奉仕団〕	3
Deutsche Staatspartei〔ドイツ国家党〕	3
Deutsch-Hannoversche Partei〔ドイツ・ハノーヴァー党〕	2

至るまでの間、黒・白・赤旗とハーケンクロイツ旗を一緒に掲ぐべきこと」を命じた。「これらの旗はドイツ帝国の光栄ある過去とドイツ民族の力強き再生を結合するものである」。つづいて三月一四日、大統領はさらに命令(RGBl. I, 133)を発して、軍艦旗においては爾今《じこん》右上隅の黒・赤・金を除去すべしと命じ、陸軍軍人は帽子には黒・赤・金の徽章の代りに黒・白・赤を着け、鉄兜には従来のラントの色の楯の代りに黒・白・赤の楯を着けることを命じた。

三月二一日、ポツダムのガルニゾン教会で新ライヒ議会の荘厳な開会式が挙行された。ただし共産党議員はすでに逮捕せられて事実上参加を不能ならしめられていたし、社会民主党員またあえてこれに参列しなかった。開会式の後、ヒンデンブルクの前で盛大な閲兵式が執行された。その日の午後、ベルリンのクロル・オペラでライヒ議会最初の会議が開かれた。今度は社会民主党員も多数出席した。ここでゲーリング(Göring)が議長に再選された。

同じ日に、二つの大統領の緊急命令と一つのライヒ政府の命令が制定された。その第一は「刑の免除に関する命令」(RGBl. I, 134)で、ドイツ国家のための闘争の中に犯された罪に対して刑を赦免するものであり、その第二は「国民革命の政府に対する陰険なる攻撃を防衛するための命令」(RGBl. I, 135)で、偽って政府党員の制服を着用したり、ライヒまたはラントの安寧を害し、その政府または与党の名誉を傷つける如き宣伝をなす者を罰するものであり、最後の「特別裁判所《ゾンダーゲリヒテ》設置に関するライヒ政府の命令」(RGBl. I. 136) は一九三一年一〇月九日の大統領の緊急命令(RGBl. I. 537) にもとづくもので、さきにのべた二月二八日の共産党弾圧命令および右の第二の命令の定める犯罪を審理すべき特別裁判所を新たに高等地方裁判所の区域に設けるものである。

三月二三日のクロル・オペラでの議会の会議でナチスおよびドイツ国権党の議員の提出にかかる「国民と国家《ライヒ》の艱難排除のための法律案」が上程された。それはヒットラーの大演説とヴェルス(社会民主党)、カース(中央党)、レッラス(バイエルン人民党)、マイヤー(国家党)およびゲーリング(ナチス)の発言の後、四四一対九四をもって可決せられた。反対したのは社会民主党議員だけであった。この間クロル・オペラの前のケーニヒスプラッツ――(これは共和政以来 Platz der Republik と呼ばれていたのであるが、近頃またもとの Königsplatz に逆戻りしたものらしい)――では例のSA連〔Sturmabteilung＝突撃隊〕が集合してデモを行い「われらは授権法を要求する!」とどなっていたそうである。ライヒ議会の直後、ライヒ内相フリック議長の下にライヒスラート〔国会〕が開かれ、満場一致をもって議会を通過した「授権法」を承認した。それは二四日大統領によって審署・公布せられた。

2 「授権法」

「国民革命」の目的は全ドイツにおけるナチスによる独裁政の完成にある。そうした独裁政への途によこたわる邪魔ものは何であるか。それは第一に議会制である。第二に連邦制である。そして第三に――これはいわばその両者の結合したものであるが――ラントの議会制、いわゆるLänderparlamentarismusである。「国民革命」は、従って、それが真の「革命」であるがためには、まずこれらの邪魔ものを除去しなくてはならなかった。さきにのべた「授権法」はこの第一の邪魔ものを除去すると同時に第二、第三の邪魔ものを除去すべき途を拓いたものであり、ついでライヒ政府がそれにもとづいて制定した「均制法」と「ライヒ代官法」は第二・第三の邪魔ものを除去したものである。この三つの法律が「国民革命」の一ばん重要な法律的表現であり、それらは、いうならば、新ドイツの憲法を形成するものである。

これらの中で基礎たる地位を占める「授権法」の全文をまず次に掲げよう。

一九三三年三月二四日の

国民および国家の艱難を排除するための法律

(Gesetz zur Behebung der Not von Volk und Reich, RGBl. I, 141)

ライヒ議会は以下の法律を議決したり。その法律は、憲法改正立法の要件の具備せられたることの確認の後、ライヒスラートの同意をもってここに公布せらる。

第一条　ライヒ法律はライヒ憲法の定むる手続のほかになおライヒ政府によっても議決せらるることを得。ライヒ憲法第八五条第二項および第八七条にいう法律についても然り。

第二条　ライヒ政府の議決するライヒ法律は、ライヒ議会およびライヒスラートの制度(die Einrichtung des Reichstags und des Reichsrats als solche)それ自体をその対象となさざる限り、ライヒ憲法と異る定めをなすことを得。ライヒ大統領の権利はこれによって妨げらるることなし。

第三条　ライヒ政府の議決するライヒ法律はライヒ宰相により審署せられ、ライヒ官報に公布せらる。それらは別段の定めをなさざる限り公布の翌日より施行せらる。ライヒ憲法第六八条ないし七七条の規定はライヒ政府の議決する法律に対しては適用なし。

第四条　ライヒの立法事項に関係するライヒの外国との条約は立法に参加する諸機関の同意を必要とせず。ライヒ政府はこれらの条約の執行に必要なる規程を制定す。

第五条　この法律はその公布の日より施行せらる。それは一九三七年四月一日よりその効力を失う。それはさらに現在のライヒ政府が他の政府により交代せられる時に、その効力を失う。

大統領・宰相以下署名

この法律はライヒ政府に独裁的立法権を与えることによってライヒ憲法を議会制から独裁政へと移行せしめ、さらにそれ以上の独裁化の基礎となるもので、それは実に「国民革命」の核心にほかならぬ。であるから、人はこれを現在のドイツの「暫定的な憲法」と呼んでいる[2]。

この法律はライヒ政府による簡略な立法手続の創設をその目的としている。

ライヒ憲法のみとめる通常立法手続は大戦後の非常時には十分適合しないと考えられた。そして、その結果、ヴァイマルの立法者の予期に反してライヒ憲法四八条の緊急命令による立法手続が実際に多く用いられはじめ、近年に至ってはこれが最も普通な立法手続とせられるようになった。一九三〇年には緊急命令と法律との割合は五対九五であった。だのに一九三一年にはそれが四二対三五となり、一九三二年には五九の緊急命令に対してわずかに五の法律を数えうるにとどまる有様となった。ナチスはこの緊急立法手続をもまだなまぬるいと考えてこのいわゆる「授権法」(Ermächtigungsgesetz)を成立せしめ、いっそう簡略なライヒ政府による立法手続を創設したのである。もちろん、ライヒ憲法のみとめる通常立法手続や緊急立法手続は廃止せられたわけではない。しかし、実際にはそれらは用いられることはほとんどあるまい。

この法律によって与えられたライヒ政府の立法権の範囲はきわめて包括的なものである。政府の議決する法律——いわゆる「簡易法」(Vereinfachte Gesetze)——はいやしくもライヒ法律の対象となりうるいかなる領域にも及ぶことができる。右の法律第一条は憲法第八五条第二項(「予算は会計年度以前に法律をもって定めらる」)および第八七条(「国債は非常の需用に際してのみ、而して原則として生産的目的のためにする経費のためにのみこれを起すことを得。起債ならびにライヒの負担となるべき保証引受はライヒ法律にもとづいてのみ為さるるを要す」)についてもしかりと規定しているが、[3] これはかくの如き財政事項をもって独裁命令で規定しえぬ——すなわちアンシュッツ〔Gerhard Anschütz, 1867–1948〕のいわゆる diktaturfest[4]〔独裁抑制的〕な——事項であるとする解釈がなされる[5]ので、念のために注意的に加えられた規定だとせられている。[6] そればかりではない。ライヒ政府の立法権は憲法改正権をも含む。それは単に憲法を durchbrechen〔破毀〕しうるばかりではない。その一般的な改正をもなしうる。[7]

かくの如き包括的なライヒ政府の立法権に対してどのような限界があるか。

第一に時間的な限界として三七年四月一日にはこの法律が効力を失う。第二にかくの如き立法権の持ち手は「現在の政府」に限られる。何が「現在の政府」であるかは現在の政府の指導者《フューラー》によって本質的に決定せられる。こうした例としてはすでに一九二三年一〇月一三日の「授権法」(RGBl. I, 943)がある。これは「現在のライヒ政府またはその政党的構成の変更と共に」失効するとせられていた。が、カール・シュミットは今度の「授権法」においてはこれと全く異った種類の政府およびその政府の同一性《イデンティテート》が問題とせられていると主張している。⑧

第三に事物的な限界としてライヒ議会およびライヒスラートの制度および大統領の諸権利があげられている。前者はシュミットのいう「制度的保障」(institutionelle Garantie)に当る。これによって制度としてのライヒ議会およびライヒスラートが保障せられているだけで、それらについての法律的現状がそのまま保障されているのではない。ライヒ議会およびライヒスラートが制度として存せしめられる限りは、それらに対していろいろな改革――根本的な選挙法の改正または根本的なライヒ改革でも――がなされても少しも違法ではない。これに反して大統領の諸権利の保障は「制度的保障」ではなく憲法的現状そのものの保障である。⑨

この法律は通例「授権法」と呼ばれているが、それ従来のいわゆる授権法とはいちじるしく趣を異にしている。

立法権の授権を定めた法律はドイツでは従来きわめてその例が多い。「戦時経済から平時経済への移行規整のために緊急必要」な命令をライヒ政府に授権した一九一九年四月一七日の法律(RGBl. 394)、一九二〇年八月三日の法律(RGBl. 1493)、一九二一年二月六日の法律(RGBl. 139)などはその一例である。が、最も広い範囲の授権を行ったものとしては一九二三年一〇月一三日の「授権法」(RGBl. I, 943)と同年一二月八日の「授権法」(RGBl. I, 1179)を特にあげなくてはなるまい。両者共に憲法改正の手続を経て制定されたものであるが、その内容はおよそ次の如きものであった。

一〇月一三日の「授権法」

（1）ライヒ政府は財政的・経済的・社会的領域で緊急必要と考えられる命令を制定しうる。

（2）その際ライヒ憲法の基本権の規定と異る定めをなしうる。

（3）ただし、労働時間・社会保険の年金や扶助・失業保険の給付などに及ぶことはできない。

（4）政府の命令は遅滞なくライヒ議会およびライヒスラートに報告すべく、前者の要求ある時はただちにこれを廃止しなくてはならぬ。
(5) この法律は現在のライヒ政府またはその政党的構成の変更と共に、そしておそくも二四年三月三一日に効力を失う。

一二月八日の「授権法」

(1) ライヒ政府は「国民および国家の艱難」(Not von Volk und Reich) に関し緊急必要と考えられる命令を制定しうる。
(2) ただし、ライヒ憲法の規定に違反することは許されぬ。
(3) 政府の命令はあらかじめライヒ議会の委員会およびライヒスラートのそれに諮問するを要する。
(4) 命令は遅滞なくライヒ議会およびライヒスラートに報告し、そのいずれかの要求ある時はただちにこれを廃止しなくてはならぬ。
(5) この法律は二四年二月一五日に効力を失う。

この度の「授権法」においては、これらの先例と異り、その授権の範囲がきわめて包括的である。ライヒ政府の立法権に対してはさきにのべたような僅少な制限があるにすぎぬ。それは事実においてライヒ憲法の定める通常の立法権にとって代ってしまったものといわなくてはならぬ。もっとも従来の政府の解釈に従えば、憲法改正の規定に従って成立したこの法律も通常立法手続——ライヒ議会の単純多数による——によって廃止せられうるのであるから、(10)ライヒ議会はその議決する通常法律によってライヒ政府の議決する個々簡易法——憲法を改正するものに対しても——を廃止・変更しうるはずである。しかし、政府は議会という制度自体をみとめる限り、その組織に対してどのような改革をも加えうるのであるし、また現在の議会は「授権法」を議決した国民的議会である以上、その議会が政府の独裁を妨げるようなことは到底あるまい。

従来の授権法にもとづいて政府のなす立法行為は命令と呼ばれていた。この度の「授権法」は端的に政府が法律を制定すると規定する。政府の行為を命令と呼ぶか法律と呼ぶかはもちろん単なる名称の問題である。それをどう呼ぶかによってその性質的な相違が生ずるのではない。ここにライヒ政府の制定する法律は、従来の用語法によれば、当然命令と呼ばるべきものであるから、これを法律技術上法律と称することとしたからといって、「これによって議会主義的立憲国家——そこでは議会の協力が法律の概念にとって必要である——の伝統的な法律概念は克服された。これは憲法史的な意味をもつ転向点だ！」(11)と叫ぶに当らぬ。ただ政府に「法律に代る命令」あるいは「法律の効力をもつ命令」を制定する権を与えることで満足せずに、——実はそれと同じことなのだが——「法律」そのものを制定する権を与えたと考えられたところに大きな政治的意味のあるのを見逃すわけには行かない。

この法律はライヒ憲法第七六条の定める憲法改正手続によって成立した。だから、憲法所定の改正手続をもってすればいかなる改正も——どのような憲法の自己否定的・自殺的な改正も——適法になされうるとするアンシュッツ流の解釈[12]によれば、これはきわめて適法な憲法改正であって、法律的には別に「革命」と呼ぶにも当らない。しかし、憲法所定の手続による憲法改正権に一定の限界をみとめる人たちは、これを単なる憲法改正と考えることを拒み、あるいはこの改革を「国家緊急権」(Staatsnotrecht)にもとづくもの[13]となし、あるいはこの法律が「授権法」と呼ばれているにもかかわらず、その「授権」が従来の「授権」と本質的に異るものであること——憲法改正権に限界をみとめぬ考えからすれば、いやしくも憲法改正手続でなされる以上、それが適法な「授権」であるかないかを問う必要はないはずだ——を強く主張し[14]、何とかしてその「革命的」性格を法律的に基礎づけようとしている。が、もし実定法の禁ずる方法にもとづく実定法の変更を法律上「革命」と呼ぶとするならば、この国民革命は法律的にはむしろひとつの合法的な憲法変更であるという方が適当かも知れぬ。

3　ライヒ改革

「授権法」によってライヒの独裁立法権をかちえた国民政府はさらにこれにもとづいて完全な独裁政樹立のために連邦制およびラントの議会制の廃止ないし制限を試みなければならなかった。言葉をかえれば、ライヒ政府の独裁を指導原理とする「ライヒ改革」(Reichsreform)の実行がつづいて国民政府の目標とせらるべきであった。

ここにいわゆる「ライヒ改革」はドイツ内政の年来の難題のひとつである。百年この方のドイツの統一運動も今なおその Kleinstaaterei, Vielstaaterei〔小国分立主義〕を克服するをえず、「ライヒ改革」は依然ドイツ内政における一ばん aktuell〔アクチュアル〕な問題のひとつを形づくっている。国民政府のまず企てたのはこの問題をライヒ政府の独裁の原理にもとづいて、徹底的に解決することであった。

こうした方向の「ライヒ改革」の先駆としては、さきにのべた三二年七月以降のライヒ・プロイセン間の憲法争議をあげなくてはならぬ。この争議においては結局ライヒ政府は三三年二月六日の大統領の緊急命令によって強引に勝利を戦いとってしまったが、この勝利をさらにドイツ全体を通じて完成することこそ完全な独裁政を目的とする「国民革命」の何をおいてもなさなくてはならぬことであった。ヒットラーは三月二三日のライヒ議会で、「ライヒおよびラントに対してひとたびなされた国民の意志表示を統一的結果にまで導かしむる路を見出す」べきことを宣言し、さらにいっている。「より以上のライヒの改革はただ生きた発展の中からのみ生れうるのであろう。その目標は国民の意志を真の指導者の権威に結合せしめるところの憲法の構成でなくてはならぬ⑮」。

さきの「授権法」にもとづいてライヒ政府が議決したいわゆる「均制法」(Gleichschaltungsgesetz)および「ライヒ代官法」(Reichsstatthaltergesetz)は実にこの宣言の実行である。従来の無数の「ライヒ改革」案や「憲法改革」案がなしえなかった「ライヒ改革」をこの片々たる二つの法律が一挙にして最も根本的に解決してしまった。すなわち、従来の連邦制から中央集権制への移行がこれによって断行されたのである。それはまことに目ざましい改革といわなくてはならぬ。

4　「均制法」

いわゆる「均制法」の全文は次の如きものである。

一九三三年三月三一日の
ラントとライヒとの均制のための暫定法律

(Vorläufiges Gesetz zur Gleichschaltung der Länder mit dem Reich, RGBl. I, 153)

ライヒ政府はここに公布せらるる法律を議決したり。

ラントの立法の簡易化

第一条　(1)ラント政府はラント憲法の定むる手続によらずしてラント法律を議決するの権を与えらる。ライヒ憲法第八五条第二項および第八七条にいう法律に相当する法律についても然り。

(2)ラント政府の議決する法律の審署および公布についてはラント政府の定むるところによる。

第二条　(1)行政(地方団体行政を含む)の新整序および権限の新規正のためにラント政府の議決するラント法律はラント憲法と異る定めをなすことを得。

(2)立法機関の制度それ自体(die Einrichtung der gesetzgebenden Körperschaften als solche)には触るることを得ず。

第三条　ラントの立法事項に関係する条約は立法に参与する機関の同意を必要とせず。ラント政府はこれらの条約の執行に必要なる規定を定む。

諸ラントの議会

第四条　(1)諸ラントの議会(Landtage や Bürgerschaften)は、一九三三年三月五日に選挙せられたるプロイセン議会を除き、ここに解散せらる。ただし、ラント法によりすでに解散せられたるものはこの限りにあらず。

(2)これらの議会は一九三三年三月五日のドイツ・ライヒ議会の選挙に際し、各ラント内において諸候補者名簿(Wahlvorschlag)の獲得せる投票数に従って新たに構成せらるべし。この際共産党の候補者名簿に当てらるる議席はこれを配当せず。共産党の候補者名簿の代用と目せらるべき選挙人団体の候補者名簿についても然り。

第五条　(1)バイエルン、ザクセン、ヴュルテンベルクおよびバーデンにおいては各選挙人団体に対しその候補者名簿の得たる投票の総数を分配数(Verteilungszahl)を以て除して得たる商に等しきだけの議席が与えらる。その際分配数の半数を超ゆる残額は完全な分配数として取扱わる。

(2)分配数はバイエルンおよびザクセンに対しておのおの四万、ヴュルテンベルクに対しては二万五千、およびバーデンに対しては二万一千と定む。

第六条　(1)チュリンゲン、ヘッセン、ハンブルク、メクレンブルク＝シュヴェーリン、オルデンブルク、ブラウンシュヴァイク、アンハルト、ブレーメン、リッペ、リューベック、メクレンブルク＝シュトレーリッツおよびシャウムブルク＝リッペの諸ラントにおいては新たに構成せらるべき議会の議員数は次に掲ぐる最高の数を超ゆることを得ず。

チュリンゲン……………………五九
ヘッセン……………………五〇
ハンブルク……………………一〇八
メクレンブルク＝シュヴェーリン……………四八
オルデンブルク……………………三九
ブラウンシュヴァイク……………………三六
アンハルト……………………三〇
ブレーメン……………………九六
リッペ……………………一八
リユーベック……………………六四
メクレンブルク＝シュトレーリッツ……………一五
シャウムブルク＝リッペ……………………一二

(2)前項により諸選挙人団体に属すべき議席は現行のラント選挙法に従って定めらる。
ただし前項に定むる議員の最高数を超過することなきようにラント選挙法の定むる分

配数を引き上ぐべし。

第七条　(1)議席は選挙人団体がおそくとも一九三三年四月一三日までに提出すべき候補者名簿にもとづき候補者に与えらる。一九三三年三月五日に投票を得たる候補者名簿の属する選挙人団体はすべて候補者名簿を提出することを得。ただし、共産党および共産党の候補者名簿の代用と目せらるべき候補者名簿の属する選挙人団体はこの限りにあらず。

(2)連結(Verbindungen)および付帯(Anschlüsse)は一九三三年三月五日のライヒ議会選挙においてなされたる限度においてのみ許さる。

(3)一九三三年三月五日まで共産党に属したる選挙候補者に対しては、議席を賦与することなし。

第八条　新ラント議会は一九三三年三月五日四ヶ年の任期を以て選挙せられたるものとみなさる。任期満了前の解散はこれを許さず。一九三三年三月五日選挙せられたるプロイセン議会についてもまた同じ。

第九条　この法律によるラント議会の改造は一九三三年四月一五日までに執行せらるることを要す。

第一〇条　一九三三年三月五日の選挙の結果にもとづきたるライヒ議会およびプロイセ

ン議会に対する共産党の候補者名簿への議席の割当はこれを無効とす。補充割当はこれを行わず。

第一一条　ライヒ議会の解散は当然に諸ラントの議会の解散を伴う。

地方自治議会

第一二条　(1)ライヒ憲法第一七条第二項の適用ある地方自治議会(Kreistage, Bezirkstage, Bezirksräte, Amtsversammlungen, Stadtverordnetenversammlungen, Gemeinderäte その他)はここに解散せらる。

(2)これらは一九三三年三月五日のドイツ・ライヒ議会の選挙においてその選挙団の区域内において投ぜられたる有効投票に従って新たに構成せらるべし。その際、共産党の候補者名簿またはその代用と目せらるべきものの得たる投票は考慮せらるることなし。

第一三条　(1)下級自治体の議会(Gemeinderäte, Stadträte その他)においては議員数は左の最高数を超ゆることを得ず。

人口一千までの市町村にあっては　　　　…………九
〃　二千　〃　　　　…………一〇
〃　五千　〃　　　　…………一二

〃　一万　〃　……一六
〃　一万五千〃　……二〇
〃　二万五千〃　……二四
〃　三万　〃　……二六
〃　四万　〃　……二九
〃　五万　〃　……三一
〃　六万　〃　……三三
〃　八万　〃　……三五
〃　一〇万　〃　……三七
〃　二〇万　〃　……四五
〃　三〇万　〃　……五三
〃　四〇万　〃　……五八
〃　五〇万　〃　……六三
〃　六〇万　〃　……六八
〃　七〇万　〃　……七三
〃　七〇万を超ゆる市町村にあっては……七七

(2)その他の地方自治議会は解散(第一二条)以前の状態に比してなるべく二五パーセントだけ縮小せしめらるべし。

第一四条　(1)第一二条第二項により選挙人団体に属すべき議席は現行のラント法に従ってこれを定む。ラント法の定むる分配数はこれに相応して確定せらるべし。議席は選挙人団体が提出すべき候補者名簿にもとづき割当てらる。この場合にも第七条第三項の適用あり。

(2)一九三三年三月五日選挙団内の区域において投票を得たる候補者名簿の属する選挙人団体はすべて候補者名簿を提出する権を有す。ただし、共産党および共産党の候補者名簿の代用と目せらるべき候補者名簿の属する選挙人団体はこの限りにあらず。

(3)候補者名簿提出の権ある選挙人団体(第二項)は他のまたはすべての選挙人団体と連結して共同候補者名簿を提出することを得。

第一五条　新地方自治議会は一九三三年三月五日四ヶ年の任期を以て選挙せられたるものとみなさる。

第一六条　この法律による地方議会の改造は一九三三年四月三〇日までに執行せらるるを要す。

第一七条　第一二条ないし一六条はプロイセンの地方議会には適用せられず。ただし、

第一〇条はそれらに対して準用せらる。

共通規定

第一八条　ライヒ内務大臣はこの法律の補充および施行のための規定を設くることを得。なお本法の施行は、ライヒ事項に関する限りはライヒ内務大臣、ラント事項に関する限りはラント政府のなすべきところとす。ライヒ内務大臣は一般的訓令を発し、ラント政府の申請にもとづきこの法律の例外を定むることを得。

第一九条　第一条ないし第三条および第一八条はライヒの統監《コミサル》または受任者より成るラント政府に対しても適用せらる。

この法律はまずラントの立法手続の簡易化を目的とする。それは「授権法」がライヒについてなしたところをラントに及ぼそうとするのである。

一九三一年八月二四日の大統領の「ラントおよび市町村の予算確保のための命令」(RGBl. I, 453)は「予算均衡」のために必要な限り命令を以てラント法――ラント憲法をも含めて――と異る定めをなす権限をラント政府に与えていた。今度の「均制法」はこの簡易立法の範囲をいちじるしく広汎ならしめた。ここでも、しかし、ラント憲法の定める従来の通常立法手続は廃止せられたわけではなく、それは新たに認められたラント政府による簡略な立法手続とならんで存するのである。ラント政府による立法権がラント憲法に抵触しうる範囲は、ライヒ政府の立法権に比し、せまく規定せられている(第二条第一項)。ラントの憲法上の構成は、従って、ラント政府の立法権の対象となりえず、たとえばラント憲法の定める統領または内閣議長(Staats-od. Ministerpräsident)を廃止するというようなことは許されない。なお多くのラント政府はライヒによって任命された統監や受任者から成っている――(プロイセン、バイエルン、ザクセン、バーデン、ブレーメン、リューベック、シャウムブルク＝リッペ)――が、そこではそれらの統監や受任者がこの法律でラント政府とせられる⑯(第一九条)。

この法律はさらにラント議会および地方自治議会の改造を目的としているが、その改造は大体次の三つの原則によっている⑰。

(1) ラント議会も地方自治議会もすべてライヒ議会と同じ原則に従って構成せられる。このことはライヒ憲法第一七条第一項の精神を徹底させたものと考えられるが、そこでそれらの議会構成の基礎となるものは三月五日のライヒ議会の選挙の結果である。この結果にもとづいてプロイセン以外のドイツ中のすべての議会が改造せられるから、至るところでナチスが単独で、あるいは「黒・白・赤の戦線⑱」と共に多数を占めることになる。ここでライヒとの政治的均制をラント議会のみならず、地方自治議会にまで及ぼしていることは注目に値いする⑲。「ライヒ改革」と「自治制の改革」との間に存する必然的な関連が原理としてみとめられているものといえよう⑳。

（2）共産党は絶対的に排斥せられる。あるいは共産党に対しては議席の配当がなされず、あるいは共産党に投ぜられた投票は全く顧慮せられぬと定められている。この原則はライヒ議会・プロイセンの議会および地方自治議会に対しても適用せられる（第一〇条・一七条）。共産党員は従来すでに議会から排斥せられていたのであるが、本法はすなわちこの事実的状態をいわば合法化《レガリジーレン》したものである㉑。なおここに共産党の候補者名簿の代用と目せらるべきものというのは、四月五日のライヒ内務大臣の「ラントのライヒとの均制のための暫定法律への第一命令」（RGBl. I, 171）によれば、三月五日のライヒ議会の総選挙の時に"Sozialistische Kampfgemeinschaft"または"Kampfgemeinschaft der Arbeiter und Bauern"という名称をもっていた区候補者名簿を意味する（第三条）。

（3）一般的に議員数の減少が意図せられている。

プロイセンでは三月五日に議会の選挙が、そして三月一二日には地方議会の選挙が行われたから、右の原則はプロイセンには適用されない。

この法律はさらにむこう四ヶ年間ラント議会の解散を禁じ、その上ライヒ議会の解散は当然にラント議会の解散を伴うと定め、――この原則は地方自治議会には適用されぬ

——もってライヒ議会とラント議会が、さきにのべたように、その構成を等しくするだけでなく、互いに生死を共にすべきことを定めている。「均制」を徹底させるためであろう。

ライヒ内務大臣はこの法律の補充・施行のための広汎な命令制定権を与えられている。フリック〔ヒットラー内閣の内務大臣〕はこれにもとづき四月五日・四月八日・四月一一日(RGBl. I, 171, 185, 195)とつづいて命令を発布した。

5　ライヒ代官法

いわゆる「ライヒ代官法」の全文は次の如きものである。

一九三三年四月七日(四月二五日および五月二六日改正)のラントとライヒとの均制のための第二の法律

(Zweites Gesetz zur Gleichschaltung der Länder mit dem Reich, RGBl. I, 173, 225, 293)

ライヒ政府はここに公布せらるる法律を議決したり。

第一条　(1)プロイセンを除くドイツのラントにおいてライヒ大統領はライヒ宰相の推

薦にもとづきライヒ代官(Reilhsstatthalter)を任命す。ライヒ代官はライヒ宰相の定むる施政の方針の遵守を育成する任務を有す。次にかかぐるラント諸権力の権能は彼に属す。

1　ラント政府首席を、およびその推薦にもとづきその他のラント政府員を任命しおよび罷免すること。

2　一九三三年三月三一日の暫定均制法第八条の規定の留保の下にラント議会を解散し、および新選挙を命ずること。

3　ラント法律――暫定均制法第一条によりラント政府の議決するものをも含む――を審署し、公布すること。一九一九年八月一一日のライヒ憲法第七〇条は準用せらる。

4　従来最高のラント官庁によりなされたる限りにおいて、ラント政府の推薦にもとづき直接国家官吏および裁判官を任命し、および罷免すること。

5　恩赦権

(2)ライヒ代官は前項第四号および第五号の権利を部分的にラント政府に委譲することを得。ラント政府はさらにそれを委譲する権能を与えらる。

(3)ライヒ代官はラント政府の会議において議長となることを得。

（4）一九一九年八月一一日のライヒ憲法第六三条はその効力を妨げられず。

第二条　（1）ライヒ代官は同時にラント政府の一員たることを得ず。彼はその行使する国権の属するラントの国籍を有することを要す。彼の職務地はラント政府の所在地とす。

（2）おのおの人口二〇〇万に満たざる複数のラントに対して共同のライヒ代官を任命することを得。彼はそれらのラントの一の国籍を有することを要す。その職務地はライヒ大統領これを定む。

第三条　（1）ライヒ代官は一ラント議会期（Landtagsperiode）の間その任にあるものとす。ライヒ大統領はライヒ宰相の申出にもとづき何時たりとも彼を免ずることを得。

（2）一九三〇年三月二七日のライヒ大臣法（RGBl. I, 96）の規定はライヒ代官の職務に準用せらる。俸給はライヒの負担とす。その額の確定は留保せらる。

第四条　ラント政府の首席および成員に対するラント議会の不信任決議はこれを許さず。

第五条　（1）プロイセンにおいてはライヒ宰相が第一条に掲げたる権利を行使す。彼は第一条第一項第三号ないし第五号に掲ぐる権利の行使を内閣議長（Ministerpräsident）に委譲することを得。内閣議長はそれらをさらに委譲する権能を与えらる。

（2）ライヒ政府の成員は同時にプロイセンのラント政府の成員たることを得。

第六条　本法はその公布の翌日より施行せらる。一九一九年八月一一日のライヒ憲法および諸ラント憲法のこれに反する規定は廃止せられたるものとす。ラント憲法が統領(Staatspräsident)の職をみとむる場合は、その規定は、ライヒ代官の任命と共にその効力を失う。

この法律はライヒ宰相の定むる「施政の方針」がライヒとラントを通じて統一的に遵奉せらるべきことの保障の確立を目的とする。それがために本法はまずラントにおける議会主義を否定し(第四条)てそこに完全な独裁政を樹立し、さらにライヒ代官を設けることによってラントを全くライヒ宰相に従属せしめる。全ドイツを通じてのライヒ宰相の独裁がここに完成されたということができる。

プロイセンはここで特殊な取扱いをうけている。プロイセンにはライヒ代官はおかれない。プロイセンはライヒときわめて密接な関係にあり、いわばそのHausmacht(22)〔権力基盤〕であるから、プロイセンとライヒとの間の二元的関係は根本的に除去されることが必要と考えられた。そこでプロイセンではライヒ宰相自身がライヒ代官の職権を行うとせられた。このことはややビスマルク憲法時代のライヒとプロイセンの関係に類するものがある。さらに一般のラントについてはライヒ代官とラント政府員との間に不両立の関係がみとめられているが(第二条)、プロイセンについてはライヒ政府員は同時にプロイセンのラント政府員となりうると定められている(第五条)。すなわち、ライヒとプロイセンとの間にはその政府員のパーソナル・ユニオン——それはすでに個々の領域において試みられていたことであるが——が無制限に許されている。だから、ライヒ宰相自身がプロイセンの政府員となることすら可能なのである。新聞などでライヒ宰相をプロイセンのライヒ代官と呼んでいるのは、従って、正確ではない。

要するに「ライヒ代官法」はドイツ・ライヒの連邦性に根本的な変革を加えたものである。ヴァイマル憲法はビスマルク憲法に比して一歩統一主義に近づいたといわれたけれども、それでも現実的にみるとその「一歩」もきわめて表見的なものにすぎなかった。ビスマルク憲法時代の各支分国《シュタート》の国家性または非国家性と、ヴァイマル憲法時代の各支分国《ラント》の国家性または非国家性との間に大きな法律的差違はみとめられなかった。「ライヒ代官法」の発布と共にこの状態は一変した。「ラントの固有の政治」というものはもはやない。少くとも従来の意味においては。すべての政治が常にライヒによって指導《フューレン》される。従って従来のいわゆる「ライヒの監督」(Reichsaufsicht)なるものは全く意味を失ってしまったことになる。ラントが高い程度の独立性をもっていたからこそライヒによる「監督」が必要だったのだが、ラントが全くライヒに従属せしめられてしまった今日ではそうした「監督」は意味をもちえぬ。ここの指導原理は「監督」ではなくて「指導」(Führung)である。[23] そして「指導者」は？　といえば、それはいうまでもなくライヒ宰相アードルフ・ヒットラーその人である。

この法律はまだ従来のラントの形態をそのままみとめ、その区域変更を定めていない。しかし、それは決して現在の各ラントの領土を保障していはしない。ラントの領土変更の問題はラントの死活にかかる問題として従来ドイツにおける統一運動に対する一ばん大きな障害であった。一一月革命(一九一八年)の後、一九一九年二月一〇日の「暫定的ライヒ権力に関する法律」(RGBl. I, 166)の第四条は「自由国の領土構成はその同意を以てのみ変更せらるることを得」と定めて各ラントの当時の領土を保障した。ヴァイマル憲法に至ってはその第一八条により憲法改正法によればあるラントの意志に反してもその領土に変更を加えうることとせられ、この点で統一主義へ一歩近づいたと考えられたが、しかし、その第一八条の規定にもかかわらず、さきの「暫定的ライヒ権力に関する法律」第四条の原則が今でもなおその効力をもっていると主張する学者[24]もあるし、何よりまた政治の実際においてあるラントの意志に反してその領土を縮小するが如きは全く不能事とせられていた。[25] 今や事情は全く違った。「授権法」をもつライヒ政府は自由にこの点の改正をなす権限を取得した。この「ライヒ代官法」を起草した「四人委員会」

――パーペン、シュミット、フリック、ポーピッツ――の一人の半官的な説明によれば、この法律で現在のラントの領土を保障することは意図的に避けられたそうである。反対にその共同のライヒ代官に関する規定などは小さいラントの合同の可能性を指示しているとも考えられる㉖。

ここにおいてドイツにおける連邦主義か、統一主義かの問題も端的に解決せられてしまった。あのように争われたラントの国家性(Staatlichkeit)の問題ももはやその意味を失ってしまった。ケルロイターはいう㉗。「代官法発布の後は人は従来の意味においてドイツの諸ラントの"Eigenstaatlichkeit"〔独立性〕についてもはや語ることはできない。何となれば、ラントの権力の政治的に重要な諸権能はライヒの機関であるライヒ代官――その権能はライヒ法にもとづく――がライヒの名においてこれを行使するからである。諸ラントは旧時の諸王朝におけるような意味での"eigenstaatliche Regierung"〔独立国家的政府〕をもっていない。だから、余の考えによれば、代官法もまたラントにおける旧王朝の復活を不能ならしめている。もっともそれはライヒの将来の君主政体というような問題には全くふれていないが、何より、ライヒ代官がラント政府の「創造者」でありながら、自身さらに全く「指導者」に依存しているという事実はヴァイマル的政党連邦の状態――すなわち、部分的にライヒと多かれ少かれ政治的戦争状態にあるところの政治的な権力中心が成立しうるという如き状態――の復帰を妨げている。ライヒの政治的統一はついに終局的に確定せられた。ドイツ民族の健全な政治的感官がこの統一を是認する限りは」。ドイツ内政の年来の禍根たるVielstaaterei, Kleinstaaterei〔小国分立主義〕はここで排除せられてしまった。ライヒとラントの間の争議の可能性は全然消滅してしまった。ラントの「固有の政治の権利」などというものはもはや存しない。ドイツにはただひとつの国家――すなわち、ライヒ――と、ただひとつの政治的指導《フュールング》――すなわち、ライヒ宰相のそれ――があるだけだ。「個々のラントも、全体のラントも、ライヒに対してライヒの国家性の値いにおいて、ラントもまた「国家」だ、と主張することはできぬ[28]」。

ユンクはドイツ・ライヒはもはやBundesstaat〔連邦国家〕ではなくしてEinheitsstaat〔統一国家〕になった、といっている[29]。

付記

右にのべられた諸改革がいわば「国民革命」の本体をなすものと考えられるが、その後も引きつづいてさらに数多くの重要な改革が行われた。それらのうちから憲法的な重要さをもつものをあげると次のようになる。

(一) 一九三三年七月一四日の「人民投票法」(Gesetz über Volksabstimmung, RGBl. I, 479)はライヒ政府はその企図する処置またはその制定すべき法律について人民投票を行って人民の意志を問うことができること、およびその人民投票は——憲法改正の規定を含む法律に関する場合でも——有効投票の過半数で決せられることを定めた。

(二) 一九三三年七月一四日の「政党禁止法」(Gesetz gegen die Neubildung von Parteien, RGBl. I, 479)はナチス党(ＮＳＤＡＰ)だけがドイツにおいて存立するただひとつの政党であるとし、その他の政党を維持し、または新たに設けようとする者を罰すると定めた。

(三) 一九三三年一二月一日の「政党国家統一法」(Gesetz zur Sicherung der Einheit von Partei und Staat, RGBl. I, 1016)はナチス党がドイツ国家観念の持ち手であり、国家と不可分的に結合する公法人であることを定め、党裁判およびＳＡ裁判の制度を設け、そのほかナチス党およびＳＡについて法律的に規定するところがあった。(この法律は後に一九三四年七月三日の法律(RGBl. I, 529)で一部改正された)。

(四) 一九三四年一月三〇日の「ライヒ新構成法」(Gesetz über den Neuaufbau des Reiches, RGBl. I, 75)は、（a）諸ラントの議会を廃止すること、（b）諸ラントの諸高権(Hoheitsrechte)はライヒに移行し、ラント政府はライヒ政府に従属すること、(c)ライヒ代官はライヒ内務大臣の監督に服すること、および(d)ライヒ政府は新しい憲法を制定しうることを定めた。ここでさきの「ライヒ代官法」の趣旨はいっそう徹底せしめられ、ドイツは連邦性を全く捨てて完全な統一国家となった。

(五)一九三四年二月一四日の「ライヒスラート廃止法」(Gesetz über die Aufhebung des Reichsrats, RGBl. I, 89)はライヒスラート〔国会〕を廃止した。ドイツが完全な統一国家になった以上その存在理由は少しもないからである。

(六)一九三四年二月一六日の「第一司法権移譲法」(Erstes Gesetz zur Überleitung der Rechtspflege auf das Reich, RGBl. I, 91)はすべての裁判所はドイツ人民の名において――各ラントの人民の名においてではなく――裁判すると定め、司法権をライヒに統一した。これはさらに同年一二月五日の「第二司法権移譲法」(RGBl. I, 1214)および翌年一月二四日の「第三司法権移譲法」(RGBl. I, 68)によって補充された。

(七)一九三四年八月一日の「元首法」(Gesetz über das Staatsoberhaupt des Deutschen Reichs, RGBl. I, 747)は大統領の職はライヒ宰相のそれと統一せられること、従って従来大統領の権能とせられたものは指導者にして宰相たるアードルフ・ヒットラーに移行すると定めた。これは翌八月二日ヒンデンブルク大統領の逝去と共に施行せられた。

（八）一九三五年一月三〇日の「ドイツ市町村制」(Die Deutsche Gemeindeordnung, RGBl. I, 49)はベルリンを除くすべての市町村に関する統一的な立法を提供した。これは伝統的な自治制をナチス精神で色づけたもので、その前文でそれはナチス・ドイツのひとつの基礎法(ein Grundgesetz)だといわれている。

（九）一九三五年一月三〇日の「ライヒ代官法」(Reichsstatthaltergesetz, RGBl. I, 65)は一九三三年四月七日の「ラントとライヒとの均制のための第二の法律」(前述)——それは後に三三年四月二五日(RGBl. I, 225)・同年五月二六日(RGBl. I, 293)および同年一〇月一四日(RGBl. I, 736)の諸法律で一部改正された——を廃止し、改めてライヒ代官について規定した。その趣旨はドイツの統一国家化に応じてライヒ代官を従来のラントから分離せしめ、それを一種のライヒの地方長官たらしめるにある。

（一〇）一九三五年三月一六日の「軍構成法」(Gesetz für den Aufbau der Wehrmacht, RGBl. I, 375)は一般的兵役義務を定めた。つづいて同年五月二一日の「軍法」(Wehrgesetz, RGBl. I, 609)は兵役義務の詳細を規定した。

（一一）これらにつづいて一九三五年九月一五日の「ニュルンベルク法」がある。これについては次の「ドイツの「自由の憲法」」で説明されている。

（1）三月七日の Frankfurter Zeitung および Kaisenberg, Gleichschaltung der Länder mit dem Reich, S. 16 による。

（2）C. Schmitt, Das Reichsstatthaltergesetz, S. 9; Koellreutter, Der nationale Rechtsstaat, Deutsche Julisten Zeitung (DJZ). 1933, Sp. 518.

（3）Medicus, Programm der Reichsregierung und Ermächtigungsgesetz, S. 16.

（4）Anschütz, Kommentar zur RV., 13. Aufl. S. 285.

（5）第八七条についてはとりわけキューネマンがこういう解釈を主張した。これに対して、アンシュッツおよびイェリネックは政府よりの諮問に対する答申においてこれに反対の解釈を下している。Anschütz und W. Jellinek, Reichskredite und Diktatur. Zwei Rechtsgutachten, 1932. いうまでもなくキューネマン説は私有財産制を基礎とする自由主義の伝統に忠実な解釈といわなくてはならぬ。参照、Kühnemann, Die staatsrechtliche Stellung der Reichsschuldenverwaltung, Archiv d. öff. R., N. F. 24. B. 1933, S. 3 f.

（6）C. Schmitt, Das Gesetz zur Behebung der Not von Volk und Reich, DJZ, 1933, Sp. 455; Kaisenberg, Das Ermächtigungsgesetz, DJZ, 1933, Sp. 459. ケルロイターはこれをもって法律的に必要な規定だという。Koellreutter, DJZ, Sp. 518.

（7）C. Schmitt. DJZ, Sp. 456; Medicus, A. a. O. S. 17. Durchbrechen というのは個々の場合に憲法の一般原則と異った定めをなすことであって、カール・シュミットやヤコービが大統領の独裁権（ライヒ憲法四八条）について発展させた概念である。参照、Loewenstein,

Erscheiungsformen der Verfassungsänderung, S. 164, 233.

（８） C. Schmitt, DJZ, Sp. 458.

（９） A. a. O. Sp. 457.

（10） Medicus, A. a. O. S. 19.

（11） C. Schmitt, DJZ, Sp. 455.

（12） Anschütz, Die Verfassung des Deutsche Reichs v. 11. Aug. 1919, 13. Aufl. S. 350.

（13） C. Schmitt, DJZ, Sp. 457; Koellreutter, DJZ, Sp. 517.

（14） C. Schmitt, DJZ, Sp. 455; Kaisenberg, DJZ, Sp. 458. Zschucke はこの法律を「授権法」と呼ぶのははなはだ不当だから、これを Reichsführungsgesetz〔ライヒ指導法〕と呼ぶべしと提唱している。DJZ, Sp. 835.

（15） Medicus, Programm der Reichsregierung und Ermächtigungsgesetz, S. 6.

（16） Kaisenberg, Gleichschaltung der Länder mit dem Reich, S. 8, 9.

（17） Poetzsch-Heffer, Das vorläufige Gesetz zur Gleichshaltung der Länder mit dem Reich, DJZ, 1933, Sp. 537.

（18） Deutschnationale Volkspartei と Stahlhelm とが連合したもの。

（19） Koellreutter, Die nationale Revolution und die Reichsreform, S. 9.

（20） Koellreutter, A. a. O. S. 13.

（21） Kaisenberg, A. a. O. S. 8.

（22） C. Schmitt, Das Reichsstatthaltergesetz, S. 10, 21; Bilfinger, Das Reichsstatthaltergesetz, DJZ, 1933, Sp. 584.

(23) C. Schmitt, A. a. O. S. 23.

(24) たとえば、Nawiasky, Bayerisches Verfassungsrecht, S. 33 f.

(25) たとえば一九三三年の諸事件をみよ。参照、W. Jellinek, Grenzen der Verfassungsgesetzgebung, S. 22.

(26) C. Schmitt, A. a. O. S. 13.

(27) Koellreutter, Die nationale Revolution und die Reichsreform, S. 11.

(28) C. Schmitt, A. a. O. S. 12.

(29) Junck, Nochmals das Reichsstatthaltergesetz, DJZ. 1933, Sp. 797.

（昭和八年九・一〇月〔『国家学会雑誌』第四七巻第九号、第一〇号、一九三三年。付記は一九三六年〕）

第三章　ドイツの「自由の憲法」
——ニュルンベルク法——

1　いわゆる「ニュルンベルク法」

毎年ドイツのナチ党はニュルンベルクで大会を催すが、昨年(一九三五年)大会では同時に議会《ライヒスターク》がそこに召集せられて三つの重要な法律が喝采により満場一致で——現在のドイツの議会では表決はすべてかような満場一致にきまっている(!)——可決せられた。これがいわゆる「ニュルンベルク法」でいずれも九月一五日という日付をもっている。その第一は「国旗法」であり、第二は「公民法」であり、第三は「ドイツの血とドイツの名誉の保護のための法律」である。

まずそれらの正文の大意を次に訳出しよう。

国旗法　(Reichsflaggengesetz, RGBl. I, 1145)

議会はここに公布せらるる法律を全会一致を以て可決したり。

第一条　ライヒ色(Reichsfarben)は黒・白・赤とす。

第二条　ライヒ・国民旗(Reichs- und Nationalflagge)はハーケンクロイツ旗とす。商旗また同じ。

第三条　指導者《フューラー》・宰　相《ライヒカンツラー》はライヒ軍艦旗およびライヒ勤務旗の形式を定む。

第四条　ライヒ内務大臣はライヒ軍事大臣の権限に属せざるかぎり本法の施行および補充に必要なる法規・行政規程(Rechts- und Verwaltungsvorschriften)を発す。

第五条　本法は公布の翌日より施行せらる。

一九三五年九月一五日ニュルンベルク自由の党大会

指導者・宰相　アードルフ・ヒットラー

ライヒ内務大臣　フリック

ライヒ軍事大臣軍司令官　フォン・ブロンベルグ

公民法

(Reichsbürgergesetz, RGBl. I, 1146)

議会はここに公布せらるる法律を全会一致を以て可決したり。

第一条　(1)ドイツ帝国《ライヒ》の保　護　体《シュッツフェアバンド》に属し、それに対して特別の義務を負う者を国家所属員(Staatsangehöriger)とす。

(2)国家所属員たる資格は国籍法(Reichs- und Staatsangehörigkeitsgesetz)の規定に従って取得せらる。

第二条　(1)ドイツまたはこれと種を同じくする(artverwandt)血を有し、その行動により忠実にドイツ民族および帝国に仕うることを欲し、かつこれに適することをその行動によって証明する者のみを公民(Reichsbürger)とす。

(2)公民権は公民状(Reichsbürgerbrief)の賦与によって取得せらる。

(3)公民のみが法律の定むるところに従い完全なる参政権の持ち手《トレーガー》なり。

第三条　ライヒ内務大臣は指導者《フューラー》の代理人の同意を経て本法の施行および補充に必要なる法規・行政規程を発す。

一九三五年九月一五日ニュルンベルク自由の党大会

指導者・宰相　　アードルフ・ヒットラー

ライヒ内務大臣　　フリック

ドイツの血とドイツの名誉の保護のための法律

(Gesetz zum Schutze des deutschen Blutes und der deutschen Ehre, RGBl. I, 1146)

議会はドイツの血の純粋はドイツ民族の存続の前提要件なることを確信し、ドイツ国民を永遠に保全せんとの不撓《ふとう》の意志にもとづき、ここに公布せらるる法律を全会一致を以て可決したり。

第一条　(1)ユダヤ人とドイツまたはこれと種を同じくする血を有する国家所属員(Staatsangehörige deutschen oder artverwandten Blutes)との間の婚姻は禁止せらる。これに反して為されたる婚姻は無効とす。婚姻が本法を回避するために外国において為されたる場合においても然り。

(2)無効の訴は検事のみこれを提起することを得。

第二条　ユダヤ人とドイツまたはこれと種を同じくする血を有する国家所属員との間の婚姻外の関係は禁止せらる。

第三条　ユダヤ人はドイツまたはこれと種を同じくする血を有する四五歳以下の女性の国家所属員をその家政に勤務せしむることを得ず。

第四条　(1)ライヒ・国民旗の掲揚およびライヒ色の挙示はユダヤ人に対して禁止せらる。

(2)これに反してユダヤ色の挙示(das Zeigen der jüdischen Farben)はユダヤ人に対して許さる。この権能の行使は国家の保護の下に置かる。

第五条　(1)第一条の禁止に違反する者は重懲役に処せらる。

(2)第二条の禁止に違反する男子は軽懲役または重懲役に処せらる。

(3)第三条および第四条の規定に違反する者は一年未満の軽懲役および罰金またはその一方に処せらる。

第六条　ライヒ内務大臣は指導者の代理人およびライヒ司法大臣の同意を経て本法の施行および補充に必要なる法規・行政規程を発す。

第七条　本法は公布の翌日より施行せらる。ただし、第三条は一九三六年一月一日より施行せらる。

一九三五年九月一五日ニュルンベルク自由の党大会

指導者・宰相　アードルフ・ヒットラー

ライヒ内務大臣　フリック

ライヒ司法大臣　ギュルトナー

指導者代理人　ヘス

(無任所大臣)

る。

2　国旗法

第一の国旗法は昔からの黒・白・赤旗に対するハーケンクロイツ旗の勝利の規定である。

国民革命の当初においてナチ党は当時の大統領ヒンデンブルクによって代表せられていた保守的勢力と妥協しなくてはならなかった。一九三三年三月一二日の大統領の布告《エルラス》(RGBl. I, 103)は「翌日からライヒ色の終局的決定に至るまでの間、黒・白・赤旗とハーケンクロイツ旗を一緒に掲ぐべきこと」を命じたが、このいわば国旗の二元制度はつまりそうした妥協の結果にほかならなかった。しかし、この二元制度は暫定的であるべきだと考えられていた。ドイツの真の統一を実現するにはそうした二元制を克服することが必要であった。そこでその後ナチ党は保守派の政治勢力を制約すべく努力した。ヒンデンブルクの死は保守派をナチ党の前に完全に無力なものとしてしまった。つづいて鉄兜団《シュタールヘルム》の解散はこの点におけるナチ党の勝利を完全なものとした。ニュルンベルクで制定せられた右の国旗法は、すなわちかような保守派的勢力の没落とナチ党のそれに対する徹底的勝利のひとつの表現にほかならない。これによって黒・白・赤旗は国旗たる地位を奪われ、ナチの至上勢力を表徴するハーケンクロイツ旗だけがドイツの空にひるがえることになった。

この法律はハーケンクロイツ旗だけを国旗としながら、なお第一条でライヒ色は依然黒・白・赤であると定めている。それは現在の第三帝国が決して第二帝国を象徴するそれらの色を無視しているのでないことを意味する。それらの色は光栄ある過去をもち、その過去に対してナチ党は大きな敬意をもっている。しかし、それらは長い間泥にまみれていた。それをアードルフ・ヒットラーが再びドイツ人民の手に返したのである。昔の色が再びドイツの空に見られるようになったのはひとえにナチ党のおかげである。ナチ党はいまやこれらの色を新しい形態において維持しようとする。赤地に白い輪があり、その中に黒いハーケンクロイツのあるナチ党の旗の色はつまり黒・白・赤の三色にほかならない。従って今後それらの三色は存続する。ただ、従来の黒・白・赤旗においてではなく、ナチ党旗のうちに統合せられて存続するのである。ゲーリングはいう。「ひとりヒットラーだけが過去を再生せしめた。従ってひとりヒットラーだけが過去をいっそうひろく・いっそう純粋な現在のうちに統合させる権利をもつのである」。

国旗法による国旗の統一は、つまり、ナチ・ドイツの政治的統一の表現にほかならない。

3　公民法

ある民族の価値はその血が純粋であるかどうかに依存するところ大きい。血の純粋を保つことのできぬ民族は固有の文化をもつことはできない。こういう考えに立脚してナチ党は、人の知るように、かねてから人種の問題に非常な重要性をみとめている。

改めて引くまでもないこととおもうが、ナチ党の綱領《プログラム》の第四点には次のようにいわれている。「民族員(Volksgenosse)たる者だけが公民(Staatsbürger)となりうる。またその宗派にかかわらずドイツの血をもつ者だけが民族員となりうる。従ってユダヤ人は民族員となることはできない」。またその第五点にはこうある。「公民でない者はドイツで客員《ガスト》としてのみ生活することをうべきであり、外人法によって律せらるべきである」。さらにその第六点にいわく。「国家の指導および法律に関して決定をなす権利は公民にのみ与えられることができる。従って、すべての種類の公職は、それがライヒにおけるものであろうと、ラントにおけるものであろうと、また市町村におけるものであろうと、つねに公民のみがそれを担任しうべきことを我々は要求する」。

ニュルンベルク法のうちの公民法は、つまり、この綱領の精神を徹底的に実現したものにほかならない。

この法律はドイツ人のうちに国家所属員と公民の区別を設けた。公民だけが政治的な権利をもちうるのであるから、この区別はフランス法でみとめられている。sujet〔臣民〕とcitoyen〔市民〕の区別に大体相当する。ただフランスではsujetという身分はある種の植民地人についてのみみとめられているが、ドイツの国家所属員は本国人についてみとめられる身分である点で非常にそれとは違う。この区別は平等という原理を全くみとめぬナチ党イデオロギーにきわめてよく適合する。国民革命以後従来みとめられていた法律の前の平等の原理はいろいろな点で廃棄せられた。政治的な区別としては、すでにナチ党以外の政党の存在が許されず、ナチ党が政権を独占しているわけであるから、その党員はいわば第一級の公民——選良《エリト》——の地位を与えられ、多くの特典を享有しているといえる。

公民法はこの点についてさらにほかに重要な区別を設け、単なる国家所属員を全く参政権から除斥したのである。この時まではまだヴァイマル憲法の規定にもとづく選挙人が選挙人たる地位を与えられていた。むろん、国民革命以来ドイツには本当の選挙というものは存しないと考うべきであろう。しかし、ナチ党はプレビシット〔人民投票〕——その現実の内容がどのようなものであるかはしばらく別として——に重要な地位を与えており、その場合にそれに参加する者はいままでのところはヴァイマル憲法の普通選挙制による選挙人であった。これは実はすこぶる妙な現象であったといえるが、公民法はこの妙な点を完全に消滅させてしまった。これからはプレビシットに加わるのは公民だけで、単なる国家所属員はもはやこれに参加しえなくなったのである。

内務大臣フリックは国家所属員を公民から区別したことについてこういっている。この区別によって自由主義時代のひとつの根本的原則が破棄せられた。自由主義時代にはすべての国家所属員は——その人種・宗派などにかかわらず——平等な権利と義務を与えられた。ところが今日においては単に外形的にドイツの国家体に属しているというだけでは、必ずしも公民としての権利を有し義務を負うことはできない。国家所属員という概念は主としてドイツ人を外国人や無国籍人から区別することに役立つので、国家所属員の資格はその者の人種とは関係がない。これに反して国家所属員のうちで政治的な権利義務を完全にもつ者だけが公民とせられるのである。

それならば公民の資格はどうして取得せられるか。公民法はそこに二つの要件をみとめている。一は人種である。他はその行動である。

4　ユダヤ人排斥

すべて公民はドイツの血をもつ(deutschblutig)を要する。従って、ユダヤ人が公民になれないのはもちろん、チゴイナー〔いわゆるジプシー〕もニグロ〔黒人〕もドイツ公民になれない。

ところでドイツの血をもつというのは正確にいうと一体何であるか。公民法はドイツの血と「種を同じくする血」をもつ者を「ドイツの血」をもつ者と同じように取扱っている。フリックによると、ドイツの血はその固有の人種をもっていない。ドイツ民族はむしろ異る諸人種から組織されている。しかし、これらすべての人種においては、それらの血がたがいに調和し、血の混合がそこでなんの弊害をもたらしていないという特色がある。従って、ドイツ民族と同じような人種的構成をもつ民族の血はドイツの血と同じに取扱って差支えない。まとまってヨーロッパに定住している諸民族は大体ドイツ民族と同じような人種的構成をもつと考えていい。従って、ドイツにある少数民族に属する者――たとえば、ポーランド人・デンマーク人など――もドイツ公民となることができるし、一般の解釈によれば、フランス人・イギリス人・ロシア人・アメリカ人などもドイツの血と種を同じくする血を有する者としてドイツ公民になる資格があるとせられている。ルネ・カピタン〔フランスの法学者〕は、こういう解釈に従うと「おそらく日本人の後裔すらも」ドイツの血を有する者とせられるであろうといっているが、「ドイツの血と種を同じくする血を有する者」という概念をはたしてそこまで拡張して解することができるかどうかは大いに疑わしい。

とにかく公民法はかように厳格にドイツの血をもつ者だけでなく、それと無事に（！）調和しうる血をもつ者にも公民となる資格をみとめているが、そこでドイツの血と無事に調和することのできぬ血をもつ者とせられるのは誰であるか。それが第一にユダヤ人であることはいうまでもない。むろん厳格にいって、そういう者はユダヤ人だけではない。チゴイナーやニグロがそれに属することは、さきにのべたように、フリックも明言している。しかし、公民法がもっぱら眼中においているのがユダヤ人であることは、次に説明せられた「ドイツの血とドイツの名誉の保護のための法律」の規定を見てもわかるし、また公民法の施行令を見てもわかる。

それならば、「ユダヤ人」とは一体何をいうか。これを定めているのが一九三五年一一月一四日の公民法施行のための第一の命令(Erste Verordnung zum Reichsbürgergesetz, RGBl. I, 1333)である。その第五条は次のように定めている。

（1）祖父母のうちに人種上完全なユダヤ人(volljüdisch)が少くとも三人あればその者はユダヤ人である。祖父母がユダヤ教に属している場合はそれはすべて完全なユダヤ人とせられる。

（2）祖父母のうちに二人の完全なユダヤ人をもつ国家所属員たるユダヤ混血児は次

の場合にはユダヤ人とせられる。

（a）公民法発布当時ユダヤ教に属していた場合またはその後それに加入した場合

（b）公民法発布当時ユダヤ人と結婚していた場合またはその後ユダヤ人と結婚した場合

（c）ドイツの血とドイツの名誉の保護のための法律施行後なされた右の（1）の意味におけるユダヤ人との婚姻に由来する場合

（d）右の（1）の意味におけるユダヤ人との婚姻外の関係に由来し、一九三六年七月三一日以後生れた場合

これによるとある人間がどの程度にユダヤ人の血をもっているかはもっぱらその祖父母のうち何人が完全なユダヤ人であるかによって決せられる。祖父母が四人共に完全なユダヤ人(volljüdisch)である者はむろん完全なユダヤ人である。そのうち三人が完全なユダヤ人である者もユダヤ人とせられる。これらの者はいかなる場合にもユダヤ人であり、従って公民となることは許されない。これに反して祖父母のうちに一人しか完全なユダヤ人がいない者はいかなる場合にも血の理由にもとづいて公民から除かれることはない。祖父母のうちに二人の完全なユダヤ人をもつ者は一定の場合にはユダヤ人とせら

れるが、それ以外の場合は非ユダヤ人の地位を与えられる。しかし、それは必ずしも非ユダヤ人とせられるユダヤ混血児がアーリア人と同じ身分をもつことを意味するのではない。彼らはアーリア人とユダヤ人の中間にあっていろいろな差別待遇を受けている。彼らは公民にはなれるが、ナチ党に加入することはできず、また官公吏になることもできない。

ユダヤ人であるかないかは人種の問題であって、宗教の問題ではない。ナチの論者はつねにこう主張している。しかし、はたしてそういうことができるかどうか大いに疑わしい。人種だけを標準としてユダヤ人とそうでない者を区別することはきわめて困難なのである。現にここに取扱う法令でも、ある個人がユダヤ人であるかどうかはもっぱらその祖父母のうちに何人の完全なユダヤ人があったかどうかによってこれを決することにしている。ところで、その祖父母が完全なユダヤ人であったかどうかは一体何にもとづいて決定するのであるか。この点について右の命令はユダヤ教に属していた祖父母は当然ユダヤ人とみなすと定め、それについて反対の証明をすることも許していない。（フリックはこういっている。「証明を容易にするために（！）ユダヤ教に属していた祖父母は完全なユダヤ人とみなすと定められたのである。そこで反対の証明は許されない」。「証明を容易にするために」とはすこぶる興味ある表現ではないか）。しかも、祖父母が完全なユダヤ人であったかどうかを人種の標準だけで決するということも実際にはほとんど不能に近い。そうすれば、この場合は結局その宗教如何で決するよりほか仕方がない。ユダヤ人かどうかは人種だけの問題で宗教は関係ないというのは、だから、実は事実に適合していない。むろんその本人の宗教だけによって決せられるのではない。しかし、その祖父母の宗教によって決せられるのである。このことは結局この命令がユダヤ人であるかないかをもっぱら宗教にもとづいて決定していることを意味するのであるが、それはまた同時にユダヤ人であるかないかを人種の標準だけで決定することが実際に不可能であることを示していると考えられよう。

ユダヤ人が公民権をもたぬことの結果として、それはすべての公職から除斥せられなくてはならない。そこで右の施行令はユダヤ人の官公吏は一九三五年一二月三一日に退職すべきものと定めている。ただ〔第一次〕大戦に参加した者に対してはそこで多少の優待的条件がみとめられている。

5　「公民」の政治的要件

公民権のもうひとつの要件はいわば政治的なそれである。それを具備しなければ、たとえドイツの血をもつ者でも公民権をもつことができないのである。

その要件は「忠実にドイツ民族および帝国に仕うることを欲し、かつこれに適することをその行動によって証明」することである。この要件が具体的にどういう意味をもつかは法文だけからは正確に知ることはできない。ある労働者がヒットラー敬礼をすることを拒絶したというだけで国家に敵意あるもの(staatsfeindlich)として免職されたというような事実から推すと、相当厳格に解釈運用せられるのではないかという気がする。

この法律はビスマルク憲法以来ドイツ・ライヒでみとめてきた法律の前の平等の原則——しかもそれは国民革命後も形式上はまだ廃止せられたわけではない——を真向から否認したものである。公民権をもたぬ者に対して拒絶せられる政治的な権利は単に選挙権ばかりではなく、公職に就任する資格を含む。ところでこの場合公民権をもたぬ者に対して門戸の鎖《とざ》されている公職の範囲はきわめてひろい。国の官吏のほかに地方団体の吏員の地位がそれに含まれているのはもちろん、そのほかにたとえば、大学の名誉教授とか私講師《プリヴァートドッエント》とか、さらに公証人などまで含まれている。そればかりではない。ライヒ鉄道会社までその職員について同じような規定を設ける権限を与えられている(Zweite Verordnung zum Reichsbürgergesetz vom 21. Dezember 1935, RGBl. I, 1524)。

6 「血」と「名誉」の保護

ニュルンベルク法の第三の「ドイツの血とドイツの名誉の保護のための法律」――または簡単に「血の保護法」(Blutschutzgesetz)――においては公民法におけるよりもいっそう徹底的な反ユダヤ人思想が表れている。ここでは単に政治上の特典がユダヤ人に対して拒絶せられているだけではなく、身分上も重大な制限が彼らに加えられている。この法律はドイツ人民のうちにおいてユダヤ人を隔離することを目的とする。ユダヤ人とドイツ人との間のすべての性的交渉――婚姻にもとづくものであろうと、婚姻外のものであろうと――を禁止するのがその主たる内容で、それによって「ドイツの血とドイツの名誉(!)」を保護しようというのである。その前文においてナチ党の人種観が特に宣明せられていることも注目に値いしよう。

この法律の施行令(Erste Verordnung zur Ausführung des Gesetzes zum Schutzes des deutschen Blutes und der deutschen Ehre, vom 14. November 1933, RGBl. I, 1334)で混血児に対して特別な取扱いがなされている。混血児(Mischling)とは祖父母のうちに一人または二人の完全なユダヤ人をもつ者をいうが、ナチ立法はこれを将来において消滅させようと考える。そこで祖父母のうちに一人の完全なユダヤ人をもつ混血児――四分の一ユダヤ人――はやがてアーリア人のうちに没入すべきものとせられる。この種の者は、だから、原則として純粋のアーリア人としか婚姻できない。そういう祖父母を二人もつ混血児——半分ユダヤ人——はユダヤ人と婚姻してユダヤ人のうちに没入することもできるし、また四分の一ユダヤ人あるいはアーリア人と婚姻してアーリア人のうちに没入することもできる。ただし、この後のコースをとる場合には内務大臣の認可が必要である。内務大臣はいろいろな条件を考慮して、その婚姻がその家のゲルマン化を可能ならしめる見込みがある時にかぎって認可する。また半分ユダヤ人相互の婚姻は許される。医学上の経験によると、この種の婚姻は子をもたらすことが少いといわれる。しかし、四分の一ユダヤ人相互の間の婚姻は許されない。この種の者はアーリア人と婚姻することによって速かにゲルマン化すべきものとせられるのである。

これらの制限は婚姻外の関係に対しても適用せられる。施行令は「血の保護法」第二条にいう「婚姻外の関係」とは「性的関係」のみをいうと特にことわっている。

この法律は実際にも相当厳格に適用せられているようである。マンハイムでは三年来アーリア人の女と同棲していたあるユダヤ人の男が、その関係を解消しなかったので、一年間刑務所に送られたそうであるし、またダルムシュタットでは一八歳のユダヤ人の若者が一七歳のアーリア人の女中——しかも平素評判のあまりかんばしくはなかった娘——にたった二回、しかも完全な合意の上で、接吻したというだけで三ヶ月刑務所へ入れられたという。これはいずれもルネ・カピタンの伝えるところであるが、はたしてどこまで正確なのかこの文の記者にはよくわからない。ことに後のダルムシュタットの接吻事件などはこれだけではなぜ罰せられたのか了解しかねる。

7　シュミットによる弁明

カール・シュミットはこれらのニュルンベルク法はまさにドイツの「自由の憲法」であるとして、次のようにのべている。——

この議会は従来の議会制の下における議会とは異るものであったし、そこで議決せられた法律も従って議会での討論の産物である従来の法律とは違うものである。党大会において参集した議会はナチ運動によって与えられた指導者《フューラー》・アードルフ・ヒットラーに従うドイツ国民そのものであった。その法律は数世紀このかた最初のドイツの自由の憲法(die erste deutsche Verfassung der Freiheit)である。

数世紀の間ドイツ国民は Freiheit〔自由〕の代りに Libertäten〔身分制的自由〕あるいは Liberalismus〔身分制的自由主義〕しか知らなかった。一七・一八両世紀のドイツ諸憲法の Libertäten はその悲しむべき状態の内政的および外政的利益享受者のすべてに対してわが国民の分裂を保障した。一九世紀の諸憲法の自由主義的な諸自由は国際的諸勢力によってドイツ国民の宗派的および階級的分裂をひとつの基礎法にまで引上ぐべく利用せられた。そこで憲法の定める自由というものはドイツのすべての敵と寄生虫にとっての武器となり、合言葉となった。我々はこの偽妄を看破した。我々は自由主義的諸憲法が外国支配の典型的な偽装形式になることを認識した。国民は世界でいちばん自由主義的な憲法をもつことができても、それはただ利子奴隷および賃銀奴隷の一団でありうるにすぎない。そうして憲法は自由とマルクシズムの全インターナショナルから中世的だと嘲笑せられ、批難せられようとも、まさにそのことによって国民がその固有の本質と結合し、精神的外国支配から自己を解放したことの証明を示すことができるのである。

数世紀このかたはじめて我々の憲法の諸概念が再びドイツ的になったのである。我々は我々の自由主義的な先祖を難じようとはおもわない。彼らはドイツ人であり、我々の仲間である。彼らの自由主義的観想の誤謬を通じて彼らにあってもドイツ的本体を見出すことができ、ドイツの血の声をしばしば聞くことができる。ドイツの法律家のうちの何人が今日ロレンツ・フォン・シュタインをシュタール・ヨルソンから、ルードルフ・グナイストをラスカーから、オットー・ベーアをヤコビから、ルードルフ・ゾームをフリートベルクから区別できぬであろうか〔いずれもドイツの法学者〕。第二帝国の光栄ある黒・白・赤を我々は依然畏敬の念をもって保持する。しかしながら、我々の自由主義的先祖の法および憲法に関する考えを我々は保持することはできない。その考えは全く非ドイツ的な概念体系のうちに編み込まれていた。彼らが憲法と考えたものは英仏からの継受法であった。彼らはドイツの自由《フライハイト》を進歩政党の政綱と混同した。彼らの憲法(Verfassungen)はつまりKonstitutionenであり、彼らの議会(Reichs- und Landtage)はParlamentであった。彼らの公民(Staatsbürger)はcitoyenの誤訳であった。彼らの諸憲法はドイツの血とドイツの名誉について語らなかった。ドイツ人という言葉はただ「すべてのドイツ人は法律の前に平等」だということを強調するためにだけあらわれる。しかし、この命題は徒《いたず》らに非ドイツ人をドイツ人と平等に取扱い、法律の前に平等であった者はすべてこれをドイツ人と考えるということに役立った。そこで民族は国家所属員(Staatsangehöriger)の全体となり、国家は目に見えぬ法人となった。自由主義的ドイツの旗が三色旗の範に相当するところの・真の徽章たる力をもたぬ単なる色の並列であったことはおどろくに足りない。

今日はドイツ民族は法の意味においてもまたドイツ民族となった。九月一五日の諸法律によればドイツの血とドイツの名誉が我々の法の主たる概念である。国家はいまや民族的な力と統一の手段である。ドイツ帝国はただひとつの旗、すなわち、ナチ運動の旗をもつ。そしてこの旗は単に諸色によって組成せられているばかりでなく、ひとつの大きな真の徽章、すなわち、民族の徽章たるハーケンクロイツをもっている。

さらにほかの憲法的決定が自由党大会においてなされた。指導者《フューラー》はユダヤ人の地位に関するいまの規定がその目的を達しない場合に対して新しい再審査の可能性をのべ、そのためにただちにこの問題の解決が法律によって党に委任せられることの見込みを語った。これは真面目な警告である。これによってナチ党は民族的宝物の見張人(Wächter des Völkischen Heiligtums)、憲法の番人(Hüter dre Verfassung)とせられたわけである。

我々の民族的秩序の基礎はいまや確立された。国の元首および最高の裁判主としての指導者《フューラー》をもつドイツ民族、我々の憲法の番人としてのナチ運動、最高の統帥者としての指導者《フューラー》をもつドイツ軍隊。ドイツの法律家にとってはここにおいて大きな新しい任務がはじまる。我々はこれらの法律に明白に定められたドイツ民族の法を維持しなくてはならない。指導者の警告は我々にも向けられている。我々の法は頽廃の心なき悪魔に墜ちてはならない。これらの法律は我々にとって来るべき施行規則の単なる前文であってはならない。それらはまた単に他に重要な諸法律とならぶ個々の三つの重要な法律でもない。それらは我々の法の全体を包括し、それを貫徹する。何が我々にとって道義および公の秩序、礼儀および善良な風俗と名づけられうるかがそれらによって定められている。それらは自由の憲法であり、我々の今日のドイツの法の核である。我々がドイツの法律家としてなすことはすべてそれらによってその意義とその名誉を与えられる。

本稿は主として次の諸文献によった。

C. Schmitt, Die Verfassung der Freiheit DJZ, 1935, Sp. 1133 f.

W. Frick, Das Reichsbügergesetz und das Gesetz zum Schutz des deutschen Blutes und der deutschen Ehre vom 15. September 1935, DJZ. 1935, Sp. 1389 f.

R. Capitant, Les lois de Nuremberg, Revue politique et parlementaire, mai 1936, p. 283 et. s.

O. Koellreutter, Deutsches Verfassungsrecht, 2. Aufl, 1936.

（昭和一一年一〇月『国家学会雑誌』第五〇巻第一〇号、一九三六年）

解　説

高見勝利

宮沢俊義(一八九九〜一九七六)は、一九二三年東京帝国大学法学部政治学科を卒業、同学部助手となり、二五年助教授、三〇年から二年間の在外研究を経て、三四年教授に昇進、以後五九年に定年退官するまで東京大学法学部(四九年名称変更)で憲法を講じ、退官後は立教大学初代法学部長として新設学部の基礎を築いた、憲法学の第一人者である。

本書は、四六判ではあるが、生涯自らの手で——随筆集はともかく——論文集を編むことのなかった宮沢にとって、最初にして最後といってよい自選論集である。もっとも、宮沢は、四八年、『民主制の本質的性格』(勁草書房)と題する論文集を公刊している。したがって、宮沢の自選論集は二篇ということになる。しかしながら、後者は、「民主制と独裁制」、「議会制」、「政党と世論」の三表題のもとで、本書Ⅰ部、Ⅱ部に収録されている主要論稿を再録するとともに、本書刊行前後にものした四論文(「民主制と相対主義哲学」一九三四年、「議会の効用の推移」一九三七年、「民選議会論争」一九三八年、「政党独裁制の本質的性格」一九三八年）を追加したもので、本書のいわば「戦後改訂版」である。その意味で、本書は、宮沢の「最初にして最後」の自選論集である。ただ、それは、本書の表題からも明らかなごとく、学術論文集ではなく、時事評論集である。

本書が中央公論社から刊行されたのは、一九三六年一二月である。それは、宮沢が教授となり、その後、恩師・美濃部達吉博士の天皇機関説が帝国議会で攻撃され（三五年二月一八日、菊池武夫議員の貴族院本会議での質疑）、美濃部が貴族院本会議で一身上の弁明（同月二五日）を行ってから一年一〇ヶ月後のことである。本書には、その天皇機関説事件の影が色濃く反映している。

帝国議会における美濃部説批判の矛先は、当時、東京帝国大学法学部で博士の後任として憲法学を講じていた宮沢にも、当然のことながら向かう。一九三五年三月二二日の衆議院治安維持法改正法律案外一件委員会の席上、次のような質疑応答がなされる。

牧野賤男委員　茲《ここ》ニ宮沢俊義ト云フ東京帝国大学法学部教授ノ昭和十年度ノ講義ノ「プリント」ガアル、是《これ》ハ大学ノ教壇ニ立ッテ述ベテ居ルモノデアル

我国ノ通説ハ、国体ト政体トノ概念ヲ区別シ、国体ノ別ハ主権ノ所在ニヨル別

デアリ、政体ノ別ハ主権ノ行動ノ形式ニヨル区別デアルトナシ、主権ガ一人ノ手ニアルカ、国民ノ手ニアルカニ依ッテ君主国体ト共和国体ヲ分チ、主権ガ権力兼併主義ニ依ッテ行ハレルカ、権力分立主義ニ依ッテ行ハレルカニ依ッテ専制政体ト立憲政体ヲ分ツ、之ヲ唱道スルノハ市村〔光恵〕、清水〔澄〕、筧〔克彦〕、佐々木〔惣一〕ノ諸博士デアル、之ニ反対スルノハ美濃部博士デアル、私モ同博士ニ賛シ、両者ノ区別ハ認メナイ

即チ憲法第一条ハ国体ヲ定メタモノデハナイ、ソンナ区別ハナイ、政体デアル、斯《こ》ウ云フコトヲ大学ノ教壇ニ立ッテ教ヘテ居ルノデアリマスガ、コンナコトハ文部大臣ノ国体ニ関スル意見ニ反スルガ、憲法ノ解釈デアルカラト言ッテ、放ッテ置カレルコトガ宜イノデアリマスカ、如何デアリマスカ……

松田源治国務大臣〔文相〕　宮沢君ノ其説ハ、私ハ全体ヲ通読シテ見ナケレバ能《よ》ク分リマセヌガ、而《しか》シテサウ云フコトガアッタナラバ、其問題ヲ美濃部君初メ長キニ亙《わた》ッテ論争シテ居ルノデアリマスカラ、先達此処《ここ》デ答弁シタヤウニ、慎重ニ考慮シテ私ハ善処シタイト思ヒマス

（中略）

松田　……大学デハ今美濃部君ハ教授デナイノデアリマシテ、宮沢ト云フノガ教へ

テ居リマスガ、其宮沢ト云フ者ノ説ヲ能ク通読シテ見ナケレバ此処デ以《もっ》テ何トカ答ヘルト云フコトモ一寸《ちょっと》困難ニ感ジマス、其点ニ付テハ今吾々ハ慎重ニ考慮シテ善処シタイト考ヘテ居リマス〔中谷貞頼委員への答弁〕

翌二三日付『東京朝日新聞』夕刊は、「天皇機関説　文相の言明　宮沢教授に言及」との見出しで、松田文相の答弁内容を次のように報じている。

「自分は美濃部説に賛成しないが、美濃部説が憲法第一条を認めてゐる以上は美濃部説をもつて直ちに国体を冒瀆する説なりと断ずるには躊躇する、天皇機関説についてどうするかといふことは誠意をもつて慎重に考慮するが、美濃部氏は既に大学の名誉教授にすぎないからどう考へるといふ訳に行かないもので考慮するとあれば宮沢東大教授だけについてである」

本書刊行当時、法学部生であった丸山眞男によれば、「あと問題となるのは宮沢教授一人だ」との上記・文相答弁により窮地に陥った宮沢は、「講義案を改訂したりしてどうにか無事なるをえた」が（『講義案』第一章序説の第一節国家、第二節国家機関、第三節国家形態（政体）、第四節憲法のうち、第一節〜第三節を全面削除し、第一節憲法、第二節日本憲法の法源、第三節日本憲法略史に再編）、しかし、「その後は以前の精彩は稍《やや》薄らいだことは争えない」とする。そして、丸山は、宮沢の横顔を次のように描写している（「法学部三教授批評」（初出一九三七年）、『丸山眞男集』第一巻、三六頁（一九九六年、岩波書店））。

「偶々《たまたま》ジャーナリズムに発表する論文も小まめな、技術的批判が多くなって来た。元来が実践的・闘争的な性格ではなく、鋭敏な感受性をもてあまし気味の、懐疑的インテリの典型であるだけに最近の制圧に対する反撥もきわめて消極的たらざるをえない。しかし教授のはぐくまれた大正後期のデモクラシーは教授の肉体に喰い入って素質的なものとなっているから、教授がデモクラシーを抛棄するということはまず考えられない。今後も憲法学の科学性の擁護のために奮闘をつづける教授の痛ましい姿をわれわれは当分の間見せつけられることであろう。」

右引用の末尾において、丸山は、宮沢憲法学を「憲法学の科学性」という言葉で特徴づけている。これは――本書で取り上げられている――憲法の基底にあって憲法を動かす「政治」について、宮沢がどう向き合うべきだと考えているかを的確に摘示したものである。それと向き合う宮沢の学問的姿勢は、「はしがき」で、開口一番「危機的な時代の政治」の「科学的な分析を試みよう」とするのが本書の目的だとし、本書の指導精神を"Je n'impose rien, je ne propose rien, j'expose"（わたしは、何も押し付けず、何も提案しない。わたしは、ただ、解き明かす）という言葉で簡潔に表記していることからも明らかである。そして、「プロローグ」は、まさに、その精神、すなわち本書を貫く宮沢の基本姿勢を平易な言葉で説いたものである。

もとより言うところの政治の「現実」について、「望み」を交えずに解き明かすことは決して容易なことではない。とくに本書において宮沢がひとえに「知ろう」とし、理解し、説明しようとする憲法上の「国家・政治形式」や選挙・議会・行政機構といった人々の「望み」によって作られた「制度」の場合、それがいかにあるべきかを抜きに、その「赤裸々な「現実」」について、主観を交えず純粋に理解し、説明するというのは至難の業である。

このような無理を承知で、宮沢があえて現実を「知る態度」「見る態度」、すなわち、現実に積極的に働きかける態度ではなく、現実の真相を理解し、認識する理論的な態度に徹すべきだと強調した背後には、美濃部学説を「反国体的だ」と非難する政治家等の怒声に押されて、政府が美濃部の諸著作を発売頒布禁止処分としたことに対する無言の怒りと静かな抵抗の意味が含まれていた。国家が美濃部学説排撃に加担することは、一研究者が実在する国家の実相を理解し、理論的に説明したに過ぎぬ国家法人・国家機関(天皇機関)説を、国禁の説として葬り去ることであり、地動説を説き裁判にかけられたガリレオの陥った不条理に匹敵するものだと、宮沢には映じたからであった。

しかし、この理論的に解き明かすことに徹しようとする宮沢の態度は、学生の丸山によって、「悪くすると、政治的圧迫に対して乏しい抵抗しかなしえないことの巧妙な自己弁護に堕する恐れがある」(前掲三七頁)と見透かされるのである。それは、現実に対して能動的に働きかける態度でもなければ、かくあるべしとする自らの理想に基づいて現実を批判し、評価する態度でもない。いずれにしても、宮沢が本書で行っている「転回期の政治」の解明は、そうした実践的態度ではなく、「科学としての憲法学」という塹《ざん》壕《ごう》から、一九三〇年代における「政治の現実」の変貌を凝視し、記憶に留めようとした知的認識作業である。

そうした作業を自覚的に行うには、認識者の方であらかじめ一定の視座が設定されていなければならない。そうでなければ、対象とする「政治の現実」を理解することができないからである。当時、宮沢が設定した視座は、「民主政《デモクラシイ》」と「独裁政《オートクラシイ》」という二項対立の理念型であり、そして、前者の型から後者のそれへの「転回」という変貌図式である。立教大学図書館宮沢俊義文庫には、リベラリズムを基点に上記・理念型のデモクラシイ(デモリベラリズム)とオートクラシイの特性を対比した一枚の図表(手書き)が収められている。

本書「I　転回期の政治形態」と「IV　転回期のヨーロッパ政治」は、この対比表を念

リベラリズム・デモクラシー・オートクラシーの特性比較

リベラリズム	デモクラシイ（デモリベラリズム）	オートクラシイ
反法秩序的（アナルシイ）	プロ法秩序的	プロ法秩序者的
経験的個人から出発する	「個性なき個人」から出発する	超個人主義
法（国家）からの自由	法（国家）における自由	絶対服従（法への）
政治的価値絶対否認（懐疑主義）	政治価値を相対的に認める	絶対的政治価値を認める
政治的無信仰（極端な主観主義）	政治的に相対的な信仰あり（相対的主観主義）	政治的に絶対信仰（客観主義）
放縦	妥協的・平和的	弾圧
	多数決主義	「多数ではなくて権威！」
人の人に対する支配否認	不特定・可変的な多数者によるある程度の支配を是認する	特定人による無条件的支配を是認する

（立教大学図書館宮沢俊義文庫蔵・宮沢メモ）

頭において読めば、宮沢が描こうとした民主政から独裁政への「転回《メタモルフォーゼ》」の相貌が比較的よく理解できるであろう。たとえば、「独裁政理論の民主的扮装」(Iの第三章)における次の記述である(本書七三頁)。

「民主主義は元来それ自身において反国家的・反秩序的な原理である自由主義が積極的に国家・政治形式を基礎づける原理に転化したものにほかならぬ。従ってそれは根本的にリベラルな性格をもつ。民主主義を原理とする国家・政治形式、すなわち民主政では通常リベラルなものとせられている言論の自由・科学の自由・信仰の自由などはその欠くことのできぬ生命原理なのである。これらのものを欠く民主政は、すなわちリベラルでない民主政はもはや一般に民主政ではない。むしろ民主政の否定である。それはすなわち、多かれ少かれ独裁的性格をおびる。」

そこでは、「デモリベラリズム」としてのデモクラシー(民主政)の性質が端的に語られている。すなわち、デモクラシーとは、本来、反国家(=反法秩序)的な原理であるリベラリズムが国家(=法秩序)を基礎づける積極的な原理に転化したものである。それゆえ、このリベラリズム(自由主義)と切り離された民主政は「民主政の否定」であり、そうした民主政は「独裁的性格」(上記・対比表の「オートクラシイ」(権威的国家)に列挙された特徴)を身につけるとされるのである。これは、当時のドイツにおける憲法学者の間で説かれていた、「民主政」と「自由主義」とは不可分のものではないとする次のような見解を強く意識し、それを批判したものであった(宮沢俊義「紹介・ライプホルツ『自由的民主政の解消』Leibholz, Die Auflösung der liberalen Demokratie in Deutschland und das autoritäre Staatsbild, 1933」『国家学会雑誌』第四八巻第二号、一二〇頁(一九三四年))。

「民主政は従来自由主義と結合するを常とした。この結合は民主政の今までになした結合の中での一ばん重要なものである。人はしばしばこれら両者の結合を本質的なものと考へる。しかし、それは正しくない。この結合は全く歴史的なものである。民主政と自由主義はそれらの共通の敵である独裁君主政に対抗するために——特に一九世紀において——互ひに結合したにすぎぬ。議会主義や、権力分立制や、自由権制はすべて自由主義の表現であつて、必ずしも民主政のそれではない。」

宮沢によれば、この民主政観は、Volk(民族)の観念を起点とする。それは「全価値的な・全く未来力ある実在であり、今の国家に指針を与うべき唯一の政治的大いさである」(本書六一頁)。その政治的大いさ(politische Größe)として、民族は、個々の国民を超越した「ひとつの政治的意志をもっている」。この意志は「その本質上形づけられていず(unformiert)、形づけを必要とする」(六六頁)。その形づけは、「民族と一体と感じ、その故に自己の意志に代表的作用を賦与しうる」(六九頁)独裁的指導者によって、議会における国民の代表者よりも、より「民主的に」実行されうる。
カール・シュミットは、『現代議会主義の精神史的地位』第二版（一九二六年）の序言において、次のように説き、リベラルな議会政よりも一人の指導者《フューラー》による統治の方がデモクラチックだとする（C. Schmitt, *Die geistesgeschichtliche Lage des heutigen Parlamentarismus*, 6. Aufl., S. 22 f.[1985, Dunker & Humblot]）。

「私的な一億の人々の一致した意見は Volk の意思でもなければ、世論でもない。Volk の意思は、半世紀来、精密さを増す一方の統計装置よりも、喝采（acclamatio）、すなわち反論の余地すらない自明のものによる方が、なおいっそう民主的に表明されうるのである。民主的感情〔治者と被治者の一体感〕が強ければ強いほど、民主政とは秘密投票の登録制度〔議会政〕と違う何ものかである、との理解がますます深くなる。技術的な意味においてだけでなく、活き活きとした感情を伴う直接民主政の観点からすると、議会は人為的な機械と見えるのに対して、独裁的およびシーザー的統治の手法は、Volk の喝采によって遂行されるのみならず、民主的実体と力の直接的な表現でもありうる。」

この言明は、上記・対比表「オートクラシイ」の最下段「特定人による無条件的支配」をまさに「Volk の意思」（いわゆる「デモクラシー」）によって「扮装」しようとするものである。本書において、宮沢は、「憲法の科学」の視点から、ナチスに迎合する憲法学者によるこうした「民主的扮装」の実体を暴こうとしたのである。

本書「Ⅱ 転回期の政治因子」と「Ⅲ 転回期の政治改革問題」は、主として日本の憲政を主題に、その転回の様相を描出している。日本の現況について、独裁政的徴候は指示するものの、ⅠやⅣで行われているドイツ・イタリア等の分析に比して筆の鈍さが感じられる。それは、当時の時代状況では宮沢に限られたことではなかったであろうが、同時に、天皇機関説事件後「小まめな、技術的批判」(丸山)に終始する傾向の論文が増えたこととも関係があろう。ヨーロッパの独裁政に関する分析が冴えているだけに、その落差に一種の当惑を覚えざるをえないのは如何《いかん》ともしがたい。とはいえ、あるべき日本憲政ではなく、明治以来の日本憲政の現実とその変容を描こうとしている点において、宮沢の姿勢に変わりはない。

当時の時代状況のなかで、本書では語り得なかった日本に関する補足的説明が、本書の戦後版とも言える『民主制の本質的性格』において行われている。たとえば、ナチスの「国民革命」によって独裁政が樹立され、ヴァイマル憲法は紙切れ同然となってしまったとする本書一七頁の記述にあたる部分に続けて、同書では、「これと同じような現象が、この国でも、みられた」として、昭和初期盛んとなった議会政論が満州事変を機に一転、議会政批判論が風靡する思想界に触れ、「無数のファシスト・ア・ラ・ジャポネエズが、時を得顔に民主制の無力・議会制の没落を合唱しはじめた」（八頁）と指摘している。もとより当時の宮沢は、「現象（かかる現実）を科学的に理解」はしていても、自由にそれを"expose"（本書五頁）することはできなかったということであろう。

なお、Ⅲの一部は、宮沢本人も指摘しているように、「改革の実際的な方策」（はしがき）に説き及ぶものである。その限りで、「科学的な分析」に徹しようとする本書において、現実の認識を前提にその改変を意図した提言を含むものである。改革に関する宮沢の視座は、Ⅲの第三章「貴族院の改革（その二）」の冒頭「制度の改革は時にきわめて重要である」とする一節において表明されている。そこでは、なぜ制度改革が必要とされるかについて、「〔「人」が一定の目的のために作った〕制度が場合によってはただ制度のためにのみ存し、それを作った「人」およびその奉仕すべき目的の達成を阻害するようになる」（本書二四四頁）からだ、と摘示されている。これは、現今の政治・行政改革に通ずるものである。

なお、Ⅳの第三章「ドイツの「自由の憲法」」最終節（7）において、宮沢は、ニュルンベルク法をドイツの「自由の憲法」と評して持ち上げるシュミットの言説を取り上げ、本書の結びとしている。ここでのシュミットは、本書冒頭の「お客の女のすべてに「美人である」との折紙をつける美容院の主人」（プロローグ）として描かれていることに留意しておきたい。憲法学者が独裁者の侍女と堕したナチス・ドイツの悲劇的現実が描出され、本書が閉じられているのである。

いま、本書を文庫本として公刊するのは外でもない。宮沢が本書で取り上げた「民主的扮装」を身に纏った「権威政」ないし「独裁政」もしくは「リベラルでない民主政」への、立憲民主的(「デモリベラル」)な憲法制度の「転回」が、いままさに国内外の随所において認められるからである。

現代におけるこの「転回」を「反自由的デモクラシー」(illiberal democracy)の概念を用いて最初に提示したのは、ファリード・ザカーリアである。一九九七年の『フォーリン・アフェアーズ』に寄せた「反自由的デモクラシーの出現」と題した論文のなかで、彼は、民主的な選挙制度のもと、自由で公正な選挙で選ばれた者たちが、彼らの権力を制限する憲法上の限界を公然と無視し、市民の基本的権利や自由を奪う事態を指して「反自由的デモクラシー」と名づけた。そして、これに、法の支配、権力分立、言論・集会・信仰・財産の基本的な自由の保護によって特徴づけられる「自由なデモクラシー」(liberal democracy)を対置する。

そのうえで、彼は、この「自由なデモクラシー」のうち、①法の支配等で特徴づけられる「自由」(リベラリズム)は、理論的・歴史的には、国民の選挙によって実現される

「デモクラシー」とは区別されうること、②そのリベラリズムは、近代デモクラシーの出現と同時に生起したものであること、しかし、③それは、これまで決してデモクラシーと必然的ないし明白に結合してきたものではないとし、今日では、④西欧の政治組織において織り合わされた「自由なデモクラシー」を組成する二つの糸は、世界の他の地域ではバラバラになりつつあると指摘する。すなわち「デモクラシーは盛んになりつつあるが、立憲的自由はそうでない」というのである(F. Zakaria, The Rise of Illiberal Democracy, in: *Foreign Affairs*, Vol. 76, No. 6, p. 22 f.)。

ザカーリアは、二〇世紀末、南米(ペルーのフジモリ大統領)やベルリンの壁崩壊後のロシア(エリツィン大統領)、東欧そして中央アフリカ、東南アジアなどで、国民の選挙によって為政者が選出されたものの反自由主義的な強権政治が行われている諸国の分析枠組みとして、上記「反自由的デモクラシー」の概念を提示したのである。

この概念は、今世紀には、ハンガリーにおいて「憲法革命」の理念ともされる。すなわち、二〇一〇年の国政選挙において、それまで政権を担っていた社会党が経済政策の失敗で国民から見放され、ヴィクトル・オルバンの率いるフィデス(保守党)が大勝し、その勢いで憲法の改正手続を失効させ、新憲法の制定まで一挙に行ったとき、「反自由的デモクラシー」はその指導理念とされたのである。オルバンは、二〇一四年、ある大学での講演のなかで、いま求められているのは、ハンガリー民族の共同体をどのように組織すれば国際的な競争に耐えうるかにあるとし、その組織の仕方について、大要次のように語っている(Prime Minister Viktor Orbán's Speech at the 25th Bálványos Summer Free University and Student Camp [26 July 2014], in: Website of the Hungarian Government)。

我々の課題は、いかにして、西欧的なリベラル、すなわち自由なデモクラシーでなくて、しかし、民族を成功に導きうるシステムを構築するかにある。我々は、いまや西欧で採用されてきた教義やイデオロギーと袂《たもと》を分かち、それらから独立を保つことによって、新ハンガリー国家を建設し、来るべき大グローバル競争を勝ち抜く共同体を形成することができる。それは、リベラルなものである必要のないデモクラシーの国家である。リベラルでなくとも、国家はなおデモクラチックでありうるからである。リベラルデモクラシーの原理に基づいて組織された社会と国家は、その組織原理の転換を図らない限り、これから先、国際競争力を維持することはできない。なぜか。

社会をリベラルに組織する起点となっているのは、我々各人は何事でもなしうる権利・自由を保持しているという考えである。これは、東西冷戦終結後、西欧の一般原理を受け容れた二〇年間、ハンガリー社会を支配してきた理念である。しかしながら、憲法を一新した二〇一〇年に至るまで、日々の生活において我々が経験してきたのは、強い者だけがそうした自由を享受し、弱者が踏みつぶされるという現実であった。つまり、個々人の自由という西欧の原理が受容されたもとで、社会の争いは、より強い者が常に正しいとする形で決着が図られてきた。それゆえ我々の解答は、このリベラルな理念をハンガリー社会と国家を組織する原理とすべきでないということである。

すなわち、ハンガリー社会は「他人の自由を害さない全てのことが許される」という西欧の原理に基づいて組織されるべきではなく、「他人があなたにしてもらいたくないことを他人にすべきでない」という原理によるべきだということである。そして、この原理によって組織されたハンガリー国家は、自由を基調とする個々人の単なる集団ではなく、家族を基礎として有機的に組織されなくてはならない民族共同体である。この意味において、我々がハンガリーにおいて構築する新国家は、反自由的国家(illiberal state)であり、非自由的国家(non-liberal state)であると。

話を元に戻すと、二〇一〇年四月、オルバンのフィデスは、総選挙の終盤、友党(キリスト教民主国民党)と共に、三分の二議席を得たときには新憲法を制定すると表明し、実際にその目標議席を獲得した。この選挙結果について、オルバン率いる政権与党は、東西冷戦の終結後、パッチワークで凌いできた現憲法(社会主義憲法の自由主義化〔憲法改正〕による対応)に終止符を打ち、ハンガリー人のための新たな憲法を制定するお墨付きが、選挙民から得られたのだと都合よく理解する(Viktor Orbán's address at the conference "Dialogue and Identity" in: Website of the Hungarian Government)。すなわち、そこでは、新憲法制定について人民の同意が得られたとして、憲法改正には国会議員の五分の四の賛成を要するとする憲法の規定を無視し、国会における三分の二の多数で憲法改正(制定)権を行使して、上記・反自由的国家の理念に基づいて憲法を一新したのである。

この新憲法(「ハンガリー基本法」)の制定について、その手続と内容の両面で欧州連合(EU)から厳しい批判を受ける。これに対して、オルバンは次のように反論している(cf. J. -W. Müller, *What is Populism?* p. 64 f. [2016, University of Pennsylvania Press])。

「人民が……善き助言、善き命令を与え、ハンガリー議会がそれを遂行したのである。この意味において、もしハンガリー憲法が批判されるなら、……その批判は政府に向けられたものではなく、ハンガリー人民に対して向けられたものである。……EUが受容れられないとする相手は、そう信じたいのであろうが、しかし、政府ではない。……彼らはハンガリー人を攻撃しているというのが、ことの真相である。」

このリベラリズムとデモクラシーを峻別し、前者がなくとも後者は成立するとの論理は、フューラーこそ登場しないものの、上記・シュミットのそれと基本的に同じである。そして、この種の「反自由的デモクラシー」は、グローバル化が進展するなか、欧米各国においても、これから先、リベラルデモクラシー（デモリベラリズム）に反発する民族主義的なポピュリズム政党が選挙を通じて政権の座に着き、国政を運営することになれば、個人の自由や法の支配、権力分立といった立憲主義を軽視ないし忌避もしくはそれに敵対的態度を示し、他民族や他人種に対して排外主義的な傾向すら帯びる政策に折紙をつける役割を演じることになるであろう。

わが国でも、いまの憲法は七〇年前、連合国軍の占領下、同総司令部が指示した草案をもとに制定され、国民の自由な意思が反映されていないとして、二〇一二年、自由民主党は、その内容を一新する「日本国憲法改正草案」を公表している。同草案は、個人尊重の原理に立脚する現憲法を「我が国の歴史、文化、伝統を踏まえたもの」ではないとし、互助精神のもと家族や社会が助け合って国家を形成し、個人が人権を主張する場合にも、「人々の社会生活に迷惑を掛けてはならない」ことを旨とするものである（自由民主党『日本国憲法改正草案Q&A 増補版』一三〜一四頁（二〇一三年、自由民主党憲法改正推進本部））。

それは、国家の歴史と伝統を重視し、「個人の自由は、他者との共同においてのみ、展開することができる」、「我々の共生の最も重要な枠組み」は「家族及び民族である（る）」（国立国会図書館調査及び立法考査局『ハンガリー憲法』四頁、三四頁（二〇一六年三月））とする、上記・オルバンの「反自由的デモクラシー」の発想に基づいて制定されたハンガリーの新憲法(二〇一二年施行)と瓜二つである。また、その手法をみても、「国(人)民」を前面に立て、まずは現憲法の改正手続要件の緩和からという点でも同様である。

この先、欧米諸国やわが国のような立憲民主的な憲法体制の下でも、本書で宮沢が描いたデモクラシー(デモリベラリズム)から「民主的扮装」を施した権威政・独裁政(リベラルでない民主政)への「転回」がいつ起こらないとも限らない。

本書が、そうした「転回」の兆候を感知し、その本質を理解するうえでの一助となることを期待したい。

転回期《てんかいき》の政治《せいじ》

2017年4月14日　第1刷発行

著　者　宮沢俊義《みやざわとしよし》

発行者　岡本　厚

発行所　株式会社　岩波書店
〒101-8002 東京都千代田区一ツ橋2-5-5

案内 03-5210-4000　営業部 03-5210-4111
文庫編集部 03-5210-4051
http://www.iwanami.co.jp/

印刷・三陽社　カバー・精興社　製本・松岳社

ISBN 978-4-00-381211-2　　Printed in Japan

読書子に寄す

——岩波文庫発刊に際して——

岩波茂雄

真理は万人によって求められることを自ら欲し、芸術は万人によって愛されることを自ら望む。かつては民を愚昧ならしめるために学芸が最も狭き堂宇に閉鎖されたことがあった。今や知識と美とを特権階級の独占より奪い返すことはつねに進取的なる民衆の切実なる要求である。岩波文庫はこの要求に応じそれに励まされて生まれた。それは生命ある不朽の書を少数者の書斎と研究室とより解放して街頭にくまなく立たしめ民衆に伍せしめるであろう。近時大量生産予約出版の流行を見る。その広告宣伝の狂態はしばらくおくも、後代にのこすと誇称する全集がその編集に万全の用意をなしたるか。千古の典籍の翻訳企図に敬虔の態度を欠かざりしか。さらに分売を許さず読者を繋縛して数十冊を強うるがごとき、はたしてその揚言する学芸解放のゆえんなりや。吾人は天下の名士の声に和してこれを推挙するに躊躇するものである。このときにあたって、岩波書店は自己の責務のいよいよ重大なるを思い、従来の方針の徹底を期するため、すでに十数年以前より志して来た計画を慎重審議この際断然実行することにした。吾人は範をかのレクラム文庫にとり、古今東西にわたって文芸・哲学・社会科学・自然科学等種類のいかんを問わず、いやしくも万人の必読すべき真に古典的価値ある書をきわめて簡易なる形式において逐次刊行し、あらゆる人間に須要なる生活向上の資料、生活批判の原理を提供せんと欲する。この文庫は予約出版の方法を排したるがゆえに、読者は自己の欲する時に自己の欲する書物を各個に自由に選択することができる。携帯に便にして価格の低きを最主とするがゆえに、外観を顧みざるも内容に至っては厳選最も力を尽くし、従来の岩波出版物の特色をますます発揮せしめようとする。この計画たるや世間の一時の投機的なるものと異なり、永遠の事業として吾人は微力を傾倒し、あらゆる犠牲を忍んで今後永久に継続発展せしめ、もって文庫の使命を遺憾なく果たさしめることを期する。芸術を愛し知識を求むる士の自ら進んでこの挙に参加し、希望と忠言とを寄せられることは吾人の熱望するところである。その性質上経済的には最も困難多きこの事業にあえて当たらんとする吾人の志を諒として、その達成のため世の読書子とのうるわしき共同を期待する。

昭和二年七月

《日本文学（古典）》〔黄〕

古事記 倉野憲司校注
風土記 武田祐吉編
日本書紀 全五冊 坂本太郎・家永三郎・井上光貞・大野晋校注
万葉集 全五冊 佐竹昭広・山田英雄・工藤力男・大谷雅夫・山崎福之校注
原文 万葉集 全二冊 佐竹昭広・山田英雄・工藤力男・大谷雅夫・山崎福之校注
竹取物語 阪倉篤義校訂
伊勢物語 大津有一校注
玉造小町子壮衰書 ―小野小町物語 杤尾武校注
古今和歌集 佐伯梅友校注
土左日記 紀貫之 鈴木知太郎校注
源氏物語 全六冊 山岸徳平校注
紫式部日記 池田亀鑑・秋山虔校注
紫式部集 付 大弐三位集・藤原惟規集 南波浩校注
枕草子 池田亀鑑校訂
和泉式部日記 清水文雄校注
更級日記 西下経一校注

今昔物語集 全四冊 池上洵一編
三条西家本 栄花物語 全三冊 三条西公正校訂
堤中納言物語 大槻修校注
新訂 梁塵秘抄 後白河院撰 佐佐木信綱校訂
西行全歌集 久保田淳・吉野朋美校注
古語拾遺 斎部広成撰 西宮一民校注
落窪物語 藤井貞和校注
新訂 方丈記 市古貞次校注
新訂 新古今和歌集 佐佐木信綱校訂
問はず語り 後深草院二条 玉井幸助校訂
平治物語 岸谷誠一校訂
新訂 徒然草 西尾実・安良岡康作校注
平家物語 全四冊 梶原正昭・山下宏明校注
神皇正統記 北畠親房 岩佐正校注
宗長日記 島津忠夫校注
御伽草子 全二冊 市古貞次校注
わらんべ草 大蔵虎明 笹野堅校訂

太平記 全六冊（既刊二冊） 兵藤裕己校注
好色一代男 井原西鶴 横山重校訂
武道伝来記 井原西鶴 横山重・前田金五郎校注
日本永代蔵 井原西鶴 東明雅校訂
武道伝来記 井原西鶴 横山重・前田金五郎校注
芭蕉紀行文集 付 嵯峨日記 中村俊定校注
芭蕉 おくのほそ道 付 曾良旅日記・奥細道菅菰抄 萩原恭男校注
芭蕉俳句集 中村俊定校注
芭蕉俳文集 全二冊 堀切実編注
蕪村俳句集 付 春風馬堤曲 他二篇 尾形仂校注
蕪村書簡集 大谷篤蔵・藤田真一校注
蕪村七部集 伊藤松宇校訂
曾根崎心中・冥途の飛脚 他五篇 近松門左衛門 祐田善雄校注
国性爺合戦・鑓の権三重帷子 近松門左衛門 和田万吉校訂
東海道四谷怪談 鶴屋南北 河竹繁俊校訂
近世畸人伝 伴蒿蹊 森銑三校註
紫文要領 本居宣長 子安宣邦校注

新訂 一茶俳句集 丸山一彦校注
増補 俳諧歳時記栞草 全二冊 曲亭馬琴編 藍亭青藍補 堀切実校注
近世物之本江戸作者部類 曲亭馬琴 徳田武校注
北越雪譜 鈴木牧之編撰 京山人百樹刪定 岡田武松校訂
東海道中膝栗毛 全二冊 十返舎一九 麻生磯次校注
頼山陽詩選 揖斐高訳注
こぶとり爺さん・かちかち山 —日本の昔ばなしI 関敬吾編
わらべうた —日本の伝承童謡 町田嘉章 浅野建二編
山家鳥虫歌 —近世諸国民謡集 浅野建二校注
誹諧 武玉川 全四冊 山澤英雄校訂
俳家奇人談・続俳家奇人談 竹内玄玄一 雲英末雄校注
砂払 —江戸小百科 全二冊 山中共古 中野三敏校訂
蕉門名家句選 全二冊 堀切実編注
耳囊 全三冊 根岸鎮衛 長谷川強校注
色道諸分 難波鉦 —遊女評判記 西水庵無底居士 中野三敏校注
弁天小僧・鳩の平右衛門 黙阿弥 河竹繁俊校訂
実録先代萩 黙阿弥 河竹繁俊校訂

橘曙覧全歌集 水島直文 橋本政宣編注
嬉遊笑覧 全五冊 喜多村筠庭 長谷川強・江本裕 渡辺守邦・岡雅彦 花田富二夫・石川了校訂
井月句集 復本一郎編
江戸端唄集 倉田喜弘編

《日本思想》〔青〕

風姿花伝 (花伝書) 世阿弥 野上豊一郎 西尾実校訂
世阿弥 申楽談儀 表章校註
五輪書 宮本武蔵 渡辺一郎校注
葉隠 全三冊 山本常朝 和辻哲郎 古川哲史校訂
養生訓・和俗童子訓 貝原益軒 石川謙校訂
都鄙問答 石田梅岩 足立栗園校訂
新訂 日暮硯 笠谷和比古校注
蘭学事始 杉田玄白 緒方富雄校註
講孟余話 旧名講孟箚記 吉田松陰 広瀬豊校訂
吉田松陰書簡集 広瀬豊編
塵劫記 吉田光由 大矢真一校注
兵法家伝書 付 新陰流兵法目録事 柳生宗矩 渡辺一郎校注

人国記・新人国記 浅野建二校注
上宮聖徳法王帝説 東野治之校注
世事見聞録 武陽隠士 本庄栄治郎校訂 奈良本辰也補訂
茶湯一会集・閑夜茶話 井伊直弼 戸田勝久校注
新訂 海舟座談 巌本善治編 勝部真長校注
西郷南洲遺訓 付 手抄言志録及遺文 山田済斎編
文明論之概略 福沢諭吉 松沢弘陽校注
新訂 福翁自伝 富田正文校訂
学問のすゝめ 福沢諭吉
新島襄の手紙 同志社編
新島襄 教育宗教論集 同志社編
新島襄自伝 —手記・紀行文・日記 同志社編
近時政論考 陸羯南
日本の下層社会 横山源之助
中江兆民 三酔人経綸問答 桑原武夫 島田虔次訳・校注
新訂 蹇蹇録 —日清戦争外交秘録 陸奥宗光 中塚明校注
茶の本 岡倉覚三 村岡博訳

武士道　新渡戸稲造　矢内原忠雄訳
新渡戸稲造論集　鈴木範久編
余は如何にして基督信徒となりし乎　内村鑑三　鈴木俊郎訳
代表的日本人　内村鑑三　鈴木範久訳
後世への最大遺物・デンマルク国の話　内村鑑三
宗教座談　内村鑑三
内村鑑三所感集　鈴木俊郎編
求安録　内村鑑三
ヨブ記講演　内村鑑三
豊臣秀吉 全二冊　山路愛山
善の研究　西田幾多郎
思索と体験　西田幾多郎
西田幾多郎随筆集　上田閑照編
西田幾多郎歌集　上田薫編
帝国主義　幸徳秋水　山泉進校注
清沢満之集　安冨信哉編　山本伸裕校注
日本の労働運動　片山潜

明六雑誌 全三冊　山室信一　中野目徹校注
吉野作造評論集　岡義武編
貧乏物語　河上肇　大内兵衛解題
河上肇 自叙伝 全五冊　杉原四郎　一海知義編
河上肇評論集　杉原四郎編
史記を語る　宮崎市定
中国史 全二冊　宮崎市定
自叙伝・日本脱出記　大杉栄　飛鳥井雅道校訂
女工哀史　細井和喜蔵
谷中村滅亡史　荒畑寒村
遠野物語・山の人生　柳田国男
青年と学問　柳田国男
木綿以前の事　柳田国男
こども風土記・母の手毬歌　柳田国男
不幸なる芸術・笑の本願　柳田国男
海上の道　柳田国男
蝸牛考　柳田国男

野草雑記・野鳥雑記　柳田国男
孤猿随筆　柳田国男
十二支考 全二冊　南方熊楠
特命全権大使 米欧回覧実記 全五冊　久米邦武編　田中彰校注
古寺巡礼　和辻哲郎
風土 —人間学的考察　和辻哲郎
孔子　和辻哲郎
イタリア古寺巡礼　和辻哲郎
日本精神史研究　和辻哲郎
倫理学 全四冊　和辻哲郎
人間の学としての倫理学　和辻哲郎
日本倫理思想史 全四冊　和辻哲郎
時と永遠 他八篇　波多野精一
宗教哲学序論・宗教哲学　波多野精一
「いき」の構造 他二篇　九鬼周造
偶然性の問題　九鬼周造
時間論 他二篇　九鬼周造　小浜善信編

法窓夜話 全二冊　穂積陳重
田沼時代　辻善之助
パスカルにおける人間の研究　三木清
漱石詩注　吉川幸次郎
吉田松陰　徳富蘇峰
新版 きけわだつみのこえ —日本戦没学生の手記　日本戦没学生記念会編
新版 第二集 きけわだつみのこえ —日本戦没学生の手記　日本戦没学生記念会編
君たちはどう生きるか　吉野源三郎
地震・憲兵・火事・巡査　山崎今朝弥　森長英三郎編
懐旧九十年　石黒忠悳
武家の女性　山川菊栄
わが住む村　山川菊栄
山川菊栄評論集　鈴木裕子編
おんな二代の記　山川菊栄
忘れられた日本人　宮本常一
家郷の訓　宮本常一
酒の肴・抱樽酒話　青木正児

新編 歴史と人物　三浦周行　林屋辰三郎　朝尾直弘編
国家と宗教 —ヨーロッパ精神史の研究　南原繁
石橋湛山評論集　松尾尊兊編
民藝四十年　柳宗悦
手仕事の日本　柳宗悦
工藝文化　柳宗悦
南無阿弥陀仏 付 心偈　柳宗悦
柳宗悦 茶道論集　熊倉功夫編
新編 美の法門　柳宗悦　水尾比呂志編
柳宗悦随筆集　水尾比呂志編
雨夜譚 —渋沢栄一自伝　長幸男校注
平塚らいてう評論集　小林登美枝　米田佐代子編
日本の民家　今和次郎
長谷川如是閑評論集　飯田泰三　山領健二編
倫敦《ロンドン》！ 倫敦《ロンドン》？　長谷川如是閑
原爆の子 —広島の少年少女のうったえ 全二冊　長田新編
清沢洌評論集　山本義彦編

『青鞜』女性解放論集　堀場清子編
イスラーム文化 —その根柢にあるもの　井筒俊彦
意識と本質 —精神的東洋を索めて　井筒俊彦
フランス・ルネサンスの人々　渡辺一夫
被差別部落一千年史　高橋貞樹　沖浦和光校注
英国の文学　吉田健一
英国の近代文学　吉田健一
訳詩集 葡萄酒の色　吉田健一訳
山びこ学校　無着成恭編
新編 綴方教室　豊田正子　山住正己編
古琉球　伊波普猷　外間守善校訂
福沢諭吉の哲学 他六篇　丸山眞男　松沢弘陽編
政治の世界 他十篇　丸山眞男　松本礼二編注
超国家主義の論理と心理 他八篇　丸山眞男　古矢旬編
朝鮮民芸論集　浅川巧　高崎宗司編
娘巡礼記　高群逸枝　堀場清子校注
田中正造文集 全二冊　由井正臣　小松裕編

《法律・政治》〔白〕

人権宣言集　高木八尺・末延三次・宮沢俊義 編
新版 世界憲法集 第二版　高橋和之 編
君主論　マキアヴェッリ　河島英昭 訳
フィレンツェ史 全二冊　マキァヴェッリ　齊藤寛海 訳
リヴァイアサン 全四冊　ホッブズ　水田洋 訳
ビヒモス　ホッブズ　山田園子 訳
法の精神 全三冊　モンテスキュー　野田良之・稲本洋之助・上原行雄・田中治男・三辺博之・横田地弘 訳
第三身分とは何か　シィエス　稲本洋之助・伊藤洋一・川出良枝・松本英実 訳
人間知性論 全四冊　ジョン・ロック　大槻春彦 訳
完訳 統治二論　ジョン・ロック　加藤節 訳
ルソー 社会契約論　桑原武夫・前川貞次郎 訳
フランス二月革命の日々 —トクヴィル回想録　トクヴィル　喜安朗 訳
アメリカのデモクラシー 全四冊　トクヴィル　松本礼二 訳
犯罪と刑罰　ベッカリーア　風早八十二・五十嵐二葉 訳
ヴァジニア覚え書　T・ジェファソン　中屋健一 訳
リンカーン演説集　高木八尺・斎藤光 訳

権利のための闘争　イェーリング　村上淳一 訳
民主主義の本質と価値 他一篇　ハンス・ケルゼン　長尾龍一・植田俊太郎 訳
法における常識　P・G・ヴィノグラドフ　末延三次・伊藤正己 訳
近代国家における自由　H・J・ラスキ　飯坂良明 訳
危機の二十年 —理想と現実　E・H・カー　原彬久 訳
ザ・フェデラリスト　A・ハミルトン　J・ジェイ　J・マディソン　斎藤眞・中野勝郎 訳
マッツィーニ 人間の義務について　齋藤ゆかり 訳
モーゲンソー 国際政治 —権力と平和 全三冊　原彬久 監訳
ポリアーキー　ロバート・A・ダール　高畠通敏・前田脩 訳
現代議会主義の精神史的状況 他一篇　カール・シュミット　樋口陽一 訳
第二次世界大戦外交史 全二冊　芦田均

《経済・社会》〔白〕

ケネー 経済表　平田清明・井上泰夫 訳
チュルゴオ 富に関する省察　永田清 訳
国富論 全四冊　アダム・スミス　水田洋 監訳　杉山忠平 訳
道徳感情論 全二冊　アダム・スミス　水田洋 訳
コモン・センス 他三篇　トーマス・ペイン　小松春雄 訳

ロバート・マルサス初版 人口の原理　ロバート・マルサス　高野岩三郎・大内兵衛 訳
経済学における諸定義　マルサス　玉野井芳郎 訳
農地制度論　フリードリッヒ・リスト　小林昇 訳
戦争論 全三冊　クラウゼヴィッツ　篠田英雄 訳
自由論　J・S・ミル　塩尻公明・木村健康 訳
代議制統治論　J・S・ミル　水田洋 訳
大学教育について　J・S・ミル　竹内一誠 訳
ユダヤ人問題によせて ヘーゲル法哲学批判序説　マルクス　城塚登 訳
経済学・哲学草稿　マルクス　城塚登・田中吉六 訳
新編輯版 ドイツ・イデオロギー　マルクス エンゲルス　廣松渉 編訳　小林昌人 補訳
哲学の貧困　カール・マルクス　山村喬 訳
マルクス エンゲルス 共産党宣言　大内兵衛・向坂逸郎 訳
賃労働と資本　マルクス　長谷部文雄 訳
賃銀・価格および利潤　マルクス　長谷部文雄 訳
マルクス 経済学批判　武田隆夫・遠藤湘吉・大内力・加藤俊彦 訳
マルクス 資本論 全九冊　エンゲルス 編　向坂逸郎 訳
マルクス ゴータ綱領批判　望月清司 訳

- 裏切られた革命 — トロツキー 藤井一行訳
- 文学と革命 全二冊 — トロツキイ 桑野隆訳
- 空想より科学へ —社会主義の発展 — エンゲルス 大内兵衛訳
- 帝国主義 — レーニン 宇高基輔訳
- レーニン 哲学ノート 全二冊 — 松村一人訳
- 暴力論 全二冊 — ソレル 今村仁司・塚原史訳
- 雇用、利子および貨幣の一般理論 全二冊 — ケインズ 間宮陽介訳
- 価値と資本 —経済理論の若干の基本原理に関する研究 全二冊 — J.R.ヒックス 安井琢磨・熊谷尚夫訳
- シュムペーター 経済発展の理論 全二冊 — 塩野谷祐一・中山伊知郎・東畑精一訳
- 踏査報告 窮乏の農村 — 猪俣津南雄
- 恐慌論 — 宇野弘蔵
- 経済原論 — 宇野弘蔵
- ユートピアだより — ウィリアム・モリス 川端康雄訳
- 古代社会 全二冊 — L.H.モルガン 青山道夫訳
- アメリカ先住民のすまい — L.H.モーガン 古代社会研究会訳 上田篤監修
- ゲマインシャフトとゲゼルシャフト —純粋社会学の基本概念 全二冊 — テンニエス 杉之原寿一訳
- 社会科学と社会政策にかかわる認識の「客観性」 — マックス・ヴェーバー 富永祐治・立野保男訳 折原浩補訳

- プロテスタンティズムの倫理と資本主義の精神 — マックス・ヴェーバー 大塚久雄訳
- 職業としての学問 — マックス・ヴェーバー 尾高邦雄訳
- 社会学の根本概念 — マックス・ヴェーバー 清水幾太郎訳
- 職業としての政治 — マックス・ヴェーバー 脇圭平訳
- 古代ユダヤ教 全三冊 — マックス・ヴェーバー 内田芳明訳
- 未開社会の思惟 全二冊 — レヴィ・ブリュル 山田吉彦訳
- 宗教生活の原初形態 全二冊 — デュルケム 古野清人訳
- 通過儀礼 — ファン・ヘネップ 綾部恒雄・綾部裕子訳
- マッカーシズム — R.H.ローピア 宮地健次郎訳
- 世論 全二冊 — リップマン 掛川トミ子訳
- 天体による永遠 — オーギュスト・ブランキ 浜本正文訳
- 王権 — A.M.ホカート 橋本和也訳
- 鯰絵 —民俗的想像力の世界 — C.アウエハント 小松和彦・中沢新一・飯島吉晴・古家信平訳
- 贈与論 他二篇 — マルセル・モース 森山工訳

《自然科学》〔青〕

- ヒポクラテス 古い医術について 他八編 — 小川政恭訳
- 科学と仮説 — ポアンカレ 河野伊三郎訳
- 改訳 科学と方法 — ポアンカレ 吉田洋一訳
- 科学者と詩人 — ポアンカレ 平林初之輔訳
- エネルギー — オストヴァルト 山県春次訳
- ガリレオ・ガリレイ 新科学対話 全二冊 — 今野武雄・日田節次訳
- 星界の報告 他一篇 — ガリレオ・ガリレイ 山田慶児・谷泰訳
- 大陸と海洋の起源 —大陸移動説 全二冊 — ヴェーゲナー 都城秋穂・紫藤文子訳
- ロウソクの科学 — ファラデー 竹内敬人訳
- 種の起原 全二冊 — ダーウィン 八杉龍一訳
- 人及び動物の表情について — ダーウィン 浜中浜太郎訳
- 実験医学序説 — クロード・ベルナール 三浦岱栄訳
- 近代医学の建設者 — メチニコフ 宮村定男訳
- 完訳 ファーブル昆虫記 全十冊 — 山田吉彦・林達夫訳
- 増訂新版 アルプス紀行 — ジョン・チンダル 矢島祐利訳
- 数について —連続性と数の本質 — デーデキント 河野伊三郎訳
- 微生物の狩人 全二冊 — ポール・ド・クライフ 秋元寿恵夫訳
- アインシュタイン 相対性理論 — 内山龍雄訳・解説
- 相対論の意味 — アインシュタイン 矢野健太郎訳

《音楽・美術》〔青〕

ベートーヴェンの生涯　ロマン・ロラン　片山敏彦訳
音楽と音楽家　シューマン　吉田秀和訳
モーツァルトの手紙 —その生涯のロマン　全二冊　柴田治三郎編訳
バッハの生涯と芸術　フォルケル　柴田治三郎訳
レオナルド・ダ・ヴィンチの手記　全二冊　杉浦明平訳
ゴッホの手紙　全三冊　硲伊之助訳
ワーグマン日本素描集　清水勲編
河鍋暁斎戯画集　山口静一 及川茂 編
うるしの話　松田権六
ドーミエ諷刺画の世界　喜安朗編
河鍋暁斎　ジョサイア・コンドル　山口静一訳
伽藍が白かったとき　ル・コルビュジエ　生田勉 樋口清 訳
デューラー ネーデルラント旅日記　前川誠郎訳
デューラー 自伝と書簡　前川誠郎訳
蛇儀礼　ヴァールブルク　三島憲一訳
セザンヌ　ガスケ　與謝野文子訳
日本の近代美術　土方定一
迷宮としての世界 —マニエリスム美術　全二冊　グスタフ・ルネ・ホッケ　種村季弘 矢川澄子 訳
日本洋画の曙光　平福百穂
江戸東京実見画録　長谷川渓石画　進士慶幹 花咲一男 注解
映画とは何か　全二冊(既刊一冊)　アンドレ・バザン　野崎歓 大原宣久 谷本道昭 訳
胡麻と百合　ラスキン　石田憲次 照山正順 訳
建築の七灯　ラスキン　高橋枀川訳

《哲学・教育・宗教》〔青〕

ソクラテスの弁明・クリトン　プラトン　久保勉訳
ゴルギアス　プラトン　加来彰俊訳
饗宴　プラトン　久保勉訳
テアイテトス　プラトン　田中美知太郎訳
パイドロス　プラトン　藤沢令夫訳
メノン　プラトン　藤沢令夫訳
国家　全二冊　プラトン　藤沢令夫訳
プロタゴラス —ソフィストたち　プラトン　藤沢令夫訳
パイドン —魂の不死について　プラトン　岩田靖夫訳
アナバシス —敵中横断六〇〇〇キロ　クセノポン　松平千秋訳
アリストテレス ニコマコス倫理学　全二冊　高田三郎訳
アリストテレス 形而上学　全二冊　出隆訳
アリストテレス 弁論術　戸塚七郎訳
アリストテレース 詩学　ホラーティウス 詩論　松本仁助 岡道男 訳
アリストテレース 動物誌　全二冊　島崎三郎訳
物の本質について　ルクレーティウス　樋口勝彦訳
エピクロス —教説と手紙　出隆 岩崎允胤 訳
生の短さについて 他二篇　セネカ　大西英文訳
怒りについて 他二篇　セネカ　兼利琢也訳
エピクテートス 人生談義　全二冊　鹿野治助訳
人さまざま　テオプラストス　森進一訳
マルクス・アウレーリウス 自省録　神谷美恵子訳
老年について　キケロー　中務哲郎訳
友情について　キケロー　中務哲郎訳
平和の訴え　エラスムス　箕輪三郎訳
エラスムス=トマス・モア往復書簡　沓掛良彦 高田康成 訳

方法序説　デカルト　谷川多佳子訳
哲学原理　デカルト　桂寿一訳
情念論　デカルト　谷川多佳子訳
パンセ　全三冊　パスカル　塩川徹也訳
知性改善論　スピノザ　畠中尚志訳
スピノザ　エチカ（倫理学）　全二冊　畠中尚志訳
デカルトの哲学原理　附 形而上学的思想　スピノザ　畠中尚志訳
聖トマス　形而上学叙説　—有と本質とに就いて　高桑純夫訳
君主の統治について　—謹んでキプロス王に捧げる　トマス・アクィナス　柴田平三郎訳
エミール　全三冊　ルソー　今野一雄訳
孤独な散歩者の夢想　ルソー　今野一雄訳
人間不平等起原論　ルソー　本田喜代治　平岡昇訳
ルソー　社会契約論　桑原武夫　前川貞次郎訳
ラモーの甥　ディドロ　本田喜代治　平岡昇訳
道徳形而上学原論　カント　篠田英雄訳
啓蒙とは何か　他四篇　カント　篠田英雄訳
純粋理性批判　全三冊　カント　篠田英雄訳

カント　実践理性批判　波多野精一　宮本和吉　篠田英雄訳
判断力批判　全二冊　カント　篠田英雄訳
永遠平和のために　カント　宇都宮芳明訳
プロレゴメナ　カント　篠田英雄訳
人間の使命　フィヒテ　宮崎洋三訳
ヘーゲル　政治論文集　全二冊　金子武蔵訳
歴史哲学講義　全二冊　ヘーゲル　長谷川宏訳
ブルーノ　シェリング　服部英次郎　井上庄七訳
自殺について　他四篇　ショウペンハウエル　斎藤信治訳
読書について　他二篇　ショウペンハウエル　斎藤忍随訳
知性について　他四篇　ショーペンハウエル　細谷貞雄訳
キリスト教の本質　全二冊　フォイエルバッハ　船山信一訳
将来の哲学の根本命題　他二篇　フォイエルバッハ　松村一人　和田楽訳
唯心論と唯物論　フォイエルバッハ　船山信一訳
不安の概念　キェルケゴール　斎藤信治訳
死に至る病　キェルケゴール　斎藤信治訳
シュヴェーグラー　西洋哲学史　全二冊　谷川徹三　松村一人訳

世界観の研究　ディルタイ　山本英一訳
体験と創作　全二冊　ディルタイ　柴田治三郎　小牧健夫訳
眠られぬ夜のために　全二冊　ヒルティ　草間平作　大和邦太郎訳
幸福論　全三冊　ヒルティ　草間平作　大和邦太郎訳
悲劇の誕生　ニーチェ　秋山英夫訳
ツァラトゥストラはこう言った　全二冊　ニーチェ　氷上英廣訳
道徳の系譜　ニーチェ　木場深定訳
善悪の彼岸　ニーチェ　木場深定訳
この人を見よ　ニーチェ　手塚富雄訳
プラグマティズム　W・ジェイムズ　桝田啓三郎訳
宗教的経験の諸相　全二冊　W・ジェイムズ　桝田啓三郎訳
デカルト的省察　フッサール　浜渦辰二訳
笑い　ベルクソン　林達夫訳
物質と記憶　ベルクソン　熊野純彦訳
時間と自由　ベルクソン　中村文郎訳
ラッセル幸福論　安藤貞雄訳
存在と時間　全四冊　ハイデガー　熊野純彦訳

- 学校と社会　デューイ　宮原誠一訳
- 民主主義と教育　全二冊　デューイ　松野安男訳
- 歴史と自然科学・道徳の原理に就て・聖　『プレルーディエン』より　ヴィンデルバント　篠田英雄訳
- 我と汝・対話　マルティン・ブーバー　植田重雄訳
- アラン 幸福論　神谷幹夫訳
- 四季をめぐる51のプロポ　アラン　神谷幹夫編訳
- アラン 定義集　神谷幹夫訳
- 文法の原理　全三冊　イェスペルセン　安藤貞雄訳
- 日本の弓術　オイゲン・ヘリゲル述　柴田治三郎訳
- ギリシア哲学者列伝　全三冊　ディオゲネス・ラエルティオス　加来彰俊訳
- 似て非なる友について　他三篇　プルタルコス　柳沼重剛訳
- ヴィーコ 学問の方法　上村忠男・佐々木力訳
- 人間の頭脳活動の本質　他一篇　ディーツゲン　小松摂郎訳
- ソクラテス以前以後　F・M・コーンフォード　山田道夫訳
- 連続性の哲学　パース　伊藤邦武編訳
- 論理哲学論考　ウィトゲンシュタイン　野矢茂樹訳
- 自由と社会的抑圧　シモーヌ・ヴェイユ　冨原眞弓訳

- 根をもつこと　全二冊　シモーヌ・ヴェイユ　冨原眞弓訳
- 全体性と無限　全二冊　レヴィナス　熊野純彦訳
- 啓蒙の弁証法　—哲学的断想　M・ホルクハイマー　T・W・アドルノ　徳永恂訳
- 共同存在の現象学　レーヴィット　熊野純彦訳
- ヘーゲルからニーチェへ　—十九世紀思想における革命的断絶　全二冊　レーヴィット　三島憲一訳
- 種の論理　田辺元哲学選Ⅰ　藤田正勝編
- 懺悔道としての哲学　田辺元哲学選Ⅱ　藤田正勝編
- 哲学の根本問題・数理の歴史主義展開　田辺元哲学選Ⅲ　藤田正勝編
- 統辞構造論　付『言語理論の論理構造』序論　チョムスキー　福井直樹・辻子美保子訳
- 言語変化という問題　—共時態、通時態、歴史　E・コセリウ　田中克彦訳
- 快楽について　ロレンツォ・ヴァッラ　近藤恒一訳
- 古代懐疑主義入門　判断保留の十の方式　J・アナス　J・バーンズ　金山弥平訳
- 人間精神進歩史　全二冊　コンドルセ　渡辺誠訳
- 隠者の夕暮・シュタンツだより　ペスタロッチー　長田新訳
- 旧約聖書 創世記　関根正雄訳
- 旧約聖書 出エジプト記　関根正雄訳
- 旧約聖書 ヨブ記　関根正雄訳

- 旧約聖書 詩篇　関根正雄訳
- 新約聖書 福音書　塚本虎二訳
- 新約聖書 使徒のはたらき　塚本虎二訳
- 文語訳 新約聖書　詩篇付
- 文語訳 旧約聖書　全四冊
- キリストにならいて　トマス・ア・ケンピス　大沢章・呉茂一訳
- 聖アウグスティヌス 告白　全二冊　服部英次郎訳
- 新訳 キリスト者の自由・聖書への序言　マルティン・ルター　石原謙訳
- 現世の主権について　他二篇　マルティン・ルター　吉村善夫訳
- 聖なるもの　オットー　久松英二訳
- コーラン　全三冊　井筒俊彦訳
- コリャード 懺悔録　大塚光信校注
- エックハルト説教集　田島照久編訳

《東洋思想》〔青〕

- 易経　全二冊　高田真治・後藤基巳訳
- 論語　金谷治訳注
- 孟子　全二冊　小林勝人訳注
- 老子　蜂屋邦夫訳注
- 荘子　全四冊　金谷治訳注
- 新訂 孫子　金谷治訳注
- 荀子　全二冊　金谷治訳注
- 韓非子　全四冊　金谷治訳注
- 伝習録　山田準・鈴木直治訳註
- 史記列伝　全五冊　司馬遷／小川環樹・今鷹真・福島吉彦訳
- 春秋左氏伝　全三冊　小倉芳彦訳
- 陶庵夢憶　張岱／松枝茂夫訳
- 千字文　小川環樹・木田章義注解
- 大学・中庸　金谷治訳注
- 孫文革命文集　深町英夫編訳
- 高僧伝　全四冊　慧皎／吉川忠夫・船山徹訳

- 実践論・矛盾論　毛沢東／松村一人・竹内実訳
- ガンディー 獄中からの手紙　森本達雄訳
- 真の独立への道（ヒンド・スワラージ）　M.K.ガーンディー／田中敏雄訳
- カウティリヤ 実利論 —古代インドの帝王学　全二冊　上村勝彦訳
- ウパデーシャ・サーハスリー —真実の自己の探求　シャンカラ／前田専学訳
- インド思想史　J.ゴンダ／鎧淳訳

《仏教》〔青〕

- ブッダのことば —スッタニパータ　中村元訳
- ブッダの真理のことば 感興のことば　中村元訳
- 般若心経・金剛般若経　中村元・紀野一義訳註
- 法華経　全三冊　坂本幸男・岩本裕訳注
- 浄土三部経　全二冊　中村元・早島鏡正・紀野一義訳註
- 仏説四十二章経・仏遺教経　得能文訳註
- 大乗起信論　宇井伯寿・高崎直道訳注
- 臨済録　入矢義高訳注
- 碧巌録　全三冊　入矢義高・溝口雄三・末木文美士・伊藤文生訳注
- 無門関　西村恵信訳注

- 往生要集　全二冊　源信／石田瑞麿訳注
- 教行信証　親鸞／金子大栄校訂
- 歎異抄　金子大栄校注
- 正法眼蔵　全四冊　道元／水野弥穂子校注
- 正法眼蔵随聞記　懐奘編／和辻哲郎校訂
- 道元禅師清規　大久保道舟訳注
- 夢窓国師 夢中問答　佐藤泰舜校訂
- 一遍聖絵　聖戒編／大橋俊雄校注
- 日本的霊性　鈴木大拙／篠田英雄校訂
- 新編 東洋的な見方　鈴木大拙／上田閑照編
- 仏教　全二冊　ベック／渡辺照宏・渡辺重朗訳
- ブッダ最後の旅 —大パリニッバーナ経　中村元訳
- 仏弟子の告白 —テーラガーター　中村元訳
- 尼僧の告白 —テーリーガーター　中村元訳
- ブッダ神々との対話 —サンユッタ・ニカーヤI　中村元訳
- ブッダ悪魔との対話 —サンユッタ・ニカーヤII　中村元訳
- 三論玄義　嘉祥大師撰／金倉円照訳註

岩波文庫の最新刊

ヴァージニア・ウルフ／川西進訳

船出（下）

叔母夫妻の別荘に滞在中のレイチェル。初めて知った恋。愛するほどに感じる「分かり合えなさ」。後のウルフ作品のあらゆる萌芽がここにある。

〔赤二九一-三〕 本体八四〇円

植村正久・奥野昌綱・松山高吉編

新撰讃美歌

島崎藤村や国木田独歩などの日本近代文学、殊に新体詩や浪漫主義を生み出す源泉となった明治期の記念碑的讃美歌。三十曲の楽譜を掲載。（注・解説＝下山孃子）

〔青一一六-二〕 本体七八〇円

加藤貴校注

徳川制度 補遺

「鎖国始末」をはじめ、幕府の政争に関する逸話、商人の成功譚「商人鑑」、下層社会の実録「社界魔」など『徳川制度』を補足する歴史実録集。詳細な索引を付す。

〔青四九六-四〕 本体一七四〇円

シモーヌ・ヴェイユ／冨原眞弓訳

重力と恩寵

たとえこの身が泥の塊となりはてても、なにひとつ穢さずにいたい――戦火の中でも、究極の純粋さを志したヴェイユの深い内省の書。雑記帳《カイエ》からの新校訂版。

〔青六九〇-四〕 本体一一三〇円

……今月の重版再開……

河野一郎編訳

イギリス民話集

本体一〇二〇円 〔赤二七九-一〕

大岡信編

窪田空穂随筆集

本体八五〇円 〔緑一五五-一〕

河東碧梧桐

子規を語る

本体八一〇円 〔緑一六六-一〕

中川久定編

林達夫評論集

本体九七〇円 〔青一五五-一〕